ICT와 디지털 뉴노멀이 만드는
코로나 이코노믹스

CORONA

ICT와 디지털 뉴노멀이 만드는
코로나 이코노믹스

ECONOMICS

·KT경제경영연구소 지음·

한스미디어

ICT와 교육 혁신이 만드는 포스트 코로나의 미래

인류 문명의 역사는 위기 극복을 통해 진화해왔다고 해도 과언이 아니다. 인류 최초의 문명 중 하나인 수메르 문명은 수인성 전염병을 극복하기 위해 터전을 잡은 티그리스강 하구의 건조기후대에서 발생했다. 로마는 먼 시골에서 물을 끌어오는 수도교水道橋, aqueduct를 건설해 식용수를 해결하고 위생적 환경을 만들었는데, 이것이 오늘날 상하수도 시스템의 시초가 되었다. 장티푸스와 콜레라가 창궐했던 파리는 전염병을 해결하기 위해서 하수도를 개발해 물의 오염을 막았고, 이는 근대 도시로 탈바꿈하는 계기가 되었다. 14세기에 유럽을 초토화시킨 흑사병은 노동력의 급감으로 이어져 봉건주의 붕괴를 앞당겼고 오늘날의 자본주의적 생산구조 정착에 일조했다. 이는 인문주의 르네상스의 토양이 되기도 했다.

인류 역사상 최악의 전염병이라 불리는 '스페인 독감'은 세계 대공황이라는 경제적 침체로까지 이어져 총체적 위기 상황을 만들었다. 1,800만 명이 사망한 제1차 세계대전이 끝난 지 얼마 되지 않은 1918년부터 1920년까지 '스페인 독감'이 전 세계적으로 유행하면서 최대 5,000만 명의 희생자가 발생했다. 전쟁과 역병의 대유행 이후 공급은 부족한데 수요가 늘면서 인플레이션이 발생했다. 잠깐의 경기 상승은 생산·고용·소득의 증가로 이어졌지만, 인플레이션의 심화로 초인플레이션이 불어닥쳤다. 그리고 1929년 10월 24일 미국 주식시장에 '월 스트리트 충격'이 일어났다. 이른바 '검은 목요일'로 불리는 주식시장의 대폭락은 전 세계 경제 침체의 촉매가 됐다.

주가 대폭락으로 시작된 대공황이 미국 전역으로 퍼지면서, 물가는 급락하고 기업과 공장이 문을 닫았으며 은행도 파산했다. 농부들의 소득은 절반 수준으로 줄어들었고, 일자리를 잃은 1,300만 명의 실업자들이 양산되었다. 이러한 경제적 상황과 정권 교체 시점에서 대통령 선거가 이뤄졌는데, 이때 대통령 후보로 나섰던 사람이 당시 뉴욕 주지사였던 프랭클린 루스벨트였다.

루스벨트는 경제적 불황으로부터 국민을 구제하겠다는 '신정책'을 내세워 대통령에 당선되었고, 이때 구상한 내용이 뉴딜 정책의 기초가 되었다. 루스벨트가 추진했던 뉴딜 정책은 경제적 영향 외에도 정치·사회 전반에 걸쳐 장기적인 영향을 남겼고, 결과적으로 미국이 대공황을 극복하고 초강대국으로 이르게 한 토대를 만들어주었다.

코로나가 전 세계를 강타한 지 반년 이상이 되었지만, 여전히 그 위세는 수그러들 기미가 보이지 않는다. 한국은 질병관리본부의 노력과 국민의 협력으로 그나마 안정된 모습을 보이고 있지만, 세계는 여전히 현재진행형이다. 코로나 사태는 과거의 메르스나 사스 때와 달리 글로벌 규모의 소비 위축, 실업 등 경제적 침체까지 동반한 복합적 재난이다. 이 위기가 얼마나 오래갈지는 아무도 예측할 수 없지만, 전염병과 경제적 어려움을 모두 극복하면서 동시에 새로운 기회를 만들어

내야 하는 상황임에는 분명하다. 정부가 한국형 뉴딜을 발표한 이유도 과거 미국이 뉴딜 정책을 추진한 것처럼 코로나 팬데믹 이후 불어닥칠 경제적 위기에 선제적으로 대응하기 위해서이다.

우리는 그동안 코로나가 세상에 미치는 영향에 대해 많은 이야기를 했다. "이전과는 완전히 다른 새로운 세상이 열릴 것이다", "비대면 서비스가 확산되고 디지털 트랜스포메이션Digital Transformation 은 가속화될 것이다"라는 세계적인 석학들과 전문가들의 의견에 전적으로 동의한다. 다만 기업마다, 국가마다 처한 환경이 다른 상황에서 일률적으로 코로나가 미치는 영향을 설파하기에는 한계가 있어 보인다.

미국의 뉴딜 정책은 유럽에서 수십 년 전부터 진행되어 오던 사회적·경제적 개혁 정책을 당시 미국이 처한 상황에 맞게 단기적 처방으로 추진한 것이었다. 따라서 3개월 만에 경제를 회복시키기 위해 댐, 도로, 교량, 공항, 공원과 공공시설들을 건설하면서 새로운 일자리들이 만들어졌다. 코로나 사태 역시 마찬가지다. 각자가 처한 환경의 차이점들을 고려해서 대응하고 모색해야 한다. 미증유未曾有의 이 사태를 사회적으로 국가적으로 그리고 전 세계적으로 어떻게 극복해나가느냐에 초점을 맞춰야만 한다.

정부가 야심 차게 선보인 한국판 뉴딜의 방향성은 바람직하다. 하지만 이것이 성공하려면 여러 가지 다른 요소들이 같이 이루어져야만 가능하다. 기술만 앞서 나가서도 안 되고, 정책만 마련된다고 시장이 형성되는 것도 아니다. 그런 관점에서 이 책에서는 코로나 사태로 변화할 미래 사회 전망은 물론, ICT 인프라 개선, 양질의 일자리를 책임질 대중 교육 시스템 구축, 과감한 규제 완화 등 포스트 코로나 시대에 성공하려면 무엇이 필요하고 어떻게 대처해 나가야 하는지에 대해 다루고자 했다.

《코로나 이코노믹스》는 크게 세 개의 파트로 이루어져 있다. 1부 '디지털 뉴노멀의 시대'에서는 포스트 코로나 시대의 미래 사회 모습과 경제 전망, 그리고 비대면 서비스로 주목받고 있는 ICT의 중요성과 포스트 코로나 시대의 핵심역량이라 할 수 있는 5G, 클라우드, AI에 대해 살펴보았다. 2부 '포스트 코로나 시대, 새로운 트렌드가 온다'에서는 홈, 기업, 교육, 헬스케어, 로봇, 미디어 등 코로나로 인해 가장 많은 영향을 받은 6개 분야에서 펼쳐질 코로나 이후의 세상을 ICT 관점에서 상세하게 살펴보았다. 마지막 3부 '디지털 뉴딜이 만드는 코로나 이코노믹스'에서는 정부가 발표한 한국형 뉴딜이 무엇이고 어떤 내용을 담고 있는지 이해하는 동시에 인프라 개선, 재교육 시스템 등 한국형 뉴딜의 성공적 수행을 위해 준비해야 할 정책적 제언들을 담았다.

특히 이 책에서는 포스트 코로나 시대의 핵심역량이라 할 수 있는 5G, AI, 클라우드 등 ICT의 중요성과 함께 생존 전략의 해법으로 교육 혁신의 필요성을 강조하고 있다.

뉴욕 타임스는 "코로나 사태가 발생한 지 2개월 사이, 성인 수백만 명이 온라인 수업에 등록했다"라는 기사를 게재한 바 있다. 기사에 따르면 온라인 대중 공개 강좌 'MOOC_{Massively Open Online Course}'의 한 종류인 '코세라_{Coursera}'에 2020년 3월 중순~5월 중순 사이 약 1,000만 명의 신규 가입자가 등록했다고 한다. 이는 전년 대비 7배나 늘어난 수치이다. 코로나가 몰고 온 대량 실직 사태로 강한 위기의식을 느낀 사람들이 차별화된 경쟁력을 갖기 위해 AI, 빅데이터, 클라우드 등 ICT 관련 온라인 강좌에 등록한 것이다.

미국이 100년 넘게 산업 시대의 리더로 군림할 수 있었던 것도 공교육 제도 구축 및 STEM(과학Science, 기술Technology, 공학Engineering, 수학Mathematics) 교육 도입 등 대중 교육 혁신이 있었기에 가능했다. 엘리트층에 국한된 교육 정책을 시행한 유럽과는 달리, 미국은 일찍부터 공교육 체계를 구축해 새로운 기술 시대를 국민 전체가 준비할 수 있도록 했다. 산업혁명기의 리더였던 영국과 비교해보면 그 차이를 극명하게 알 수 있다.

미국의 14~17세 고등학교 진학률은 1900년에 10.6%였으나 고등교육 제도 확산으로 1930년에 51.1%, 1960년에는 86.9%로 급격하게 증가했다. 반면, 엘리트 중심의 교육 정책을 폈던 영국은 15~18세의 고등학교 진학률이 1960년에 겨우 17.5%에 불과했다.*

미국의 대중 교육 혁신 정책 중에는 뉴딜의 연장선상에서 만든 '제대군인 원호법G.I. Bill'이란 것도 있다. 이 법안은 1944년에 제2차 세계대전 참전 용사들에게 연금, 주택, 교육, 의료보험, 직업훈련 등 광범위한 혜택을 주어 사회 재적응에 도움을 주기 위해 만든 것이었는데, 특히 이들에게 대학교를 포함한 고등교육을 지원했던 것이 미국 경제 성장에 상당한 영향을 미쳤다. 처음에는 G.I. Bill에 지원할 사람이 많이 없으리라 생각했지만, 전역자 중 무려 230만 명이 신청했고 이

---

* 출처: Claudia Goldin and Lawrence F. Katz, *The Race between Education and Technology*, Belknap Harvard, 2008.

들 중 상당수는 대학에 진학해 더욱 높은 수준의 지식을 습득하게 되었다. 대학 교육을 받은 젊은 참전 용사들은 제2차 세계대전 이후 미국의 주요 노동자 계층이 되었고, 이들 덕분에 전반적인 생산성이 올라가면서 미국은 최대의 경제적 호황을 누릴 수 있었다. 한마디로 이 법안은 전역자들의 생활 개선 및 일자리 창출뿐만 아니라, 미국의 교육 수준을 한 단계 끌어올리는 데 매우 큰 기여를 한 대표적인 정책이었다.

이렇게 미국은 대중 교육 시스템 구축을 통해 양질의 일자리를 창출했고 산업 전반에서 혁신이 일어나면서 경제 성장을 주도했다. 또한 미국 학생들의 이공계 기피 현상을 극복하기 위해 시작된 STEM 교육은 이후 오바마 정부 시절, 세계 하이테크 산업의 주도권을 선점하겠다는 비전 아래 적극적으로 추진되면서 지금의 구글, 애플, 아마존, 페이스북 등 글로벌 ICT 기업들을 탄생시킨 토대가 되었다.

이처럼 교육 혁신은 일자리 창출뿐만 아니라 기업과 국가의 미래까지도 결정지을 수 있는 중요한 핵심 요소이다. 따라서 우리는 코로나로 인한 재난을 극복하는 정도가 아니라 교육 혁신을 통해 다가올 새로운 시대에 맞는 전 국민적인 준비를 해야 하는 시점이라는 것을 깨달아야 한다. 교육과정에 지원금을 제공하는 방법 같은 것은 일시적인 조치일 뿐이다. 앞으로 일어날 변화에 지속적으로 대응하려면 시간이 걸려도 새로운 직업이나 일자리로 전환시키는 대대적인 재교육과 재훈련이 필요하다.

하버드의 클라우디아 골딘Claudia Goldin과 로렌스 카츠 교수Lawrence F. Katz는 저서인 《교육과 기술 간의 레이스The Race between Education and

Technology》에서 교육을 통해 기술과 교육 간의 갭을 줄이는 것이 중요하다고 강조한다. 기술 혁명이 일어나면 기술과 교육의 갭으로 인해 교육 수준이 기술을 따라가지 못해 실업과 사회적 갈등이 폭발한다. 그러나 교육 제도 개편으로 갭을 줄이면 사람들이 교육을 받고 스킬을 획득해 일자리 및 소득이 늘어나면서 경제 성장이 이루어진다. 또다시 기술 혁명이 일어나 갭이 생기면 실업 등 사회적 고통이 발생하고, 이를 줄이기 위한 새로운 교육이 필요해진다. 미국은 이러한 기술과 교육의 갭을 교육 혁신으로 줄여 가면서 산업 시대 100년을 선도할 수 있었다. 이처럼 새로운 혁명의 시대에는 새롭게 부각되는 기술을 따라갈 수 있는 교육이 한시라도 빨리 전 국민적으로 이뤄져 갭을 메꿀 수 있어야 한다.

ICT를 재교육하는 수단 역시 ICT이다. AI를 AI로 배우는 것이다. 앞의 AI가 우리가 잘 아는 인공지능Artificial Intelligence이라면, 뒤의 AI는 증강지능Augmented Intelligence을 의미한다. AI 도입을 원하는 기업에서 직원들을 재교육시킬 경우, AI를 통해 일하는 법을 가르칠 수 있는데, 이때 인간의 가치 판단과 의사결정을 자문하고 지원하는 기술이 바로 인간의 인지 능력을 강화하는 증강지능이다. 인간은 AI가 분석한 결과를 참고해서 최종 의사결정을 좀 더 빠르고 정확하게 내릴 수 있다. AI가 개개인 수준에 맞는 교육 콘텐츠를 큐레이션해 제공할 수도 있고, 심지어 교육 결과에 따라 업무 정도나 내용을 정해 매칭시켜줄 수도 있다. 리스킬링과 업스킬링이 AI에 의해 이루어지는 것이다.

포스트 코로나 시대에 인간과 AI는 증강지능을 통해 좀 더 진화된 협업 관계를 형성하게 될 것이다. 비대면이 확산되고 무인화·자동화가 도입되면 인간의 일자리가 사라질 것이라는 우려의 목소리가 높다. 하지만 AI/로봇은 인간의 경쟁 상대가 아니다. 데이터와 인간을 둘러싼 맥락과 환경을 이해하고, 이를 통해 인간이 해야 할 일과 하고 싶은 일을 선제적으로 도와 더 나은 가치를 실현하는 데 도움을 주는 디지털 동반자인 것이다. 포스트 코로나 시대에 살아남기 위해서는 개인이든 기업이든 ICT에 대해 더 적극적이고 선제적으로 다가가야 한다.

이 책의 마지막 장에서는 포스트 코로나 시대에 중요하게 다뤄야 할 주제 중 하나인 그린 뉴딜에 대해 간략하게나마 언급했다. 유럽연합EU의 분석에 따르면, 대기오염으로 인한 기온 상승 때문에 멸종 위험에 처한 생물이 14% 증가하고, EU 남부 지역의 40%가 물 부족 현상에 직면하며 매년 홍수 위험에 50만 명이 노출될 것으로 예상된다. 또한 전 세계 기온이 3도 상승하면 1,900억 유로의 경제적 손실이 발생하고 폭염에 따른 사망으로 연간 400억 유로의 비용이 발생할 것으로 전망하고 있다.

이에 유럽연합에서는 2050년까지 EU 회원국들의 순탄소 배출량을 제로로 만드는 탄소 중립 목표를 달성하기 위한 '유럽 그린딜European Green Deal' 정책을 발표했다. 탄소 배출 제로를 위한 전환 비용을 무시할 수는 없지만, 정책 대응이 없으면 더 큰 비용을 지불해야 한다는 위기의식과 그린으로의 전환 과정에서 대량 일자리 창출이 가능하다는 판단에서 그린딜 정책을 마련하게 된 것이다. EU는 그린 빌딩 리노베이션 등 저탄소 경제 전환 과정에서 새로운 일자리가 대거 창출될 것이라고 전망했다. 한편 스페인 정부는 EU의 그린딜 정책에 맞춰 국가 에너지 전환 프로젝트를 추진 중인데 이 과정에서 최대 36만 개의 일자리가 창출될 것이라고 예상했다. 미국은 오바마 정부 시절, 화석 연료 의존도를 극복하고 저탄소·친환경 경제로 전환하기 위해 '에너지, 수송, 건물, 인적 자본'의 4가지 분야에 집중 투자하는 그린 뉴딜 정책을 발표했는데, 재임 8년 동안 총 1,160만 개의 일자리가 생겨나 재생 가능 에너지 일자리를 창출해냈다는 평가를 받고 있다.

한국형 뉴딜의 한 축인 그린 뉴딜 역시 일자리 창출 측면에서 기대가 크다. 정부는 그린 뉴딜에 2025년까지 73조 원을 투자해 일자리 66만 개 창출을 목표로 하고 있다. 공공건물에 태양광·단열재 등을 리모델링하고 전국 초중고에 태양광·친환경 단열재를 설치하는 도시·공간·생활 인프라 녹색 전환 사업을 통해 38만 개 일자리를 창출하며, 저탄소·분산형 에너지 확산 사업을 통해서도 21만 개의 일자리를 만들어낼 계획이다.

이처럼 그린 뉴딜은 세계 각국에서 포스트 코로나 시대에 대비하는 경기 부양과 환경 문제를 해결해 나가는 방안으로 많은 관심을 모으고 있다. 환경의 역습이라는 전염병에 대응한 철저한 방역 대책과 함께 장기 침체 우려가 예상되는 국민경제까지 되살려야 하는 정부 입장에서 보면, 두 가지 과제를 모두 해결할 수 있는 한국형 그린 뉴딜이야말로 선택의 여지가 없는 최선의 방안이라고 여겨진다.

여기에서도 5G, AI, 사물인터넷IoT 등의 ICT가 중요한 역할을 수행할 것이다. 전국의 IoT 센서를 통해 미세먼지를 측정하고, 수질 감시·수돗물 정보 제공 등 전국의 수돗물 공급 과정을 AI 기반으로 관리할 수 있다. 5G와 AI를 통한 실시간 에너지 데이터 수집 및 에너지 흐름 시각화, 전력망 통합관제센터 운영 등도 가능하다. 세계 최고의 ICT 경쟁력과 그린 뉴딜이 만나 새로운 먹거리와 일자리가 창출되는 사회야말로 포스트 코로나 시대에 바라는 미래의 모습일 것이다.

우리는 이제 코로나를 걱정하기보다 코로나가 앞당긴 비대면 시대, 초연결 시대에 차근차근 대비해야 한다. 이번 코로나 사태에서도 확인했듯이, 한국은 준비된 ICT 인프라와 선진적인 디지털 생활 문화로 그 어떤 국가들보다 안정적으로 코로나에 대응하고 있다. 지금의 이 경험과 노하우는 먼 훗날 또 다른 위기가 닥쳤을 때 큰 자산으로 활용될 수 있을 것이다. 이 책을 통해 많은 개인과 기업들이 포스트 코로나 시대를 헤쳐 나갈 수 있는 지식과 혜안慧眼을 얻었으면 하는 바람을 가져본다.

2020년 7월

KT경제경영연구소장 김희수

차례

2부 포스트 코로나 시대, 새로운 트렌드가 온다

1부

디지털
뉴노멀의 시대

CORONA

1장

포스트 코로나,
미래는 어떻게 바뀔 것인가?

ECONOMICS

01
코로나 사태 이전의 세상으로 돌아갈 수 없다

"폭풍은 지나가고 인류의 대부분은 살아남을 것이다. 하지만 우리는 이전과는 전혀 다른 세상에서 살아가게 될 것이다. The storm will pass, humankind will survive, most of us will still be alive — but we will inhabit a different world."

— 유발 하라리Yuval Noah Harari의 파이낸셜 타임스Financial Times 기고문 'the world after coronavirus' 중에서

이스라엘의 역사학자이자 《사피엔스》, 《호모 데우스》 등의 저서로 우리에게 잘 알려진 유발 하라리 교수는 코로나 사태에 대한 파이낸셜 타임스 기고문에서 '폭풍이 지나가도 이전과는 전혀 다른 세상에서 살게 될 것'이라고 전망했다. 그리고 이 말은 코로나 사태를 겪고 있는 전 세계인들에게 뼈저린 계시처럼 다가오고 있다.

미국 국무장관을 지낸 헨리 키신저 역시 "코로나 팬데믹(세계적 대유행)이 끝나도 세계는 그 이전과 전혀 같지 않을 것이며 코로나가 세계 질서를 영원히 바꿔놓을 것"이라고 진단했다. 한국의 중앙방역대책본부 권준욱 부본부장도 "코로나19 발생 이전의 세상은 이제 다시 오지 않는다. 이제는 완전히 다른 세상이다"라고 강조하며 느슨해진 사람들의 경각심을 일깨웠다. 그렇다. 우리는 이미 다른 세상에 살고 있다. 미처 적응할 시간도 없이 너무나 급작스럽게 다가온 변화가 당황스럽고 두렵지만 현실은 현실이다.

코로나 사태 이전과 이후 세상의 가장 큰 차이점은 '사회적 거리두기'와 '비대면Untact 문화의 확산'이라 할 수 있다. 코로나의 세계적인 유행으로 전 세계의 항공편과 공항은 문을 걸어 잠궜고, 직장 업무와 학교 교육은 모두 온라인을 통해 이루어지고 있다. 기업과 교육, 의료, 유통 등 모든 생산과 소비 활동이 디지털 세상으로 몰려들었고, 세계를 향해 나아가던 기업들이 모두 자국 내로 방향을 전환했다. 더욱 놀라운 것은 오랜 시간에 걸쳐 각 분야에서 점진적으로 추진되어 오던 디지털로의 전환이 0.1 마이크로미터에 불과한 작은 바이러스로 인해 불과 몇 개월 사이에 급속하게 이루어졌다는 점이다.

포스트 코로나 시대에 완전히 변해 버린 지구촌은 어떤 모습일까? 도시, 집, 결혼, 외식, 공연, 피트니스, 여행 등 우리를 둘러싼 생활 전반의 모습은 코로나가 지나가고 난 후 어떻게 변해 있을까? 코로나로 영향받고 있는 국내외 사회 각 영역의 현재와 미래를 살펴본다.

도시 | 사회적 거리두기에 최적화된 모습으로 재정비되다

리투아니아의 수도이자 인구 59만 명이 살고 있는 상업 도시 빌뉴스
Vilnius는 코로나 사태를 맞아 도시가 어떻게 변화할 수 있는지를 잘 보여
주는 대표적 사례이다. 2020년 4월, 빌뉴스의 시장은 시민들의 외식을
돕기 위해 공공장소 중 일부를 개방했다. 수백 개의 식당과 카페, 술집Bar
등은 광장이나 거리 등 외부에 가게를 차리고 고객들에게 서비스를 제
공하는 야외 카페로 탈바꿈했다.

빌뉴스 국제공항Vilnius International Airport의 주기장駐機場, 활주로에서 항공기가 정
지하는 장소도 자동차 극장으로 변신했다. 5층 건물 높이의 스크린과 일
반 자동차 극장처럼 라디오 주파수를 이용하는 음향 시스템이 설치

자동차 극장으로 변모한 빌뉴스 국제공항의 주기장

출처: 해외 언론

되었으며, 약 200대의 차량이 동시에 입장할 수 있다. 이는 빌뉴스 국제 영화제Vilnius International Film Festival 부대 행사의 일환인 '에어로시네마Aerocinema' 프로젝트로, 코로나 사태로 인해 힘든 시간을 보내고 있는 항공업계와 영화 업계를 동시에 지원하는 차원에서 진행되는 것이어서 그 의미가 더욱 남다르다.

세계의 도시들은 빌뉴스처럼 코로나 바이러스의 위험으로부터 사람들을 지키기 위해 재정비 중이다. 아테네, 보고타, 밀라노에서는 도로 일부가 자전거 전용 도로로 개조되었고, 로테르담과 샌프란시스코의 산책로와 광장, 주차장 같은 공공장소는 고객들이 더 안전하게 물건을 살 수 있는 소매 공간으로 전환되었다. 미국 캘리포니아 주 오클랜드는 보행자와 자전거 이용자들의 이동 편의를 위해 전체 도로 10%에서 차량 이동을 금지했고, 콜롬비아 수도 보고타에서는 47마일(약 75km)의 임시 자전거 도로를 개설했다.

각종 시설물에서도 코로나 확산을 막기 위한 디자인이 속속 등장하고 있다. 오스트리아에서는 감염을 우려해 공원들이 폐쇄되자, 칸막이 구실을 하는 90cm 수목 울타리를 만들어 각각의 입구로 한 사람씩 들어가 자연을 즐길 수 있는 공원을 만들자는 제안이 나왔다. 밀라노에서는 특수 아크릴수지로 가림막을 설치해 옆 사람과 거리두기를 할 수 있는 벤치가 설치됐다. 체코에서는 야외 식사 테이블 주변에 노란색 동그라미 선을 친 '안전 존'이 등장했다.

이처럼 코로나 팬데믹은 건축 디자인뿐만 아니라 도시 지형 자체를 크게 바꿔놓고 있다. '사회적 거리두기'가 강조되면서 전 세계 도시들은 자전거 도로를 확충하고, 밀접 접촉을 피할 수 있도록 디자인한 시설물을 늘리고 있다. 이러한 도시의 변화는 일시적 현상에 그칠 수도 있지만, 팬데믹 이후의 도시들은 이전과 같지 않을 것이다. 개조된 도로처럼 한 번 바뀌면 오랫동안 유지될 수도 있다.

도시의 변화 흐름에서 중요한 포인트는 도시의 물리적 구조 변화가 아니라 사람들이 도시에서 어떤 방식으로 생활해야 하는지에 대한 방법을 모색하고 그에 따른 재정비가 발 빠르게 이루어져야 한다는 점이다. 전염병이 창궐하는 동안 전 세계 도시들은 전용도로 구축에서부터 공공장소의 용도 변경에 이르기까지 시민들의 요구를 충족시키기 위해 스스로를 재정비해야 했다. 하지만 코로나가 도시 계획을 위한 새로운 청사진을 제시할지, 아니면 오히려 사람들을 영원히 도시에서 멀어지게 할지는 아직 불투명하다. 도시 환경 전문가인 세라 젠슨카 노스이스턴대 교수는 "코로나 사태는 촉매제 역할을 할 뿐, 도시 계획 자체를 하루아침에 뒤바꾸긴 쉽지 않을 것이다"라고 전망한다.*

집 | 잠만 자는 곳에서 24시간 가족들과 부대끼는 공간으로

코로나가 장기화되고 가족들이 집에 있는 시간이 늘어나면서 집의 수용 능력은 100%를 넘어섰다. 지금 사는 공간보다 더 넓은 면적이 필요해졌다는 의미이다.

---

* 출처: *The Atlantic: Uncharted* 특집 기사 중 "Vilnius Shows How the Pandemic Is Already Remaking Cities"

집은 코로나 사태를 겪으면서 주거 공간뿐만 아니라 직장과 학교, 체육관, 영화관, 음식점, 세탁소와 커뮤니티 공간 등으로 활용 범위가 확장되고 있다. 가정 내 인터넷 업무 환경 구축과 사무형 구조 선호, 끼니와 설거지를 해결할 넓은 주방 선호 현상으로 인해 더 넓은 집에 대한 수요가 늘어날 것이다. 아파트와 같은 집합 주택은 층간 소음뿐 아니라 벽간 소음에 대한 대책도 마련해야 한다.

집은 이제 하루 종일 많은 니즈를 소화해야 하는 공간이 되었다. 그러나 단독 주택이든 아파트든 현재의 주거 공간은 그만큼 다양한 기능을 가지고 있지 못하다.

집은 시대와 사회, 다양한 생활상이 반영되어 있는 공간이다. 아울러 거주자의 경제활동과 그 범위, 외부 세계와 상호작용하는 방식이 반영되어 있다. 일례로 오늘날의 집들은 일반적으로 사람들이 각자의 직장으로 출퇴근해서 업무를 수행할 것이라 전제하고 만들어졌다. 또한 사람들이 집 밖에서 많은 시간을 보낼 것을 가정하고 있다. 도시의 아파트도 마찬가지로 개별 주거 면적에 상관없이 도시 그 자체를 더욱 확장시킨다는 의미를 지닌다.

코로나 사태를 맞아 집은 고립과 격리의 공간이 되기도 했지만, 이를 계기로 집 내부의 벽을 없애는 등 공간적인 분리를 피하며 개방형 구조로 전환하는 인테리어가 새로운 건축 트렌드로 주목받고 있다. 개방형 집 구조는 탁 트인 개방감과 통풍 및 환기, 동선 등의 측면에서 장점을 가진 것으로 평가되고 있다. 또한 세대 구성원들 간의 긴밀한 네트워킹을 지원하는 역할도 한다. 그러나 이러한 네트워킹 기능은 관계의 구속을 꺼리는 사람들의 경우 개방성보다 사생활 간섭 측

포스트 코로나 시대에는 한 공간에서 일, 육아, 식사를 모두 해결하게 된다

출처: 해외 언론

면이 더 부각되어 보일 수 있다.

개방형 집 구조 내에서 연결성이 극단적으로 높아지면 생활하기가 매우 어려워진다. 특히 아이들이 있는 가정이라면, 집 안에 경계가 없다는 사실이 심각한 스트레스 요인이 될 수 있다. 가령, 엄마나 아빠는 컨퍼런스 콜과 아이와 함께 노는 일을 동시에 신경 쓰게 될 수 있으며, 요리 등 가사 일과 아이들과의 비디오 게임을 병행하는 경우도 생길 수 있다. 개방형 집 구조에서는 한 개인의 활동이 다른 가족 구성원의 활동과 불가피하게 겹치고, 같이 무언가를 해야 하는 상황이 발생할 가능성이 높다.

이렇게 건축 구조의 변화는 사회 패러다임을 바꿀 수 있다. 코로나로 인한 장기간의 격리 생활은, 사람들이 집에서 얻고자 하는 것에 따라 그 모습을 계속 바꿔 나갈 것이다.

재택근무는 이제 일시적 현상이 아닌 새로운 업무 형태로 자리매김하고 있다. 집에서도 업무가 가능하다는 것을 경험한 사람들은 앞으로도 재택근무를 유지하는 것이 더 낫다고 생각하게 되었다. 파자마를 입고 재택근무를 하는 편이 더 좋았다는 것을 경험한 사람들은 코로나 사태가 종식되어도 사무실 근무로 복귀하는 것을 꺼릴 것이다. 기업들 역시 사무실 공간 여유를 해소하기 위해 부동산 계약을 갱신하는 등 포스트 코로나 상황에 미리미리 대비하고 있다. 뉴욕 웨스트체스터에 본사를 둔 마스터카드는 "재택근무 체제가 자리 잡으면 사무실 공간을 기존의 30%만 써도 될 것으로 보여, 미래의 부동산 자산 관리에 대해 재검토할 때가 됐다"고 언급했다.

재택근무는 고용주와 근로자 모두에게 유리할 수 있다. 직장과 집이 공간적으로 일치하면, 실제로 직원들의 사기가 더 높아질 수 있다고 한다. 워싱턴 주에서는 주정부 기관에서 일하는 육아기 어머니들이 신생아를 직장에 데리고 가서 일할 수 있도록 허용하고 있다. 아기들이 사람들의 주의를 산만하게 하지 않았고, 근로자들을 더 행복하고 생산적으로 만드는 효과가 있었다고 한다.

반면, 원격으로 일하는 경우 자칫 업무가 늘어지다 보면 더 오래 근무할 수도 있다. 상사는 근로자가 항상 근무할 수 있다는 사실에 익숙해질 수 있기 때문이다. 근로자 입장에서도 주말이나 저녁 등 시간 제한 없이 업무를 지속할 가능성이 높다. 근무시간 외 시간에도 이메일 등 커뮤니케이션을 시도하는 일이 빈번해지는 등 재택근무의 문

집에서라면 반바지나 속옷 차림으로도 얼마든지 업무를 볼 수 있다

출처: 해외 언론

제들이 조금씩 나타날 것으로 보인다.

재택근무가 포스트 코로나 시대의 뉴노멀로 자리잡게 되면, 재택근무는 자율근무 형태로 발전하게 될 가능성이 높다. 일과 삶의 경계가 모호해지면서 퇴근 개념이 사라져 자칫 일을 미루는 경우도 발생할 수 있다. 그렇기 때문에 재택근무 시에는 시작과 종료 시각, 업무회의 시각 등의 규칙을 정해 직원 모두가 책임감을 갖고 이를 준수하는 것이 필요하다. 또한 업무 지시나 실행에 있어 우선순위를 정하는 것도 중요하다. 우선순위가 정해진 업무별 수행 시간도 가능한 명확히 정립해 집중도를 최대한 끌어내는 것이 바람직하다.

재택근무를 할 때 불편한 점 중 하나는 내 옆에 동료가 없다는 것이다. 공동 작업이 많이 필요한 직종의 경우에는 '줌Zoom' 통화가 대안

이 되지 못할 수도 있다. 중국 콜센터 근로자의 경우, 자발적으로 재택근무에 참여한 직원은 전체의 절반 정도였고, 또 그중 절반은 다시 사무실로 돌아온 것으로 나타났다. 그들은 집에 오래 머물러 있는 상황에 처하자 외로움 같은 심리적 불편을 안게 되었다. 이는 전 세계적으로도 비슷한 현상이다.

물론 그런 것에 개의치 않는 사람들에게는 재택근무가 더 효율적이고 긍정적일 수 있다. 동료와의 직접적인 상호작용 없이도 결과물을 만들어낼 수 있는 사람들은 재택근무를 통해 더 좋은 성과를 창출하게 될 것이다. 하루 종일 강아지와 함께 지내기 좋아하는 사람들에게 재택근무는 완벽한 업무 조건이 될 것이다.

그렇지만 프리랜서처럼 혼자 일하는 직업이 아닌 이상, 우리는 여러 사람들과 협업 관계를 형성하며 업무를 추진해야 더 나은 성과를 낼 수 있다. 그렇기에 재택근무와 사무실 근무가 적절한 비율로 균형을 이뤄가면서 업무를 진행하는 것이 성과 측면에서는 더 합리적이다.

유통 포스트 코로나 시대에도 슈퍼마켓은 필요하다

"코로나 바이러스 시대 승자는 온라인 유통업체뿐이다."

영국의 파이낸셜 타임스, 프랑스의 레제코Les Echos 등 유럽 언론들이 코로나가 터진 후 일제히 보도한 기사다. 코로나가 종식되더라도 온라인 유통의 상승세는 꺾이지 않을 것이다. 온라인 유통업체들은 이제 상품 판매에 그치지 않고 의료기기 보급과 사재기 방지 같은 공적인 역할까지 맡고 있다. 그리고 그 중심에는 온라인 유통 강자인 아마존Amazon이 있다.

코로나 사태 이전까지 온라인 유통업체는 오프라인 유통업체의 실적을 넘어서지 못했다. 미국의 온라인 유통업체 1위인 아마존과 오프라인 1위인 월마트를 비교해 보면, 2019년 기준 아마존 매출은 2,805억 달러로, 월마트가 기록한 5,103억 달러 매출의 절반을 약간 넘는 수준에 그쳤다. 임직원 수도 75만 명 대 220만 명으로, 3분의 1 수준이었다.

그렇지만 아마존은 월마트와의 격차를 빠르게 좁혔다. 2년 전 두 회사의 매출 차이는 3,000억 달러를 웃돌았지만 지난해엔 2,300억 달러 정도로 줄었다. 2년간 월마트는 임직원을 10만 명 줄였지만 아마존은 30만 명 가까이 늘렸다. 아마존은 빅데이터와 클라우드 같은 IT 시스템과 물류센터에 대규모로 투자해왔다. 아마존은 당일배송 서비스를 내놨지만 월마트는 여전히 매장에 방문하는 소비자에 치중했다. 그리고 이러한 아마존의 노력은 코로나 사태에서 빛을 발했다.

한국도 코로나가 전국적으로 확산되기 시작하면서 온라인 유통업체의 매출은 급증한 반면, 오프라인 유통업체의 매출은 급감했다. 온라인 주문을 어려워하던 중장년층, 노년층도 한번 해보고 난 이후에는 계속 온라인 주문을 이용했다.

그렇다면 포스트 코로나 시대에서는 오프라인 유통의 대명사인 슈퍼마켓이나 대형 마트가 사라지게 될까? 그건 아닐 것이다. 오히려 혁신을 통해 없어서는 안 될 존재로 거듭날 수도 있다.

코로나가 한창 기승을 떨치던 2020년 5월, 월마트의 1분기(2~4월)

월마트와 아마존의 2020년 1분기 순이익 비교

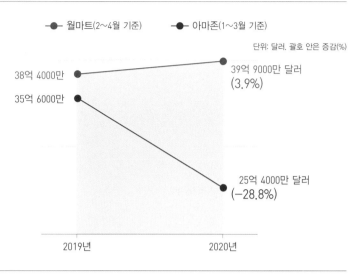

출처: 각사 IR 자료

실적이 발표되었다. 그런데 유통업계는 깜짝 놀랐다. 코로나 사태에
도 순이익은 3.9%(전년 동기 대비) 증가했고, 매출은 1,346억 2,000만
달러로 8.6%가 늘었기 때문이다. 이는 시장의 예측을 뛰어넘은 수치
였다. 홈디포, 타깃 등 미국 유통업체들의 실적 발표 중에서 순이익을
낸 회사는 월마트가 유일했다.

온라인 비대면 서비스로 큰 수혜를 입을 것이라고 예상한 아마존
은 2020년 1분기(1~3월) 매출이 754만 5,000달러로 26% 늘었지만 실
속이 없었다. 순이익이 30% 가까이 줄었기 때문이다. 아마존 실적이
나쁜 것은 아니지만 월마트의 선전과 비교하면 어딘가 아쉬움이 남
는다.

월마트의 성공 요인은 '매장 픽업'이었다. 온라인으로 물건을 주문

한 뒤 가까운 매장으로 차를 몰고 가서 받아오는 방식이다. 직원들이 물건을 직접 트렁크에 실어주는 이 방식은 월마트의 강점인 오프라인 매장과 디지털 온라인 서비스를 결합해 고객의 니즈를 정확하게 만족시킨 결과였다. 월마트는 배송비를 아낄 수 있고 소비자는 바로 물건을 찾을 수 있다. 또한 10달러를 추가 부담하면 식료품 등 생필품을 2시간 이내에 배달하는 서비스도 시작했다. 미국 인구의 90%가 월마트 매장에서 10마일(16km) 이내에 산다고 할 정도로 촘촘한 공급망이 있었기 때문에 가능한 일이다.

지난 몇 년간 슈퍼마켓과 식료품 사업을 완전히 새롭게 변화시킨 요인은 실리콘밸리의 파괴적인 기술이었다. 코로나 팬데믹은 어떤 면에서 슈퍼마켓과 식료품 산업이 기술로 인해 완전히 변화하는 계기가 되고 있다. 코로나 사태가 끝난 뒤 슈퍼마켓은 영원히 바뀔 것이고, 사람들도 예전과 다르게 쇼핑할 것이다. 식료품 산업에 종사하는 사람들의 직업도 바뀔 것이고, 매장의 모양과 크기도 새로운 형태로 변화할 것이다. 그러나 슈퍼마켓의 변화가 슈퍼마켓의 종말을 의미하지는 않는다. 이러한 변화는 오히려 미국인들의 생활에 있어서 슈퍼마켓의 영향력을 강화시킬 가능성이 높다.

1990년대 후반과 2000년대 초반 사이에 등장한 온라인 식료품 판매업체들은 미국 중산층 생활의 일부가 되어버린 오프라인 식료품 쇼핑 트렌드를 변화시키기 위해 노력하기 시작했다. 인터넷이 출현한 이후 10~20년 동안 일부 소비자들은 조금씩 온라인으로 쇼핑하는 습관을 들이기 시작했다. 하지만 식료품 분야는 여전히 변화가 더딘 상황이었다. 오늘날 책과 음반 구매의 50%, 전자제품 구매의 40%, 의류 구매의 30%, 가구 구매의 20%가 온라인으로 이루어지고 있지만 식료품 판매는 겨우 3%만이 온라인에서 이뤄지고 있다.

식료품을 구매하려는 쇼핑객들은 기본적으로 아보카도를 직접 만지거나 멜론을 흔들어보고 싶어 한다. 온라인 매장에서 전자제품을 판매하는 것처럼 식료품을 하나하나 사진 찍어서 판매하는 것은 소비자들에게 식료품을 구매하는 생생한 느낌을 주지 못한다. 또한 온라인 식료품점은 고객이 선택한 제품의 재고가 없거나 사용할 수 없는 경우 대체품을 추천해주는데 해당 제품이 고객 선호에 맞지 않거나 엉뚱한 제품인 경우가 많다. 인스타카트의 추천 알고리즘은 화장지가 떨어졌을 때 가끔 A4 용지를 대안으로 추천하는 등 잘못된 대체물을 고객들에게 제안하기도 했다.

제1차 세계대전 이후 원스톱 쇼핑에 대한 새로운 니즈가 발생하면서 슈퍼마켓이 탄생한 것처럼, 코로나 팬데믹으로 식료품 쇼핑객의 습관에 큰 변화가 일어나 온라인 식료품 쇼핑이 보편화될 수 있다. 사회적 거리두기는 일시적인 것이고 앞으로 영원히 지속되지는 않을 테지만, 이로 인한 생활습관의 변화는 한동안 지속될 것이다.

코로나 사태 종식 후에도 기존의 오프라인 슈퍼마켓은 여전히 존재하고 있을 것이고, 일부는 온라인으로 식료품을 판매할 것이다. 슈퍼마켓은 과거에 정육점, 약국, 푸드코트, 커피숍을 매장 안으로 흡수했던 것처럼 앞으로도 매장 외부에 존재하는 더 많은 비즈니스를 흡수할 것이다. 지난 100년 동안 식료품 사업은 통합 및 확장을 통해 성장해왔다. 결국 코로나 사태도 슈퍼마켓의 성장을 막을 수는 없을 것이다.

5월은 '결혼의 계절'이다. 그러나 2020년만큼은 그 말을 보류해야 할 것 같다. 코로나 사태로 많은 결혼식이 축소되거나 연기 혹은 취소되었기 때문이다. 당분간 우리가 알고 있는 결혼식, 즉 대가족과 친구들이 참석한 가운데 성대하게 벌어지는 축제 같은 결혼식은 아마도 보기 힘들어질 것이다.

영국에서는 결혼식과 관련한 새 지침까지 마련했다. 신랑·신부의 입맞춤을 금지했고, 아버지와 딸이 함께 살고 있지 않은 경우 팔짱을 끼고 신랑에게 인도하지 못하도록 했다. 신랑, 신부는 결혼반지를 교환하기 전후에 반드시 손을 씻어야 하고, 축의금은 현장 전달보다 인터넷 뱅킹을 권장한다. 반주를 위한 연주자도 불러서는 안 된다. 이럴 바엔 차라리 결혼식을 하지 않는 게 더 나을지도 모르겠다. 하지만 결혼하는 당사자 입장에서는 인생에서 가장 중요한 일이니 쉽게 결정할 일이 아니다.

사회적 거리두기는 결혼식 행사를 본질적으로 변화시켰다. 뉴욕주는 50명 이상 모이는 집회를 금지시켰다. 뉴욕의 대형 호텔들은 2020년의 남은 기간 동안 결혼식을 열지 않을 방침이라고 한다. 한국도 현재 1단계인 거리두기가 2단계로 변경되면 결혼식장을 포함해 실내에서 50인 이상이 모이는 모임이나 행사가 금지된다. 2단계는 지역감염 확진자 수가 50~100명이 유지되는 등 통상 의료 체계가 감당가능한 수준을 넘었을 경우 발동된다. 3단계로까지 넘어가면 10인 이상 모임이 금지된다.

코로나 사태가 장기화하면서 결혼을 앞둔 커플들은 언제, 어디서 결혼해야 할지조차 불확실해진 상황이 되었다. 결국 대안으로 작고 소박한 결혼식에 눈을 돌리고 있다.

작은 사이즈의 결혼식은 보통 '가족, 친구 정도로 한정된 10명 내외의 사람들'과 진행한다. 결혼식의 일부 또는 전부를 가상으로 진행하며, 가상 주례도 있을 수 있다. 하지만 대부분의 커플은 결혼식 일정을 미뤄 규제가 풀린 후에 더 큰 결혼식을 가질 계획이다. 빨리 결혼해서 가정을 꾸리고 싶은 사람들은 작은 사이즈의 결혼식을 하겠지만, 상당수 커플들은 2021년 이후로 결혼식을 연기하고 있다.

물론 상황이 나아질지는 예측할 수 없다. 결혼식과 관련한 부대비용도 만만치 않다. 헤어 스타일리스트와 메이크업 아티스트는 고객들에게 깨끗한 망토를 입히고 본인들도 깨끗한 작업복을 입어야 한다. 결혼식 당일 아침, 위생에 신경 쓰면서 신부와 들러리의 헤어와 메이크업을 함께 진행해야 한다면, 시간과 비용이 모두 늘어난다. 이러한 상황에서 어쩌면 작은 결혼식이 훨씬 더 현실적인 선택일 수 있다.

게다가 결혼 트렌드는 파급력이 강하다. 많은 커플들은 다른 결혼식에서 보고 괜찮다고 생각했던 요소들을 차용해 자신들의 결혼식을 계획한다. 결혼을 앞둔 커플이 친구나 친척의 작은 결혼식을 보고 난 뒤 그들 결혼식의 모델로 삼을 수도 있다. 즉, 작은 결혼식은 보건상의 이유뿐만 아니라 아늑함과 친밀감이 자연스럽게 유행하면서 보편적인 문화가 될 수도 있다.

코로나 사태로 가계 경제에 어려움이 커지고 있는 상황에서 크고 호화로운 결혼식은 불필요한 사치처럼 보일지도 모른다. 많은 사람들

모두가 마스크를 쓰고 가족들만 모여 치르는 소규모 결혼식

출처: thetimesherald.com

이 코로나로 재정적 어려움을 겪고 있을 때, 더 작고, 더 단순하고, 더 저렴한 결혼식은 경제적으로 안도감을 줄 수 있다.

코로나 사태로 빼앗긴 결혼식 행사는 가족과 예비 하객들에게는 아쉬운 일이고, 커플들에게는 가슴 아픈 일이 될 것이다. 하지만 결혼식의 목적은 공공연한 헌신과 항구적인 사랑의 선언이다. 코로나 대유행에서 함께 살아남고, 고난을 견뎌내고, 대의를 위해 희생을 치른 두 사람보다 더 강력한 유대 관계는 상상하기 어렵다.

외식 번거롭지만 그래도 맛있는 음식은 먹고 싶다

코로나로 음식점 방문이 어려워지면서 반사이익을 얻은 것은 배달 서비스였다. 심지어 평소에는 긴 줄을 서서 기다리며 먹어야 했던 유명 맛집들도 생존을 위해 음식 배달에 나섰다. 11년 연속 미쉐린 원스타를 받은 홍콩 딤섬 레스토랑, 베트남 3대 맛집 등도 예외는 아니었다. 햄버거, 떡볶이 등 포장 주문을 주로 하는 매장은 코로나 사태를 계기로 주문량이 50%나 껑충 뛰었다.

이런 현상은 전 세계적으로 확산되었다. 뉴욕 브루클린의 유명 스테이크 하우스인 피터 루거 스테이크도 문을 연 지 133년 만에 처음으로 배달 서비스를 시작했다. 피터 루거 스테이크는 카드 결제도 거부하고, 현금만 받을 정도로 콧대가 셌던 곳이었지만 코로나 사태 앞에서 결국 무릎을 꿇고 말았다.

하지만 모든 음식을 다 배달할 수 있는 것은 아니다. 집밥과 배달 음식만으로 코로나가 종식되기를 기다리기에는 사람들의 인내심에도 한계가 있다. 사람들은 다시 맛있는 음식을 먹기 위해 음식점을 찾지만, 과거와는 다른 모습에 다소 당황스러워 하고 있다. 입구에서는 친절한 종업원의 미소가 아닌 비접촉 체온계와 문진표가 기다리고 있다. '다른 지역을 방문한 적이 있는가?', '코로나와 연관 있는 증상을 경험한 적 있는가?', '코로나 감염자나 코로나 유행 지역에서 온 사람과 접촉한 적이 있는가?' 이런 건강 관련 질문에 대답하고 체온 측정까지 마친 고객들은 그제야 테이블을 안내받을 수 있다. 번거롭지만 필수적으로 거쳐야 하는 이 관문에서 통과해야만 우리는 비로소 음식점에 착석할 수 있는 권한을 얻게 된다.

테이블에 무사히 앉더라도 달라진 환경에 적응하기는 어렵다. 홍콩의 한 레스토랑에서는 손님들을 한 명씩 분리하기 위해 투명 아크릴로 칸막이를 설치했고, 레스토랑 로고가 새겨진 손 소독제와 마스

암스테르담에 문을 연 유리로 만든 온실 레스토랑

출처: 해외 언론

크를 보관할 작은 종이 가방까지 준비했다. 개인별 칸막이와 복잡한 출입 절차가 고객들의 식사 경험을 망치는 일 같아서 도입하기 싫어도 다른 선택의 여지가 없다. 레스토랑들은 공공보건과 경영 관리 측면에서 새로운 제한과 위험에 직면했다. 식당 출입구에서 고객의 체온을 의무적으로 측정해야 하고, 테이블을 개인별로 나누고 테이블 수를 줄여야 하며, 식사 시간도 제한해야 한다.

네덜란드 수도 암스테르담에 있는 채식 레스토랑은 고객을 작은 온실 속으로 안내한다. '분리된 온실'로 불리는 이 레스토랑은 유리로 만들어져 있기 때문에 강변의 풍광을 즐길 수 있다. 접객 직원은 얼굴 보호대를 착용해 손님과 직원이 직접 접촉하지 않도록 하고 식사는 나무 보드를 이용해 제공한다.

음식점들이 경험하고 있는 새로운 변화는 전 세계 외식 산업이 겪어야 할 변화상을 미리 보여준다. 홍콩, 런던, 뉴욕과 같은 세계적인 대도시의 레스토랑들은 재정적으로 힘든 상황을 경험하고 있다. 대도시 레스토랑들은 비용은 높고 운영 마진이 매우 낮다. 전문가들은 사회적 거리두기 조치가 임대료 높은 대도시 레스토랑들의 비즈니스를 황폐화시킬 수 있다고 우려하고 있다. 영국 르 밥Le Bab 레스토랑의 공동 창업자 에드 브루넷Ed Brunet은 런던 레스토랑의 4분의 1만이 코로나 규제 환경에 적응할 수 있으며, 대부분의 레스토랑은 수익 관점에서 정말 힘든 상태에 놓일 것이라고 전망했다. 좋은 음식과 서비스로 승부했던 레스토랑 비즈니스는 이제 그것만으로는 살아남기 힘들어진 것이다.

코로나는 무섭지만 그래도 맛있는 음식을 향한 인간의 식욕 본능은 없앨 수 없다. 맛있는 음식을 먹기 위해서라면 마스크를 쓰고 체온을 측정하는 다소의 번거로움쯤은 감내하는 것도 포스트 코로나

테이블마다 칸막이를 설치한 방콕의 음식점

출처: Getty Images

시대를 살아가는 생활 방식일 것이다.

공연 마스터피스는 온라인을 타고

캐나다의 유명 서커스단 '태양의 서커스_{Cirque Du Soleil}'가 파산했다. 코로나 팬데믹으로 직격탄을 맞은 태양의 서커스는 세계 각지 공연을 중단했고, 전체 인력의 95%에 달하는 4,500명의 직원을 무급 휴직 처리했다. 코로나 사태로 모든 공연이 중지되면서 매출이 제로가 되자 서커스 극단을 운영하는 실크두소레이유 엔터테인먼트 그룹은 결국 캐나다 법원에 파산 관련 신청서를 제출하기에 이르렀다. 세계적인 공연 그룹이 이 정도인데, 하물며 작은 소극장에서 공연하는 업체들의 사정은 말하지 않아도 알 만하다. 한국도 2020년 상반기 공연계 매출이 전년 하반기 대비 절반 가까이 줄었다. 전체 공연 건수도 같은 기간 6,851건에서 1,854건으로 72.9%나 줄었다. 게다가 코로나19의 재확산으로 2020년 하반기 매출 회복 역시 쉽지 않을 전망이다. 온라인 공연의 유료화 등을 시도하고 있지만 오프라인 공연과 같은 효과를 낼 수 없어 매출 반등이 쉽지 않은 상황이다.

라이브 예술인 연극은 코로나 바이러스의 영향을 특히나 심각하게 받은 분야이다. "언제쯤 모두가 다시 낯선 사람이 가득한 어두운 방에 모이게 될까?" 이 질문에 누구도 쉽게 대답할 수 없다. 설령 공연장들이 다시 문을 열더라도 사회적 거리두기가 리허설을 방해할 수도 있고, 더 적은 좌석의 (그래서 더 비싸진) 티켓을 팔 수밖에 없다.

해외의 경우, 이미 공연이 사라진 작은 지역 극장들은 빠르게 용도를 변경하고 있다. 이전부터 성인들을 위한 교육, 노인들을 위한 활동, 아이들을 위한 노래 및 연기 수업을 제공하며 지역 공동체 센터로 기능해온 극장들은 이러한 공동체 정신을 더욱 굳건하게 만들고 있다. 영국 맨체스터 로열 익스체인지Royal Exchange의 의상 부서는 보건 종사자들을 위해 무대용 의상이 아닌 마스크를 만들기 시작했다. 리즈의 작은 극장인 '슬렁 로Slung Low'는 식품을 배달하고, 또 다른 극장은 헌혈 센터가 되었다.

공연 관계자들은 너무 이른 재개장보다는 코로나 종식 때까지 기다리기를 원한다. 너무 일찍 재개장해서 몇 주 후에 다시 문을 닫아야만 하는 상황이 발생하면 더욱 심각한 재정적 타격을 입을 것이고 관객들도 향후 공연에 대한 확신을 잃게 될 것이라고 판단하기 때문이다. 극장에서의 안 좋은 경험은 관객들을 떠나게 할 것이고, 결국 극장의 장기적인 미래를 위태롭게 할 것이다.

그럼에도 공연 관계자들은 어려운 상황 속에서 최고의 작품을 만들어내기 위해 애쓰고 있다. 런던 '브리지 시어터Bridge Theatre'의 닉 하이트너Nick Hytner는 한적해진 텔레비전 스튜디오에서 한 명의 배우와 카메라로 BBC의 고전 독백 시리즈 〈토킹 헤즈Talking Heads〉의 부활을 준비하고 있다. The National Theatre 국립극장은 카탈로그를 촬영해 학교에 제공하고 있으며, 매주 유튜브Youtube를 통해 기부 동참을 호소하는 아카이브 쇼를 방송하고 있다.

온라인을 활용한 디지털 공연도 새로운 대안으로 떠오르고 있다. 세계적인 교향악단인 독일의 베를린 필하모닉 오케스트라는 코로나

온라인을 통해 무료로 제공한 베를린 필하모닉 오케스트라 디지털 공연

출처: 베를린 필하모닉 홈페이지

확산 방지를 위해 모든 공연 일정을 취소한 대신 베를린 필의 공연 영상을 온라인에서 감상할 수 있는 디지털 콘서트홀을 전 세계에 무료로 공개하기도 했다. 베를린 필하모닉의 디지털 콘서트홀에서는 전설적인 지휘자 헤르베르트 폰 카라얀이 활동하던 1960년대 후반부터 최근까지 600여 편에 이르는 공연 영상을 무료로 감상할 수 있다. 온라인 디지털 공연은 오히려 공연 문화에 관심이 없었던 사람들을 화면 앞으로 불러오게 하여 대중적 저변을 확대할 수 있는 좋은 기회가 될 수 있을 것으로 기대된다.

 집에서 동료와 함께 전문 강사의 PT를 받다

구독형 홈 트레이닝 콘텐츠 서비스업체 펠로톤Peloton은 코로나 여파로 집에서 운동하려는 구독자가 크게 늘면서 매출이 급증했다. 코로나로 헬스장이 폐쇄되면서 운동기구와 온라인 콘텐츠를 결합해 집에서 운동할 수 있도록 돕는 펠로톤 서비스에 가입한 구독자 수가 2019년 1분기보다 두 배 수준으로 증가했다.

'피트니스계의 넷플릭스~Netflix~'로 불리는 펠로톤은 2012년 뉴욕에서 설립되었다. 21인치 태블릿이 장착된 고정식 자전거를 판매하면서 다양한 운동 코칭 콘텐츠를 제공하는 것이 특징인데, 자전거, 러닝 머신(트레드밀) 등 운동기구를 별도 판매하고 월 39달러에 모든 관련 콘텐츠를 이용할 수 있는 '올-액세스 멤버십'과 운동 기구와 관계없이 월 12.99달러에 디지털 콘텐츠(달리기, 요가 등)를 이용할 수 있는 '디지털 멤버십'을 운영하고 있다. 코로나 사태의 영향으로 2020년 1분기에 피트니스 연계 구독자가 88만 6,100명을 돌파했고, 유료 디지털 구독자는 17만 6,600명을 넘어섰다. 무료 구독자까지 포함한 총 회원 수는 260만 명에 이른다. 사전에 촬영된 콘텐츠가 아니라 라이브 방송이기 때문에 실시간으로 동기부여 및 피드백을 받을 수 있다는 점이 펠로톤의 가장 큰 장점이다.

코로나로 인해 배달이 지연되고 직접 설치해야 하는 번거로움과 2,000달러가 넘는 높은 가격에도 불구하고 집에 갇힌 미국인들의 펠로톤 바이크 구매 열풍은 대단했다. 펠로톤 열풍은 포스트 코로나 시대에 피트니스 산업이 어떻게 변화할지를 보여준 한 사례이다. 홈 피트니스와 ICT가 결합된 형태의 홈 트레이닝은 자전거 타기에 전혀 관심 없던 사람들까지도 동참시키고 있다. 자전거 타기에 전혀 관심이 없었던 한 수영 애호가는 코로나 사태로 펠로톤을 주문한 다음 자전거 팬이 되었다. 이제는 수영장이 문을 열더라도, 굳이 많은 사람들이 모여 있는 수영장에는 갈 것 같지 않다는 생각까지 든다고 말했다. 그동안 자전거를 타는 사람들로 꽉 찬 뉴욕과 런던의 스튜디오에서 강습을 진행하던 펠로톤 강사들도 이제 혼자서 라이브 스트리밍 강습을 진행한다.

펠로톤의 비즈니스 모델은 기존 피트니스 산업의 상식을 깼다. 헬스클럽의 비즈니스 모델은 고객으로 하여금 등록 시점에 큰 규모의 목돈을 투자하게 하고, 구독 모델에 기반해 이용에 따라 차감해가는 방식(많은 등록 고객들이 등록 첫 달 이후 잘 나오지 않는다는 점을 이용했다)과 강좌 1회당 요금을 부과하는pay-per-use 유형 등으로 이뤄져 있다. 가정용 피트니스 장비 제조업체 역시 고객들에게 장비를 팔지만, 매일 운동을 해야 하는 동기부여는 고객들 스스로 만들어야 했다. 하지만 펠로톤은 전통적인 '아날로그' 제품으로 디지털 콘텐츠, 데이터, 분석 기술을 연결해 이를 변화시켰다.

펠로톤은 피트니스 스튜디오를 고객의 가정으로 옮겼다. 사이클링, 러닝 머신, 요가, 명상, 근력 운동, 심지어 아웃도어 산책 등에 대한 콘텐츠를 넷플릭스처럼 제공한다. 고객들은 유능한 강사에 대한 접근성과 함께 운동하는 동료라는 가치를 희생하지 않으면서도 홈 피트니스의 편리한 경험과 혜택을 누리길 원했다. 그래서 펠로톤은 회원 간의 연결과 커뮤니티를 차별화 요소로 내세웠다.

17만 명 이상의 회원들이 펠로톤의 공식 페이스북 페이지를 통해 연결되어 있고, 펠로톤의 강사(이들은 펠로톤 세계에서는 유명 인사다)를 중심으로 형성된 수백 개 이상의 하위 커뮤니티와 서로 다른 목표와 지역, 운동 스타일을 기반으로 모인 이들의 수많은 공동체가 존재한다. 라이브 스트리밍 수업 수강도 공동의 경험이다. 회원들은 자신들의 운동 성과를 리더 게시판을 통해 확인할 수 있고, 회원들끼리 가상으로 하이파이브를 하면서 서로 연결되고, 서로의 운동 진행 상황을 팔로우할 수도 있다. 코치들은 라이브 과정의 회원들 이름을 부르며 출석을 체크하고, 회원들이 성취할 수 있도록 큰 목소리로 격려하며, 높은 수준의 동기부여를 유지할 수 있게 돕는다. 라이브 스트리밍 강좌가 아닌 VOD 기반의 온디맨드On demand 강좌에서도 동일한 콘텐츠를 같은 시점에 시청하고 있는 회원끼리의 연결을 제공한다. 펠로톤은 수강생 간의 음성 및 비디오 기반 연결을 활성화시켜, 헬스클럽의 환경을 가정으로 옮겨왔다.

펠로톤은 고객들의 광범위한 데이터 수집을 통해 피트니스 경험을 새로운 차원의 경험으로 승화시켰다. 수강생의 심장 박동부터 운동 빈도, 음악 선호, 스튜디오 출석 현황, 소셜 네트워크 활동까지 포함된다. 지속적으로 데이터를 분석하는 기술analytics을 활용해 강좌 선택부터 새로운 상품과 서비스 최적화까지 다양한 종류의 개선을 실행한다. 분석 기술은 고객의 경험을 주도하고 고객의 이탈이나 전환에 대한 장벽을 높임으로써 고객 관여도를 높인다.

펠로톤에 대한 고객 충성도loyalty는 남다르다. 펠로톤이 수집한 데이터를 기반으로 확장 가능한 사업 범위를 활용해 무엇을 할 수 있을지 상상하는 것은 어려운 일이 아니다. 예를 들어, 펠로톤은 자사 플랫폼 내에서 영양식 서비스, 헬스케어 제공 업체 또는 보험 제품과 연계한 상품을 판매할 수 있다. 펠로톤의 홈 트레이닝 서비스는 코로나

태블릿을 통해 전문 강사의 실시간 PT를 받으며 운동하는 모습 (좌) '펠로톤'이 판매하는 바이크 (우)

출처: 해외 언론

로 위기에 처한 피트니스 관련 업체들이 앞으로 무엇을 할 수 있는지를 보여준 희망의 메시지가 되었다.

여행 언젠가 다시 찾아올 세계 여행의 꿈

코로나로 국가 간 이동에 제한이 걸리면서 해외여행은 당분간 어렵게 되었다. 그렇다고 해서 여행 자체에 대한 사람들의 욕구가 사라진 것은 아니다. 한동안 국내 여행을 즐기다가 코로나가 종식되고 국가 간 이동 제한이 풀리면 많은 사람들은 다시 전 세계로 나가 여행을 즐길 것이다. 하지만 그 시기가 오려면 최소 1년 이상은 걸릴 듯하다. 그 기간 동안 여행은 위생을 강화하면서 사회적 거리두기를 실현하는 형태로 변모할 것이다.

항공사들은 기내 소독을 철저히 하고 열화상 카메라를 통해 수시로 체온을 측정한다. 푸에르토리코 국제공항에서는 아예 공항 출입국 심사 단계에서 일정 수준 이상의 체온을 보인 승객에게는 경보를 울리고 특별 관리를 하도록 했다. 대규모 집단 감염이 발생한 크루즈는 승객의 건강 검진과 감염병 발생 시 비상계획 등을 매뉴얼화하여 코로나에 대한 승객들의 불안감을 없애는 데 주력하고 있다.

공유형 숙박 서비스로 유명한 에어비앤비는 청결과 위생을 위한 강화 기준 등이 담긴 '청결 강화 프로그램'을 도입한다. 청결 강화 기준에는 각 방의 위생 관리를 어떻게 해야 하는지 자세히 알려주는 가이드라인 등이 담겨 있다. 마스크와 장갑 등 개인 보호구를 착용하도록 하고, 보건 당국의 승인을 받은 소독제 및 살균제를 사용하도록 하는 등 코로나 예방을 위한 구체적인 청소 수칙 등이 주 내용이다. 호스트는 누구나 이 강화 기준을 참고할 수 있으며, 에어비앤비는 숙소 청소 시 이 규약을 준수해 줄 것을 호스트에게 권장한다. 청결 강화 기준

앞으로 항공기 좌석에 칸막이가 설치될 수도 있다

출처: 해외 언론

을 적용한 숙소는 청결 강화 조치가 취해진 뒤 숙박용으로 활용할 수 있으며, 게스트는 예약 시 청결 강화 기준을 적용한 숙소인지 여부를 확인할 수 있다.

숙소 선택에 있어서도 호텔보다는 아만Aman과 같은 독립형 럭셔리 빌라나 개인 출입구, 개인 엘리베이터가 있는 주택 등을 선호하는 여행객들이 늘어날 것으로 예상된다. 여행지에 있어서도 국립공원이나 개방된 자연 공간으로 떠나려는 사람들이 많아질 것이다. 실제로 유타 주의 아치 국립공원Arches National Park의 경우, 코로나 사태가 발생한 직후인 2020년 2월 방문객 수가 전년 대비 40%나 증가했다.

코로나로 하늘길이 막힌 지금, 각국 관광청 홈페이지에서 제공하는 가상 투어 코너로 랜선 여행을 즐기는 사람들도 늘고 있다. 영국 관광청에서는 가상으로 영국의 주요 명소를 여행할 수 있도록 다양한 VR 영상을 제작해 제공하고 있다. 이미 영국 여행을 다녀온 여행자들은 여행 당시의 추억을 회상할 수 있고, 평소 런던 외에 여행 코스로 포함하기 힘들었던 북아일랜드나 스코틀랜드, 웨일즈까지 세세히 감상할 수 있어 코로나로 집에 갇힌 사람들에게는 반가운 서비스이다. 유튜브 공식계정인 Love Great Britain에 접속해 감상할 수 있는데, 타워 브릿지에서 런던 브릿지까지 런던의 유명 건축물과 역사적인 명소들을 마치 직접 자전거를 타고 한 바퀴 돌아보는 것 같은 느낌을 준다. 또한 스코틀랜드를 대표하는 관광지 에든버러 성Edinburgh Castle의 VR 투어를 클릭하면, 마치 12세기로 거슬러 올라간 것 같은 기분이 든다. 잉글랜드와 웨일즈에서 가장 큰 산인 북 웨일즈의 스노도니아Snowdonia 국립공원에서 짚와이어를 타고 탐험하는 영상도 있다. 시

영국 관광청에서 제공하는 VR 가상 투어

출처: 영국 관광청 홈페이지

속 100마일의 속도로 360도 촬영해 마치 직접 짚와이어를 타고 산을 타고 내려가는 것 같은 짜릿함을 선사한다.

스위스 관광청도 스위스에 올 수 없는 전 세계 여행객들을 위해 홈페이지에서 가상현실VR로 즐길 수 있는 스위스 그랜드 투어를 선보였다.

뉴욕 타임스의 'The Future of Travel' 특집 기사에 따르면, 미국인의 3분의 1은 코로나 제한이 풀린 후 3개월 이내에 다시 여행하기를 희망한다고 한다. 그만큼 어디론가 떠나고 싶은 사람들의 욕구는 오랫동안 억누를 수 없는 모양이다. 여행 산업은 지금 분명 힘든 터널을 지나가고 있지만, 언제가 되었든 그 끝에는 분명 밝은 희망이 기다리고 있을 것이다.

02
역사 속 위기를 통해 본
코로나 사태의 의미

인류 문명 속에서 반복되어 온 전염병의 역사

코로나와 같은 전 세계적인 전염병의 대유행은 이번이 처음이 아니다. 역사를 살펴보면 이와 유사한 사례는 수 차례 존재했었고, 그때마다 인류는 어려움을 겪으면서도 또 위기를 극복하면서 문명을 한 단계 진화시켰다. 이번 코로나 사태는 지난 역사에 비춰 보았을 때 어떤 의미를 지니고 있을까? 이에 대해 퓰리처Pulitzer상 수상자이자《총, 균, 쇠》의 저자로 유명한 미국 캘리포니아 대학의 재레드 다이아몬드 교수는 2020년 5월 22일자 월스트리트 저널The Wall Street Journal에 '역사를 바꿔놓은 세균들The Germs That Transformed History'이라는 글을 기고하여 그 의미를 설명했다.

전염병Epidemics은 정치, 무역, 이주, 식민지화 그리고 정복에 광범위한 영향을 미치며 대규모 사상자와 사회적 격변을 유발해왔다. 코로나 사태는 전 세계 역사에서 거의 전례가 없었던 현상 중 하나이다. 모든 대륙으로의 급속한 전파와 전 지역에서 보이는 치사율, 지역 경제와 세계 무역 모두를 황폐화시키고 있는 측면에서 볼 때 1918년과 1919년 사이에 일어났던 유행성 독감 사태와 유사하다.

두 유행성 전염병의 세균 자체는 특별히 치명적이지 않다. 코로나와 1918년 독감 모두 심하지 않은 전염성 질환의 보통 범주 안에 속한다. 천연두, 에볼라와 비교했을 때 비교적 사망자 수도 적고,* 사람 간person-to-person 전염성도 특별히 예외적인 것은 아니다. 이들을 전 세계적인 감염 사태로 만든 것은 바로 교통 시스템이다. 1918년 독감 사태 때에는 고속 증기선이, 코로나 사태 때에는 항공기가 그 역할을 했다.

코로나는 우리의 시대를 바꾸어 놓을까? 우리는 팬데믹 시대로 접어들고 있는 것일까? 그렇게 말하기에는 이른 감이 있지만, 역사적 변화를 초래해 온 세균의 오랜 역사를 살펴보면 코로나와 뒤이어 나타날 새로운 전염병이 좋은 방향으로든 나쁜 방향으로든 우리의 운명을 어떻게 형성해 나갈지 가늠해 볼 수 있다.

14세기에 아시아에서 발생한 박테리아 전염병은 벼룩에 의해 설치류에서 인간으로 전염되어 유럽까지 퍼져 나갔다. 흑사병이라 이름 붙여진 이 전염병은 1347년과 1351년 사이에 유럽 인구 3분의 1가량의 목숨을

---

* 참고로 1918년 스페인 독감 사망자 수는 5,000만 명이었고, 1958년 아시아 독감은 200만 명, 1968년 홍콩 독감은 100만 명이었다.

앗아갔다. 서유럽 경제와 무역에 미친 흑사병의 영향력은 재앙적인 수준이었지만, 역설적이게도 장기적으로는 긍정적인 효과도 있었다. 많은 수의 노동자가 감소하면서, 토지 소유주들은 소작인들에게 적절한 대가를 지불해야 했고, 더 많은 권리와 자유를 허용할 수밖에 없었다. 이로 인해 엄격한 사회의 계층성이 완화되었고 핵가족 중심 구조로 변화했으며, 전염병과 싸우기 위한 위생과 검역 시스템들이 개발되었다. (중략)

흑사병, 에이즈, 사스, 메르스, 에볼라 등을 비롯한 전염병의 역사가 오늘날 세계가 겪고 있는 코로나 팬데믹에 대해 시사하는 바는 무엇일까? 한 가지 명백한 것은 코로나 이후에도 새로운 전염병이 등장할 것이라는 점이다. 지난 1만 년 동안 인간이 걸린 감염 질환 대부분이 가축을 통해 전염되었다. 최근 수십 년간 새로운 질병의 주요 원천은 야생 동물

흑사병의 공포를 그린 피테르 브뢰겔Pieter Bruegel le Vieux의 〈죽음의 승리The Triumph of Death〉

출처: wikimedia commons

과의 대규모large-scale 접촉 때문이었다. 중국은 코로나 대응의 일환으로 야생 동물 시장을 폐쇄했다. 그러나 여전히 다른 접촉 지점들이 남아 있다. 타 국가의 야생 동물 시장, 전통 의학을 위한 야생 동물 사용, 아프리카에서 벌어지는 야생 동물 육류 거래 등이 있다. 이러한 경로들이 열려 있는 한 우리는 가까운 미래에 또 다시 코로나와 같은 질병을 경험하게 될 가능성이 높다. 그리고 그 전염병들은 제트 비행기가 아닌 다른 형태의 확산 경로로 인해 팬데믹으로 발전할 가능성이 높다.

마지막으로, 코로나로 인해 가장 큰 피해를 입은 사람은 누구인가 하는 문제가 있다. 코로나는 출현한 지 1년도 되지 않았다. 아직 누구도 자신을 보호할 수 있는 유전적 보호 장치나 항체를 가지고 있지 않다. 이것이 바로 코로나가 전 세계 사람들을 힘들게 하고 있는 이유다.

그런데 지금 코로나는 차별적인 치사율을 보여주고 있다.[**] 이 차이는 유전적인 저항력이나 항체와는 무관하다. 미국에서는 인구 집단별로 상이하게 나타나는 사망률의 커다란 차이를 관찰하고 있다. 예를 들어 가난한 본토 미국인 및 아프리카계 미국인들과 다른 미국인들 사이에서 나타나는 사망률의 차이는 건강 상태와 관련이 있다. 미국의 각 주 혹은 국가 간에도 치사율 차이가 상당히 크게 나타났다. 뉴욕보다 사망률이 낮은 몬태나, 이탈리아나 미국보다 사망률이 낮은 뉴질랜드, 독일, 베트남 같은 국가들이 있다. 이는 지리적 차이와 정부 정책의 차이에서 기인한다. 코로나가 인도와 아프리카에서 정점에 달하는 순간, 우리는 국가

***

[**] 미국 루이지애나의 경우, 코로나 환자의 70%는 아프리카계 미국인과 라틴계이다. 하지만 중증환자 시설에서 이들이 차지하는 비중은 30%에 불과하다.

의 부와 헬스케어 시스템의 차이에 따른 더 큰 불평등을 목격하게 될 것이다.

따라서 코로나는 사회 내부 및 국가 간의 불평등을 증대시킬 것이다. 물론 불평등은 코로나 사태 이전에도 존재했으며 커다란 문제들을 야기하고 있었다. 그러나 지금은 세계화로 인해 가난하고 건강하지 못한 감염자들이 부유하고 건강한 사람들의 재감염re-infection 원천이 될 것이다.

다가올 미래를 위해 이제 우리가 해야 할 일은 마스크와 백신, 그리고 치료제 및 인공호흡기를 전 세계 모든 사람들이 이용할 수 있도록 제공하는 것이다. 만약 그렇게 하지 못한다면, 우리 모두는 코로나에 취약한 상태로 계속 머무르게 될 것이다. 모든 사람들이 코로나로부터 안전해야 전 세계적으로 닥친 문제에 힘을 합쳐 대응할 수 있고, 이는 뒤에 또다시 찾아올 새로운 문제를 어떻게 대응할 수 있을 지에 대한 영감을 불어넣어 줄 수 있을 것이다. 이것이 늦게나마 코로나라는 비극에서 얻은 교훈이다.

— 재레드 다이아몬드Jared Diamond의 월스트리트 저널The Wall Street Journal 기고문 "The Germs That Transformed History" 중에서—

코로나로 드러난 현 시스템의 한계, 뉴노멀을 제시하다

월스트리트 저널 기고문에도 나왔듯이, 역사적으로 인류가 감염병으로 인한 공포를 경험한 것은 이번이 처음은 아니다. 인류는 끊임없이 찾아온 전염병과 크고 작은 위기 상황을 겪으면서 그에 대한 대응책을 마련하고 그것을 사회적인 시스템으로 안착시켰다. 재레드 다이아몬드 교수는 이 기고문을 통해 코로나 이후에도 얼마든지 새로운 전염병이 등장해 인류에게 위협을 끼칠 수 있지만, 전염병이 현 사회가 지닌 한계와 문제점을 드러내 '변화의 기회'로 작용한다는 점도 강조하고 있다.

아주 먼 옛날, 의료 시스템과 위생 기술이 갖춰지지 않았던 시절에 세균성 질병과 바이러스성 전염병에 가장 대처하기 쉬운 조건은 건조한 기후였다. 건조 기후에서는 습기가 부족해서 세균 증식이 어렵고, 비가 오지 않아 바이러스 전파가 적기 때문이다. 그래서 인류 최초의 도시 문명은 건조 기후대에서 발생하고 발전했다. 메소포타미아강과 티그리스강 하구의 건조 기후대에서 수메르 문명이 발생했고, 나일강 하구의 건조 기후대에서는 이집트 문명이 발생했다.

인구 밀도가 높은 도시들은 상업을 발달시켜 부를 창출하는 한편 전염병이 발생하면 가장 빠르게 확산될 위험도 높다. 로마제국의 로마, 프랑스의 파리, 미국의 뉴욕 등은 경제 규모를 키우기 위해 전염병과의 전쟁에서 이기고 고밀화된 공간을 만든 대표적인 도시들이다. 로마는 수도교를 통해 먼 시골에서 물을 끌어와서 식수를 해결하면서 위생적인 도시를 만들었다. 프랑스 파리에서는 장티푸스와 콜레라가 대유행했을 때 물을 매개로 전파되는 전염병을 예방하기 위해 하수도를 설치해 대응했고, 이로 인해 파리는 전염병에 강한 매력적인 도시로 탈바꿈했다.

14세기 유럽에서 창궐한 흑사병은 유럽 인구의 3분의 1 이상이 감소했을 정도로 인류 역사상 가장 큰 피해를 입힌 전염병이었다. 이로 인해 인구가 부족해지자 이전에는 농노였던 계층의 권위가 신장되면서 '시민사회'가 태동하게 된 배경이 되었다. 이는 근대 시민사회 태동의 근본적인 요인이 되었고 훗날 등장하는 산업혁명으로 연결되는 계기가 되었다.

한국도 16세기에 7년 동안 임진왜란을 치른 뒤에 농업 기반이 완전히 파괴되는 어려움을 겪은 적이 있다. 이 때문에 경작지가 5분의 1로 줄고 인구가 감소해 경제 기반이 붕괴되었다. 그러다 보니 군량미만 내면 천인 신분을 면해주는 정책이 생겼고, 조선 후기에 적지 않은 사람이 양반이 되면서 신분사회 약화와 조세제도의 변화로까지 이어졌다.

1998년 IMF 외환위기는 한국 최초의 경제위기로 아직까지도 후유증이 사회 곳곳에 남아 있을 만큼 여파가 큰 사건이었다. 당시 김대중 대통령은 경제 성장의 새로운 원동력으로 ICT를 꼽았고, 이를 위해 전국적인 인터넷망 구축 사업을 추진했다. 그때 구축한 유선 인프라 덕분에 지금 한국은 코로나 위기 속에서도 선방할 수 있었다. IMF 외환위기가 혹독한 구조 조정과 IT 벤처 붐으로 대한민국의 산업구조를 바꾸는 계기가 되었다면, 2008년 글로벌 금융위기는 공격적인 재정정책을 펼치는 강한 정부가 부상하면서 보호주의 무역과 미·중 무역 갈등의 전조를 낳았다.

2015년 메르스가 유행했을 당시에는 관광객 유입이 거의 없었고 전염력도 약해서 피해가 비교적 적었다. 경제도 1분기에 급락했지만 곧바로 회복했다. 그런데 메르스 사태를 경험하며 대응 준비를 했던 것이 이번 코로나 사태 대응에 많은 영향을 미쳤다. 대표적인 것이 음압병실이다. 메르스 사태 이후 2017년 의료법 시행규칙 개정으로 입원실 및 중환자실 면적 확대, 음압격리병실 의무화 등이 추진되었고, 이때 만들어진 음압병실이 코로나 사태를 맞자 큰 역할을 했다. 당시 추진된 확진자 추적 법제화도 감염병 발생 시 정부가 요청하면 KT에서 정보를 제공할 수 있어 확진자 추적을 빠르게 할 수 있었다. 이 덕분에 코로나 확진자 발생 시 효과적인 방역 관리가 가능해졌다.

코로나는 메르스와 같은 전염병과 글로벌 금융위기가 동시다발적으로 진행된 특별한 케이스이다. 사스나 메르스는 지속 기간이 비교적 단기적이고 국지적인 발발에 그쳤지만, 코로나는 세계적으로 확산되고 장기화될 전망이어서 경제 시스템에도 큰 영향을 미칠 것이라 예상된다. 감염병에서 시작됐지만 그 해결책은 과거 리먼 사태 때처럼 경제적인 해법이 요구된다. 코로나19도 백신과 치료약이 나오면 수년 내에는 해결될 것으로 예상되지만, 그 여파는 우리가 생각하는 것보다 훨씬 더 깊고 오래갈 것이다. 코로나 사태는 지난 역사의 다른 위기들과 마찬가지로 정치·경제·사회 시스템 전반의 근본적인 변화를 가져올 것이다.

길고 긴 인류의 역사를 되짚어 볼 때, 코로나 사태가 갖는 의미는 새로운 일상과 새로운 시대의 표준, 즉 '뉴노멀new normal'을 제시한 것에 있다. 코로나19 바이러스의 전 세계적인 무차별적 확산으로 그 동안 감춰져 있던 세계 각국의 '민낯'도 함께 드러났다. 선진국이라 자부했던 미국, 일본, 영국, 이탈리아, 프랑스들은 허약한 의료 시스템의 한계를 드러내며 속절없이 무너졌다. 코로나로 불평등은 더욱 깊어지고 일상에서 존재하던 차별과 배제, 사회적 모순들은 수면 위로 부상했다. 코로나는 그동안 세계에 만연해 있던 여러 한계와 문제점들을 일시에 터트리면서, 이를 해결하는 새로운 기준들을 또다시 마련케 할 것이다.

사회적 거리두기가 시행되던 초기 많은 사람들이 언택트 환경에 불편함을 토로했으나, 장기화되면서 이에 적응하고 있다. 오프라인에서 물건을 꼭 확인하고 사야 했던 50, 60대들마저도 이제 배달 앱을 사용하기 시작했다. 기업들도 2~3개월 동안 재택근무를 하면서 사내 화상회의 시스템뿐 아니라 MS 팀즈Teams, 줌 등 다양한 비대면 솔루션을 사용하면서 짧은 기간 동안 시스템이 빠르게 개선되고 안정화되는 것을 느낄 수 있었다. 이처럼 사람들이 현재의 변화에서 불편함보다 편리함을 느끼기 시작하면 비대면 환경이 뉴노멀로 자리 잡을 것이고, 코로나 이전과 이후는 확실히 달라질 것이다.

재레드 다이아몬드 교수는 코로나가 지나가도 또 다른 전염병이 분명히 올 것이기 때문에 인류는 지금의 코로나 사태를 통해 미래를 대비해야 한다고 말한다. 그러기 위해서는 다 같이 마스크를 쓰고 백신과 치료제를 공유하며 협력해 나가야 한다고 강조한다. 지금 우리에게 닥친 코로나 사태는 분명 힘들고 많은 어려움을 주고 있지만, 이를 통해 얻은 새로운 인프라와 경험들은 분명 또 다른 위기가 닥쳤을 때 큰 도움을 줄 것이다. 지금까지 인류가 늘 그랬던 것처럼 말이다.

세계 석학들이 전망한 코로나 사태 이후의 세상

세계의 석학들은 과연 코로나 이후의 세상을 어떻게 바라보고 있을까?

월스트리트 저널과 미국 정치 전문매체 폴리티코POLITICO는 유명 인사들이 바라본 코로나 이후의 세계에 대한 특집 기사를 발표했다. 그중 주요 내용들을 발췌해 정리해보았다.

Henry A. Kissinger (前 미국 국무장관)

"바이러스의 사회 해체 효과는 국경이 없다. 국가 단위 대응으로는 바이러스 극복이 불가능하며, 2차 세계대전 당시 마셜 플랜과 맨해튼 프로젝트와 같은 글로벌 협업 비전과 프로그램이 필수적이다."

"코로나 바이러스에 따른 경제 위축 속도와 전 세계 파급력은 그 전례가 없다. 취약계층의 혼란을 경감시킬 수 있는 정책이 필요하다."

"자유민주주의의 가치와 사회계약의 원칙은 지켜져야 한다. 코로나 극복 과정에서 국가 권력과 적법성의 균형이 무너져서는 안 된다."

Jeb Bush (前 미국 플로리다 주지사)

"정부의 강력한 공중보건 정책과 엄청난 양의 지원이 필요하다는 것이 드러났다. 사람들이 주 정부의 목소리와 일일 브리핑에 채널을 맞추고 국가의 도움을 기대하고 있으며, '큰 정부'가 우리 생활에 미치는 영향을 느끼고 있다."

Margaret O'Mara (워싱턴 대학 역사학 교수)

"코로나 바이러스에 대해 연방정부가 신속하고 효과적인 대응을 하지 못하면서 지역 정책, 민간 부문의 창의성, 개인의 책임감, 시민 참여 등이 새롭게 존중받고 있다."

Peter T. Coleman (컬럼비아 대학 심리학 교수)

"코로나19는 인종과 좌우를 구분하지 않고 모두에게 커다란 위협이 되므로 지속적인 갈등 관계에 있던 국가들이 연대하는 특이점을 제공할 수 있다."

"코로나라는 '공통의 적'에 직면했을 때 서로의 차이점을 잊을 수 있으며, 역사적으로 이 같은 '정치적 충격파'로 불안정한 상황이 나타났을 때

국가적 분쟁이 종결되는 경우가 많다."

Theda Skocpol (하버드 대학 정부사회학 교수)

"상위 20% 고학력, 고액 연봉자들은 격리 기간 동안 재택근무를 문제 없이 할 수 있을 정도의 초고속 인터넷을 이용하고, 현관까지 필수품을 배달받으면서 안정된 수입을 얻을 것이다."

"하위 80%의 미국인들은 실직과 가족 부양 부담으로 코로나19 이후 재정적 회복이 매우 어려울 것이다. 부모들이 아이를 가르칠 여력이 안 되고, 원격교육에 필요한 초고속 인터넷이 없어 자녀들은 오랜 기간 동안 제대로 된 교육을 받지 못해 뒤처질 것이다."

Jamil Zaki (스탠퍼드 대학 심리학 교수)

"고난의 시기에 대부분의 부부는 자기중심적이지 않고 이타적인 모습을 보이며, 어려움을 극복하기 위해 가족 구성원이 얼마나 필요한지 인식하게 되었다. 포스트 코로나 시대가 오면 미국에서는 가족을 우선으로 생각하는 결혼 모델이 확산될 것으로 확신한다."

W. Bradford Wilcox (버지니아 대학 사회학 교수)

"사회적 거리두기를 하면서도 수많은 사람들이 서로 돕고 연결할 수 있는 방법을 찾아내고 있다. 면역이 결핍된 이웃에게 식료품을 배달하고, 독거노인과 원격 교류를 하고, 팝업 기부 캠페인을 시행하고 있다."

Deborah Tannen (조지타운 대학 언어학 교수)

"남들과 함께 있고 싶지만 실제 대면은 꺼려 하는 '커뮤니케이션의 역설 현상'으로 인스타그램, 페이스북과 같은 소셜미디어 이용이 더욱 증가할 것이다."

"SNS를 통해 멀리 떨어져 있는 사람들과 더 자주 의사소통하게 되고 그 거리 때문에 더 안전하다고 느끼는 이러한 소통이 일상화될 것이다."

Mary Frances Berry (펜실베이니아 대학 역사학 교수)

"코로나19가 종식되면서 관계에 목마른 젊은 사람들은 더 많은 공동체를 형성할 것이며 오락거리를 찾게 될 것이다."

"1918~1919년 스페인 독감과 제1차 세계대전 후 많은 미국인들은 자동차, 라디오 도입에 이어 불필요한 오락 소비를 늘렸고, 10년의 전성기 동안 비이성적인 투자 끝에 대공황을 맞게 되었다."

Paul Freedman (예일 대학 역사학 교수)

"직접 요리를 하거나 배달 음식을 시켜먹는 것이 보편화되면서 종식 이후에도 식당에 가는 일이 줄어들 것이다."

Bee Wilson (음식평론가)

"이전에는 음식을 나눠먹자는 제안을 거절하는 것이 무례하게 보였으나 이제는 음식을 공유하는 것이 어려워졌다."

"집 안에 틀어박혀 있으면서 오랫동안 잊고 있던 요리법으로 돌아가는 자신을 발견하게 된다."

Susan Orlean (New Yorker 기자)

"사회적 거리두기가 끝나고 나면 세계 여행이 재개될 것이지만, 과거와 같이 여행을 당연히 여기지 않게 될 것이다."

Alexandra Lange (건축 비평가)

"지금까지는 폐쇄된 쇼핑몰이 만남의 장소였다면, 이제는 사회적 거리를 충분히 둘 수 있는 야외 공원이 각광받을 것이다."

Eric Schmidt (前 Google CEO)

"전염병 대응 최전방에서 바이러스 확산 추적, 중요 의료물품의 유통 개선 및 온라인 교육 촉진 등 혁신 기술들이 활용 중이다."

"코로나 이후에도 빅데이터 기반 제조업 혁신, 원격학습 가속화, AI 모델링 기반 신약 개발과 같은 생명공학 혁명 등 더 나은 미래를 위한 신기술을 확대해 가야 한다."

"정부의 전 분야를 클라우드, 모바일 및 웹 기반 소프트웨어로 이동하고 데이터를 전략적 자산으로 취급하기 시작해야 한다. 국가 디지털 인프라를 클라우드 기반 플랫폼으로 전환하고 이를 5G 네트워크와 연결하기 위한 대규모 투자 추진이 필요하다."

Richard Fontaine (신 미국 안보센터CNAS CEO)

"한국은 휴대전화 위치, CCTV 피드, 은행 거래 등을 분석해 개별 장소와 연락처를 추적하는 공개 웹사이트를 구축했다. 이 조치들은 바이러스와 싸우는 데 도움이 되며, 지금 당장 우리에게 필요하다."

Ethan Zuckerman (MIT 미디어 예술 및 과학과 부교수)

"의회를 포함하여 정부기관들의 가상화(화상/원격업무)가 도입되고 활성화될 것이다. 국회의원들이 직접 본회의에 참석할 필요 없이 자신의 지역구에서 원격으로 입법 절차를 진행하게 될 것이다."

Amy Compton-Phillips (세인트 조셉 헬스 병원 임상 최고책임자)

"불필요한 요식Red tape이 제거되어 원격의료 지원 대책이 수립되었다. 몇 년 동안 노력해 온 것들이 지난 6주 만에 현실화되었다."

Sal Khan (칸 아카데미 CEO)

"지난 10년간 온라인 교육은 맞춤형 교육을 위한 도구로 활용되어 왔으며, 학생들이 학습할 준비가 된 것들을 배우고 개념을 마스터할 때까지 충분한 학습의 기회를 제공했다."

"사회적 거리두기 시대에 온라인 접속은 필수적인 것이 되었으며, 정부와 민간 업계가 나서서 모든 학생들이 가능한 한 빨리 원격학습을 할 수 있도록 보편 접속을 지원해야 한다."

Walter Isaacson (기업인·작가)

"근대 혁명은 지난 세기 원자atom, 비트bit, 유전자gene의 발견으로 촉발되었으며, 코로나는 새로운 생명공학 혁신으로의 전환을 촉진할 것이다."

"금번 혁명에서 특히 중요한 발명품 중 하나는 유전자 편집 도구CRISPR이며, 이를 기반으로 바이러스를 탐지하고 차단할 수 있는 방법이 개발되고 있다."

"20세기 후반에 디지털 혁명이 혁신을 주도했듯이, 생명공학 혁명은 21세기 전반을 주도할 것이다."

03
코로나 이후
세계 경제 전망

코로나가 장기화될수록 점점 더 심각해지는 국내외 경제

코로나가 전 세계적으로 맹위를 떨치며 사상 최악의 경기 침체 우려가 고조되던 2020년 4월, 국제통화기금IMF은 '2020 수정 세계경제전망World Economic Outlook' 보고서에서 한국의 2020년 성장률을 1월에 발표했던 기존 2.2%에서 3.4% 포인트 낮춘 −1.2%로 전망했다. 그런데 불과 2개월 뒤인 6월, 〈2020년 6월 세계경제 전망〉 보고서를 통해 "신종 코로나바이러스 사태로 인한 경제 충격이 예상보다 심각하다"며 한국의 경제 성장률 전망치를 −1.2%에서 −2.1%로 대폭 하향 조정했다. IMF는 "올해 세계 경제가 1930년대 대공황 이후 최악의 경기 침체를 겪을 것"이라면서 글로벌 금융위기 때보다 세계 경제가 악화될 것으로 내다봤다. 그나마 다행인 것은 경제협력개발기구OECD 소속 36개 나라와 IMF 분류 39개 선진국 가운데서 한국의 하향 조정폭이 가장 작다는 것이다. 미국의 경우 2.0%에서 -8.0%로, 유럽은 1.3%에서 -10.2%로, 일본은 0.7%에서 -5.8%로 낮췄다. 코로나 억제를 위한 한국의 전방위적 접근과 신속한 경기대응 정책이 국내 경기에 미치는 부정적 영향을 완화했다고 평가한 것이다.

코로나 사태가 장기화되면서 경기 침체는 점점 더 심각해지고 있지만 희망적인 내용도 있다. IMF는 2020년 성장률이 큰 폭으로 떨어진 만큼, 2021년 세계 경제는 보다 강한 반등이 나타날 것으로 전망했다. IMF는 2021년 세계 경제 성장률 전망치를 5.8%로 보면서 기존 3.4% 대비 2.4%포인트 반등할 것으로 내다봤다. 한국 역시 2021년에는 기존 2.7%보다 0.7%포인트 오른 3.4%의 성장률을 기록할 것으로 예상했다. 다만 이 전망치는 어디까지나 코로나 조기 종료 여부에 달려 있다. 사실 2021년 반등 여부는 매우 불확실한 상황으로 2020년

IMF가 발표한 2020 한국 및 세계경제 전망

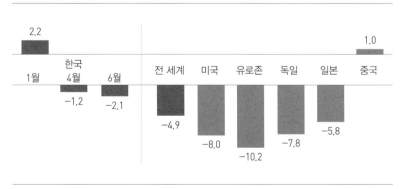

출처: IMF

하반기 중 팬데믹 종료 여부와 정책적 지원 효과에 따라 수치는 얼마든지 변동될 수 있다. 코로나 사태로 인한 방역 조치가 장기화하거나 코로나가 재확산될 경우 세계 경제 성장률은 전망치에 비해 2020년 3%포인트, 2021년에는 8%포인트까지 더 내려갈 수 있다고 IMF는 경고하고 있다.

세계은행 역시 2020년 글로벌 경제는 제2차 세계대전 이후 최악의 불황에 빠질 것이라며 5% 이상 역성장할 것으로 전망했다. 세계은행은 2020년 세계 경제 성장률이 1월 전망치인 2.5%에서 7.7%포인트 하락한 -5.2%가 될 것이라고 전망했는데, 이는 1975년 1차 오일쇼크(1.1%)와 1982년 2차 오일쇼크(0.4%), 2009년 금융위기(-1.8%) 등 역대 글로벌 경제위기 때보다 훨씬 악화된 수치다. 세계은행은 "2009년 글로벌 금융위기보다 3배가량 가파른 경기 침체가 나타날 것"이라며 "그간의 위기는 금융위기, 통화·재정정책 실패, 전쟁, 유가 변동 등 복합적 요인에서 나왔지만 이번 사태는 코로나라는 단일 요인으로 촉발된 최초의 위기이다. 각국의 봉쇄 조치로 수요가 둔화되고 국제 교역량이 감소한 데다 금융시장 변동성까지 커졌다"고 진단했다.

국가별로 보면 한국이 포함된 선진국 그룹은 -7.0%, 신흥·개도국은 -2.5% 등 중국(1.0%)을 제외한 세계 모든 지역이 마이너스 성장을 할 것으로 전망했다. 미국(-6.1%)과 유로존(-9.1%), 일본(-6.1%), 인도(-3.2%) 등 주요국들의 경제도 큰 타격을 입을 것으로 보이는 가운데, 특히 미국은 서비스업에서, 유럽은 관광업에서 충격을 받을 것이라고 예측했다.

다만 세계은행도 IMF와 마찬가지로 2021년에는 세계 경제가

4.2% 성장해 1년 만에 'V자' 회복을 할 것으로 내다봤다. 미국 (4.0%), 유로존(4.5%) 등 선진국이 3.9%, 신흥·개도국이 4.6% 각각 성장한다는 것이다. 특히 중국이 6.9% 성장하며 글로벌 경제를 다시 견인할 것으로 내다봤다.

반면, 제롬 파월 미국 연방준비제도_Fed_ 의장은 코로나 사태로 침체 국면에 접어든 미국 경제와 관련해 "회복 과정이 2021년 말까지 이어질 수 있다"고 평가했다. 파월 의장은 미 CBS의 시사 프로그램 〈60minutes〉와의 인터뷰에서 "경제는 회복될 것이다. 그러나 시간이 걸릴 수 있다"고 언급했는데 특히 "우리는 정말 모른다"면서 불확실성을 강조하기도 했다. 파월 의장은 'V자형 반등' 가능성에 매우 신중한 태도를 보였는데, 그는 "경제가 회복되기 위해서는 사람들이 완전히 확신해야 한다"면서 "완전한 회복을 위해서는 코로나 백신 개발까지 기다려야 한다"고 불확실한 낙관을 경계했다.

전국경제인연합회가 시행한 미국·일본 등 전 세계 주요 18개국 대표 경제단체와 국제기구·경제협의체를 대상으로 실시한 〈After Disease(A.D.) 1년, 포스트 코로나 세계 전망〉 연구 결과를 보면, 글로벌 주요 국가 중 절반가량은 2020년 하반기에 코로나 2차 대유행이 발생해 세계 경제가 더블딥경기 침체 후 회복기를 보이다 다시 침체에 빠지는 이중 침체을 겪을 것으로 예상하는 것으로 나타났다. 기온이 낮아지는 가을·겨울에 다시 2차 유행이 발생할 가능성이 높은데, 세계 경제가 더블딥에 빠질 경우 경제 회복은 2021년 4월 이후가 되어야 회복이 시작되고 2022년 하반기를 지나야 완전히 정상화될 것으로 내다봤다.

코로나로 휘청거리고 있는 국내 및 세계 경제 상황을 보고 있으면,

노자의 도덕경에 나오는 '회오리바람은 아침 내내 불지 않고 소나기는 하루 종일 내리지 않는다 飄風不終朝 驟雨不終日'는 글귀가 떠오른다. 분명 상황은 그 어느 때보다 심각하다. 경기 침체가 얼마나 오래 갈지, 또 그때까지 버틸 수 있을지도 미지수이다. 하지만 분명한 것은 코로나가 사라지면 멈춰 있던 경제활동이 재개되고 세계 경제는 빠르게 회복될 것이라는 점이다. 문제는 바람이 멈추고 소나기가 완전히 그칠 때까지 기다려야 한다는 것이다. 경기 침체를 우려한 나머지 코로나 확진자가 여전히 늘어나고 있는 상황에서 성급하게 경제활동을 재개한다면 코로나 사태는 다시 제자리로 돌아갈 수 있다.

실제로 미국은 코로나가 발생한 지 2개월 정도 지나고 확진자 수가 어느 정도 진정세를 보이자, 기다렸다는 듯이 5월 초에 이동 제한을 완화하고 경제활동을 재개하기 시작했다. 그러나 이동 제한을 완화한 지역을 중심으로 2차 확산 조짐이 나타나자 일부 주州는 경제활동 재개를 중단하고 다른 지역에서 오는 방문자를 자가격리시키겠다고 발표했다. 캘리포니아는 6월말에 코로나 신규 확진자 수가 이틀 연속 사상 최대치를 기록하면서 2차 확산에 대한 우려가 커졌고, 결국 캘리포니아에 있는 테마파크 디즈니랜드는 7월 14일로 예정되었던 재개장을 미루기까지 했다. 또한 영업 재개를 허용한 상점, 사무실, 박물관 등에 출입할 때도 마스크를 반드시 착용하라고 권고했다. 섣부른 경제 정상화 추진이 역풍으로 돌아온 셈이다. 정상화를 향해 달려가던 미국 경제는 다시 '시계 제로' 상태가 됐다.

코로나 재확산은 주요 경제분석기관이 공통적으로 지목한 세계 경제의 최대 리스크다. 국제통화기금은 경제전망 보고서에서 코로나가 재확산될 경우, 2020년 마이너스 성장에 이어 2021년에도 성장률이 거의 0에 머무를 것이라고 경고했다. '끝날 때까지 끝난 게 아니다'라는 말이 있듯이, 코로나 종식 때까지 경제활동은 철저한 사회적 거리두기 하에서 조심스럽게 추진되어야 할 것이다.

위축되는 소비로 폐업 매장 늘어난다

종로 거리를 5분만 걸어보면 코로나로 인한 경제 위기를 직접 느낄 수 있다. 대부분의 상가가 텅 비어 있고 임대라는 종이가 여기저기 붙어 있다. 그만큼 소비는 위축되었고 많은 가게들은 임대료를 감당하지 못해 폐업하기에 이르렀다.

코로나 사태 이후 소비 지출에 대한 맥킨지McKinsey의 글로벌 설문 조사(2020.3.15-6.21)에 따르면 전 세계적으로 소비 심리는 크게 위축되어 있다. 다만 국가별 차이는 있는데 한국 소비자들은 경기 회복에 대한 기대가 낮고 지출을 줄이겠다는 비율이 높게 나타난 반면 중국, 인도, 인도네시아 등에서는 여전히 경기 회복에 대한 기대나 지출 증가 의사가 높게 나타나 경기 회복기에 글로벌 엔진 역할을 해줄 것으로 기대되고 있다.

전반적으로 소비가 감소하는 상황 하에서도 홈 엔터테인먼트와 식료품에 대한 소비는 증가하는 것으로 나타나는데, 특히 한국의 경우는 글로벌 최고 수준의 네트워크를 기반으로 한 게임/OTT 등 홈 엔터테인먼트 소비 의향이 50% 이상 증가하는 것으로 나타나 미디어/

게임 산업의 지속적인 성장이 기대된다. 한편 외식이 줄면서 가정용 식료품 증가가 전반적으로 나타나고 있는데, 특히 국내 응답자들은 '이커머스 쇼핑을 늘리겠다(41%)', '매장 쇼핑을 줄이겠다(59%)'는 응답이 많아 조사 대상국 중 가장 적극적인 온라인 소비 전환이 진행되고 있음을 알 수 있다. 배달음식의 경우도 전반적으로 줄고 있는 다른 나라와 달리 한국에서만 15~30% 증가하는 특이 현상을 발견할 수 있다. 어린이용품은 한국과 중국에서만 소비가 줄지 않는 것으로 나타나, 한국과 중국에서 자녀에 대한 관심과 투자가 고정적으로 이어지고 있음을 알 수 있다.

대한상공회의소가 소매 유통업체 1,000개 회사를 대상으로 조사하여 발표하는 '2020년 2분기 소매유통업 경기전망지수$_{RBSI}$'에 따르면 2분기 상황은 더 악화될 것으로 보인다. 특히 패션, 화장품, 식당가 등 고객이 장시간 체류하며 대면 판매를 하는 상품들의 실적이 크게 악화할 것으로 전망된다. 통상 야외 활동이 증가하는 2분기를 터닝포인트로 보는 편의점 업계도 22포인트 하락한 55포인트로 전망된다. '사회적 거리두기' 캠페인으로 각종 모임과 지역축제가 취소돼 관광지와 고속도로에 있는 매장의 매출 감소로 이어지고 있고, 개학 연기로 학교 상권도 침체됐기 때문이다. 슈퍼마켓은 지난 분기에 이어 어두운 전망치(63포인트)를 보였으나, 타 업태에 비해 낙폭(12포인트)은 상대적으로 적었다. 외출을 줄인 탓에 거주지 접근성이 좋은 슈퍼마켓 이용이 다소 늘었고, 1인 상품에 대한 선호가 높아지며 매출이 일부 증가했다. 그간 호조세를 이어오던 온라인·홈쇼핑도 1분기 105포인트에서 2분기에는 100 밑으로 떨어진 84포인트를 기록했다. 비대면

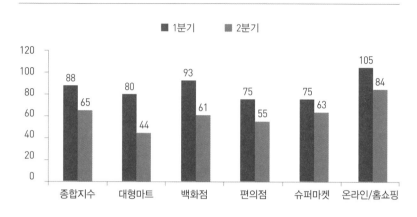

자료: ILO 재작성 : '코로나19가 가져올 새로운 변화와 우리의 생활', 양명자 전문위원

쇼핑 선호에 따른 반사 이익 기대감보다 신선식품 등 일부 생필품 외에는 코로나발 소비 부진을 피하기 어렵다는 우려가 더 큰 것으로 나타났다.

코로나로 사라지는 일자리들

코로나로 인한 '고용 대란' 공포는 점점 현실화되는 추세다. 한국경제연구원이 발표한 〈코로나19로 인한 성장위축이 고용에 미치는 영향〉 보고서에 따르면, 성장률이 1%포인트 하락하면 전 산업 기준으로 취업자 수는 45만 1,000명, 피고용자 수는 32만 3,000명이 감소하는 것으로 나타났다.

산업별 취업자 수 감소 영향은 서비스업(31만 7,000명↓)에서 가장

코로나19에 따른 산업별 취약도 및 영향 인원

업종	취약도	영향 받는 인원(추정, 만 명)
도소매	높음	48,195
제조	높음	46,309
부동산/경영 서비스	높음	15,687
숙박/요식업	높음	14,366
운송/창고업	중상	20,421
대중문화예술	중상	17,985
건설	중	25,704
금융	중	5,223

자료: ILO

두드러질 것으로 전망된다. 세부업종별로는 도소매·상품중개업(5만 9,000명↓), 운송업(1만 8,000명↓), 음식·숙박업(2만 5,000명↓) 등에서 일자리가 증발할 것으로 예측됐다.

미국은 더욱 심각한 상황으로, 경제활동이 멈추기 시작한 3월 16일 이후 5주 동안 2,650만 명이 일자리를 잃었다. 미국 노동인구 6명 중 1명꼴이다. 블룸버그통신은 2009년 글로벌 금융위기 이후 10년 동안 만든 일자리가 한 번에 날아갔다고 전하면서, 이 같은 추세라면 4월 미국 실업률은 20%에 이를 것으로 전망했다.

전 세계적으로도 코로나로 인한 일자리 피해는 심각하다. 국제노동기구ILO 분석에 따르면 근로시간은 6.7%가 줄고, 1억 9,500만 명이 일자리를 잃을 것으로 전망되고 있다(2020.4.7). 특히 고용에 취약한 숙박업, 요식업, 제조업, 도·소매업 종사자 12억 5,000만 명이 해고와 임금 삭감에 직면한 것으로 조사되고 있다.

업종별 전망

코로나가 산업에 미치는 영향은 전반적으로 부정적이나, 업종/기업별로 차이가 존재한다. 산업 전반의 실적 부진(영업 실적 악화, 주가 하락, 부채 증가, 투자수익률 저하 등)과 경기부양 책무(금리 인하, 채무상환 연장 등)를 공유해야 하는 금융 업종, 구매를 지연시킬 수 있는 내구재 성격의 자동차/휴대전화/디스플레이 업종, 이동·외출을 전제로 하는 항공/해운/호텔/외식/화장품 업종 등이 코로나의 직격탄을 맞고 있다. 반면 언택트/디지털, 필수재를 포함하고 있는 유통, 미디어, 식음료 등의 산업은 사업자별 집중 영역에 따라 실적 차이가 크다. 특히 온라인 유통, 화상회의, OTT, 게임, 클라우드, 원격의료/바이오/헬스케어 등 IT/BT에 집중한 기업들은 역대 최고의 실적을 보이고 있다. 온라인과 IT 인프라를

코로나19에 따른 국내 주요 산업별 영향

업종	코로나19 영향도	업종	코로나19 영향도
금융 (은행/증권/보험/카드)	부정적	유통 (오프라인↓/온라인↑)	Mixed
제조 (자동차/휴대전화/DP)	부정적	미디어 (영화↓/OTT↑/게임↑)	Mixed
항공/해운	매우 부정적	식음료 (식품↑/주류↓/음료↔)	Mixed
정유/석유화학	매우 부정적	통신	영향 미미 일부 긍정적
숙박/여행/외식	매우 부정적	건설	
패션/의류	매우 부정적		
화장품	매우 부정적		

출처: KPMG, BCG, McKinsey, 언론사 재작성: 〈코로나19가 가져올 새로운 변화와 우리의 생활〉, 양명자 전문위원

제공하는 통신 업종은 이용량 폭증 및 업그레이드 수요 등으로 일부 긍정적 영향을 받고 있다. 장기 수요 기준으로 움직이는 건설도 코로나의 영향은 크지 않으나, SOCSocial Overhead Capital, 사회간접자본 조기 투자 등 경기부양 정책으로 직접적인 수혜를 받을 가능성이 있다.

04
포스트 코로나는
디커플링의 시대

일반적으로 디커플링decoupling은 '탈脫동조화'라는 의미를 담고 있으며, 경제 분야에서 국가 경제나 환율 등이 전반적인 세계 흐름과 달리 독자적으로 움직이는 현상을 말한다. 소위 말해 '따로 논다'라는 뜻이다.

코로나 사태는 미국과 중국, 내수와 수출, 실물경제와 주가 그리고 국내 기업과 해외 기업의 리쇼어링reshoring 측면에서 디커플링을 가속화시키고 있다.

코로나 사태로 더욱 심각해진 미·중 대결별

미·중 관계는 2020년 1월 휴전을 맞이하며 대화합의 장이 열리는 듯했다. 그러나 코로나 사태는 양국 사이를 더욱 갈라놓았다. 무역 불균형과 기술패권 경쟁으로 악화한 미국과 중국의 관계는 코로나 팬데믹을 계기로 한층 더 심각해졌다. 코로나 책임론이 거세게 일면서 미국은 중국을, 중국은 미국을 의심하는 가운데 세계는 미국과 중국을 중심으로 정확하게 반으로 갈라졌다.

원래 유럽은 트럼프 행정부 출범으로 강해진 보호 무역주의에 반감을 보이며 중국과의 연대를 강화하려고 했다. 실제로 2020년 1월 무역 전쟁 휴전 후 유럽은 속속 화웨이 5G 통신장비 도입을 추구하며 미국과는 다른 길을 걸었다. 코로나 사태 초반에도 화웨이를 매개로 한 유럽과 중국의 동맹은 이어졌고, 특히 코로나로 큰 타격을 받은 이탈리아는 중국을 통해 의료진과 마스크를 지원받는 등 유대 관계를 공고히 했다.

그러던 것이 2020년 5월 초, 미국을 중심으로 코로나 중국 책임론이 거세게 제기되면서 캐나다를 비롯해 유럽에서도 중국을 배척하는 움직임이 시작되었다. 영국은 화웨이 장비 불가 원칙을 선언했고, 뒤를 이어 독일의 3대 이동통신사 중 하나인 텔레포니카가 화웨이의 5G 장비를 배제하고 에릭슨으로 교체했다고 발표했다. 캐나다도 화웨이와 거리를 뒀다. 캐나다 1위 통신 사업자인 벨캐나다BCE는 5G 사업에서 화웨이를 배제하고 에릭슨을 택하기로 했다. 결국 유럽과 중국의 관계는 크게 틀어졌고, 중국은 이에 맞서 러시아와의 연대를 강화하는 한편 차이나 머니를 매개로 아프리카 일부 국가들과 연대했다. 신냉전 시대가 열리면서 미·중 대결별the Great Decoupling이 본격화된 것이다.

미국과 중국의 결합이 세계화와 함께 한 시대를 주도한 만큼, 이들의 디커플링은 지구촌 정치, 경제 지형에 상당한 변화를 몰고 올 전망이다. 1970년대에 '닉슨 독트린'으로 냉전을 청산한 후 미·중 양국은 40년간 협력을 확대했지만 지금의 미국은 중국과 경제적, 지정학적 대결에 몰두하고 있다.

도널드 트럼프 미국 대통령 행정부는 중국과 무역 전쟁을 벌이고 있고, 코로나로 큰 타격을 받으면서 노골적으로 중국 때리기에 열을 올리고 있다. 트럼프 대통령은 폭스 비즈니스 방송에 출연해 "중국과 모든 관계를 끊을 수도 있다"라고 강경 발언을 내놓기도 했다. 더 나아가 트럼프 행정부와 미국 의회는 미국과 중국의 경제적 결속을 끊고 대중국 의존도를 낮추는 대책을 본격적으로 검토하고 있다. 국가안보와 연관된 기술에 대한 수출규제, 추가 고율 관세, 중국 내 미국 생산기지의 귀환(리쇼어링) 강요, 세계무역기구wto 탈퇴 등이 대표적인 사례. 이는 중국에 대한 높은 의존도를 낮추고 미국 내 생산을 늘리는 방식으로 공급사슬 자체를 뒤바꾸겠다는 의도이다. 그리고 코로나 이전부터 추진되어 온 미국의 산업통상 기조는 코로나 사태를 맞아 더욱 가속화되고 있다. 동시에 유럽·오세아니아 등 미국 동맹들도 중국 의존도를 줄이는 방안을 모색하고 있다.

중국 역시 자신들이 주도하는 경제 질서를 구축하고자 아시아·아프리카의 저개발국가를 중심으로 일대일로一帶一路 프로젝트를 야심 차게 추진 중이다. 이에 대응해 트럼프 행정부는 친미 국가로 구성된 '경제 번영 네트워크EPN, Economic Prosperity Network'를 구축, 동맹국에 합류를 독려하고 나섰다. 중국 내 서방 기업들이 비용을 문제로 자국으로 유턴하지는 못하더라도 베트남이나 인도 같은 친미 네트워크로 이전하도록 유도하려는 목적이다.

미·중 간 무역갈등은 이제 지정학적, 기술적, 이념적 경쟁으로 확대되었고, 코로나 사태로 가속화된 디커플링은 불가피해 보인다. 이로 인해 재편되는 새로운 세계 질서는 아마도 성장을 더욱 둔화시키고, 더 많은 정부 지출을 요구할 것이며, 나아가 군사적 충돌의 위험을 고조시킬 수도 있다.

미국은 250억 달러(30조 원) 규모의 '리쇼어링 펀드reshoring fund, 중국에서 미국으로 생산기지를 옮기는 기업을 지원하는 자금'를 고려하고 있으며, 중국의 기술 선두 주자 화웨이에 대한 제재를 다시 확대했다. 또한 미국의 기술 회사에서 일하거나 대학에서 공부하기를 원하는 중국 유학생들과 기술자들에 대한 승인을 늦추거나 취소하면서 미·중 인적 교류까지 타깃으로 삼고 있다.

하지만 미국의 대중 직접 투자는 2012년 이후 매년 150억 달러(18조 원) 정도 규모를 유지하고 있어 미국으로서는 중국의 거대 시장을 무시하기 어렵다. 이 때문에 미·중 간 디커플링이 "쉽게 이뤄질 수 없다"는 전망도 대두되고 있다. 클레테 윌렘스 전 백악관 무역협상 수석대표가 "중국이 협정 이행에 실제로 좋은 성과를 내고 있기 때문에 미·중 간 무역협정은 당분간 유지될 것"이라고 전망하는가 하면, 국제전략문제연구소CSIS의 수석 고문 빌 라인시는 "미국과 중국 경제가 동반성장하는 데 20년이 넘게 걸렸기 때문에 디커플링은 쉽게 이뤄질 수 없다"고 강조하기도 했다. 그는 일부 기업들이 중국을 떠나고 있지만 이는 트럼프 때문이 아니라 중국의 임금 상승과 외국 기업에 대한 중국의 차별 때문이라고 설명했다. 로이터 역시 현실 세계의 흐름은 디커플링과는 거리가 멀다고 지적했다.

중국도 겉으로는 강한 입장을 드러내고 있지만 미국과의 충돌을 피하고 관계 관리에 나설 것으로 예상된다. 미·중 경제는 이미 무역 분쟁으로 상당한 피해를 보았고 그 와중에 코로나 사태까지 겹쳐 심각한 위기에 봉착했다. 중국은 혼자서 이 난관을 헤쳐 나가기에는 아직 충분히 강하지 않기 때문에 미·중 경제 관계를 안정시키려고 노력할 것이다.

미·중 갈등의 심화는 한국뿐 아니라 동아시아 지역 내 모든 국가들에게 영향을 미칠 것이다. 중국을 최대 교역국으로 삼아 중간재 수출을 통한 간접 수출에 주력했던 한국으로서는 심각한 위기를 맞게 된 셈이다. 게다가 미국이 경제 번영 네트워크EPN 참여를 압박하는 것도 고민거리다. 양국으로부터 러브콜을 받고 있는 한국으로서는 보다 신중한 전략적 접근방법이 요구된다.

내수와 수출의 디커플링

코로나 사태로 인한 수출 부진이 지속되면서 내수와 수출의 '디커플링 현상'이 심화될 전망이다. 내수가 살아나더라도 한국 경제의 상당 부분을 차지하는 수출이 회복되지 않을 경우, 역성장은 피할 수 없는 현실이 될 것이다. 결국 세계시장이 코로나로부터 안전해지고 수출이 회복되어야만 한국 경제가 살아날 수 있다는 얘기이다.

실제로 2020년 4월 기준 소매 판매액지수를 살펴보면 110.3으로 전월의 104.7보다 5.3% 증가했다. 1월부터 3개월째 이어진 소비 감소는 4개월 만에 반등했는데, 코로나 확산세가 절정에 달했던 2월 소비가 6.0% 감소했던 것과 비교하면 큰 폭의 회복세다. 3월부터 시작됐던 사회적 거리두기가 4월 20일부터 완화되면서 소비도 회복되기 시작한 것이다. 여기에 재난지원금이 지급되면서 지역 소상공인들의 매출이 증가하는 등 국내 소비는 점차 늘어날 것으로 예상되고 있다.

하지만 수출 부진은 반등의 기미가 보이지 않는다. 코로나 확산의 영향으로 수출물량은 2020년 4월, 5월 연이어 감소세를 보였다. 한국은행이 발표한 '2020년 5월 무역지수 및 교역조건(달러 기준)' 통계에 따르면 5월 수출물량은 전년 같은 달보다 15.0%나 줄었다. 감소 폭도 4월(-13.2%)에 이어 2009년 1월(-26.7%) 이후 가장 컸다. 특히 코로나로 인한 주요국의 봉쇄 조치가 자동차 등 운송장비 수출에 부정적 영향을 끼쳤다. 수출길이 막히자 생산도 줄었다. 반도체, 자동차 등 주력산업은 직접적인 타격을 받으면서 생산이 크게 감소한 것으로 나타났다.

내수와 수출의 디커플링 현상이 장기화되면, 수출 부진이 내수로까지 전이되어 수출과 내수 모두 불황에 빠지는 내외수 복합불황이 발생할 가능성도 배제할 수 없다.

실물경제와 주가의 디커플링

코로나 여파로 세계 경제가 휘청거리고 있지만 글로벌 증시는 빠르게 회복세를 보이며 '상승 랠리'를 이어가고 있다. 시장에서는 "실물경제와 주가 간 괴리가 이제껏 경험하지 못한 수준으로 확대되는 '역대급 디커플링great decoupling'이 나타나고 있다"는 분석을 내놓고 있다.

2020년 6월 10일, 뉴욕 증시에서 기술주 중심의 나스닥 지수는 10,020.35에 거래를 마치며 종가 기준으로 사상 처음으로 1만 선에 안착했다. 다우 지수 역시 코로나로 인한 초반 낙폭을 모두 회복하고 상승 기조를 보이고 있다.

국내 주가 역시 상승세가 강력하다. 2020년 6월 10일 기준(2,195.69 마감)으로 계산하면 연저점(3월19일 1,457.64) 대비 50.6%나 상승했다. 연고점 대비 주가 회복률은 세계 주요 20국G20 중에서 2위이다. 코스닥 지수도 저점 대비 77.1% 상승해 주요국 주가지수 중 가장 높은 상승률을 보였다. 주가만 놓고 보면 코로나 사태로 인한 경제 위기는 다른 세상 이야기 같다.

높은 실업률과 마이너스 성장에도 주가가 급등한 이유는 코로나발發 쇼크에 따른 사상 초유의 초저금리와 풍부한 유동성 때문이다. 한마디로 시장에 막대한 돈이 풀렸기 때문이다. 미국 연방준비제도는 정책금리를 제로로 낮춘 데 이어 국채 및 회사채 등의 자산을 대규모로 매입하는 양적완화를 통해 막대한 유동성을 풀었다. 한국은행의 기준금리 역시 사상 최저인 0.5%까지 떨어졌다. 2008년 글로벌 금융위기 때 연준은 리먼브러더스 파산 직후 7주 동안 1조 달러를 공급했는데, 이번 코로나 확산 초기 7주 동안에는 2조 3,000억 달러를 풀었다. 미국과 유로존은 코로나 사태 이후 각각 7조 600억 달러(약 8,472조 원), 6조 2,500억 유로(약 8,500조 원) 등 총 1경 7,000조 원의 자금을 시중에 투입할 계획이다. 한국도 코로나 사태 이후 350조 4,000억 원을 풀 예정이다. 이처럼 시중 자금은 넘쳐나는데 은행 예금이나 채권 등의 금리가 너무 낮다 보니 투자처를 잃은 시중자금이 대거 주식시장으로 유입되면서 주가를 끌어올리고 있는 셈이다.

문제는 이러한 경제와 주가의 디커플링 현상이 버블 붕괴 직전의 상황일 수 있다는 점이다. 게다가 유동성의 힘만으로 주가 상승이 이어진다면 펀더멘털과의 괴리로 거품이 꺼질 수 있다는 우려도 나온다. 생산·고용 등 경제지표는 나올 때마다 최악의 수치이고, 기업들은 핵심사업을 매각하는 등 유동성 부족에 대비하고 있다. 코로나 2차 대유행과 미·중 갈등 같은 불확실성 요소는 점점 더 심각해지고 있다. 전미경제연구소NBER는 "미국 역사상 가장 길었던 128개월의 경기 확장 국면이 끝났다"고 경기 침체 진입을 공식적으로 선언하기까지 했다. 이런 관점에서는 주가가 최악의 경제지표를 미리 반영했다고 해도 경기 침체가 얼마나 지속될지 알 수 없다.

영국의 경제전문지 이코노미스트economist는 "코로나 2차 확산 가능성이 있는 데다 기업들의 비용 절감이 수요 위축으로 이어질 수 있다. 돈이 과도하게 풀리고 저금리가 장기화하면 2001년 엔론 사태, 2008년 리먼브러더스 파산처럼 대형 금융사기와 기업 도산 등이 일어나면서 증시가 폭락할 수 있다"고 경고했다.

실물이 뒷받침되지 않는 증시는 오히려 경제 성장에 독이 될 수 있다. 증시 상승의 착시 현상으로 코로나 위기가 끝났다고 착각하고 빚을 내서 투자하는 것 같은 비이성적인 행동을 할 수 있기 때문이다. 정책 결정에 혼선을 초래할 위험성도 높다.

코로나는 아직 우리에게 그 모습을 다 드러내지 않고 있다. 포스트 코로나 시대에 슬기롭게 살아남기 위해서는 주가가 아닌 코로나 사태를 직시해야 현명한 대비책을 마련할 수 있을 것이다.

국내 기업과 해외 기업의 리쇼어링 디커플링

코로나가 확산되고 세계 공급망이 흔들리면서 미국과 일본, 대만 등 주요 제조국들은 리쇼어링 정책을 강화하고 있다. 리쇼어링이란, 해외에 나가 있는 자국 기업들을 각종 세제 혜택과 규제 완화 등을 통해 자국으로 불러들이는 정책을 말한다. 글로벌 시대에 많은 기업들이 저렴한 인건비나 판매시장을 찾아 해외로 생산기지를 옮겼던 오프쇼어링off-shoring과는 반대 개념인 셈이다.

미국의 리쇼어링 정책은 코로나 사태가 일어나기 전부터 추진되고 있었다. 미국은 자국 내 기업 경영환경을 개선하기 위해 법인세 인하 등을 추진했다. 2008년 세계 금융위기를 겪은 후 오바마 행정부 때부터 리쇼어링 정책을 추진했는데, 당시 오바마 행정부는 2010년 '메이크 잇 인 아메리카Make it in America' 정책을 내세웠다. 국내 기업이 해외에 아웃소싱할 때 받는 세금 혜택을 없앴고, 제조업 연구·개발R&D 지원과 제조업 인프라 개선을 강화했다.

2017년 도널드 트럼프 대통령 취임 이후에는 '탈세계화' 기조에 발맞춰 진행되었고, 트럼프 대통령은 공화당 의원들과 함께 250억 달러(약 30조 원) 규모의 '리쇼어링 펀드'를 조성하겠다고 선언했다. 중국의 'GVC_{Global Value Chain, 글로벌 가치사슬}' 의존을 줄이고 자국에서 독자 제조 생태계를 강화하겠다는 목표였다. 또한 트럼프 행정부는 '미국산 구매_{Buy American}', '미국인 고용_{Hire American}'을 골자로 하는 '미국 우선주의_{America First}' 행정명령을 발동했다. 기존 35%까지 부과하는 4단계 누진형 법인세율도 21% 단일 세율로 대폭 인하했다.

애플은 코로나 충격으로 2020년 1분기 출하량이 10% 가까이 줄어들자, 중국에서 전량 생산하던 무선 이어폰 '에어팟'을 베트남에서 본격 생산하기 시작했다. 2분기 에어팟 전체 출하량 중 30% 정도(300만~400만 개)를 베트남 공장에서 생산할 계획이다. 대만에는 100억 대만달러(약 4,100억 원)를 투자해 공장을 건설할 계획이고, 향후 5년간 중국에서 생산하는 아이폰 물량의 5분의 1을 인도로 옮길 예정이다. 구글, 마이크로소프트 등도 중국 내 생산 공장을 태국이나 베트남 등 다른 아시아 국가로 이전 추진 중이다.

미국 최대 반도체 기업 인텔은 미국 내에 대규모 반도체 파운드리_{위탁 생산시설}를 건설할 계획이다. 미 정부가 코로나 사태를 계기로 추진 중인 반도체 자급 전략이다.

일본은 코로나 대응 차원에서 리쇼어링 정책을 강화하고 있다. 2013년 '아베노믹스'를 수립한 다음부터 본격적으로 리쇼어링 정책을 추진했는데, 2013년 도쿄·오사카 등 대도시에 국가전략특구제를 도입했다. 2018년에는 기존 30%였던 최고 법인세율을 23.2%까지 낮췄으며, 사물인터넷 등 4차 산업혁명 관련 기업에는 20%대 전후까지 인하했다. 그리고 2020년 4월, 코로나19가 전 세계를 위협하자 일본은 자국으로 돌아온 기업에 20억 달러 규모의 보조금을 지원하겠다고 발표했다. 아베 총리는 세계 최대 시장인 중국 진출을 장려하던 방향에서 벗어나 "일본 기업은 열도로 돌아오라" 하고 외치고 있다.

독일과 대만도 리쇼어링 정책을 추진 중이다. 독일은 '인더스트리 4.0Industry 4.0'을 바탕으로 해외 진출 기업의 자국 복귀를 유도한다. 강력한 정책이나 수단은 따로 없지만 스마트공장 등을 지원하는 방식으로 기업 복귀 유인 요소를 높였다. 대만은 2012년부터 2014년까지 추진한 '국내 유턴 추진방안'을 기점으로 리쇼어링 정책을 이어오고 있다. 2019년부터는 중국에 진출한 자국 기업을 대상으로 '대만기업 리쇼어링 투자 액션플랜'을 시행했는데, 대만 정부가 지정한 공단에 입주하면 임대료를 6년간 감면하는 등의 혜택을 부여한다.

경제전문지 이코노미스트는 이러한 전 세계적인 리쇼어링 흐름에 대해 '굿바이 세계화Goodbye Globalization'라는 제목의 특집 기사를 발간했다(2020년 5월 16~22일자). 코로나 바이러스로 사람과 무역, 자본의 흐름이 멈추면서 세계화가 한계에 봉착했다는 내용을 담고 있다. 사람이 집과 국가 안에 갇히자 생산이 멈췄고, 물류가 끊기고, 무역이 줄었다. 이에 각국은 해외로 나간 자국 기업을 불러들이는 리쇼어링 정책을 통해 글로벌 밸류체인보다 로컬 밸류체인을 키우려고 하고 있다.

월스트리트 저널 역시 포스트 코로나 시대의 경제활동은 점점 국가안보에 중요한 요소가 될 것이며, 국가안보와 밀접한 관계를 고려할 때 경제의 세계화보다는 자급자족 기능을 찾는 경제정책이 국민의 지지를 받을 것이라고 강조했다.

기타 고피너스 국제통화기금 수석 경제학자는 "코로나 팬데믹으로 세계화 비용과 편익에 대한 재평가가 이뤄지고 있으며, 비용 절감을 위한 글로벌 공급망의 위험이 드러났다"고 지적했다. 이로 인해 세계화의 '효율성'보다는 '회복력Resilience과 위험성 관리'가 중요해지면서 부품의 국내 조달 비중이 확대되고 생산기지가 본국으로 돌아오는 '리쇼어링'이 본격화할 것이라고 전망했다.

코로나 사태로 약 90개국이 의료물자 수출을, 29개국이 식품 수출을 중단했고, 국가 간 여행 제한으로 국경도 막혔다. 수많은 기업들이 글로벌 생산기지를 접고 자국으로 돌아갈 것을 고민하는 이유도 여기에 있다.

이처럼 리쇼어링이 전 세계적인 큰 흐름으로 확산되어 가는 반면, 한국 기업의 상당수는 리쇼어링에 회의적인 반응을 보이고 있다. 한국 정부가 코로나 사태에 따른 경기 침체를 극복하기 위해 '리쇼어링'을 적극 유도하고 있지만, 정작 기업 대부분은 국내로의 리쇼어링을 기피하는 것으로 나타났다.

대한상공회의소가 국내 제조업체 308개사를 대상으로 진행한 '포스트 코로나 기업 대응현황과 정책과제' 조사에서 해외공장을 가진 기업 대상으로 국내복귀 의향을 묻는 질문에 94.4%가 '계획이 없다'고 답했다. 국내 이전을 기피하는 이유 1, 2위는 '해외사업장의 낮은 생산비용(58.3%)', '현지 시장 진출(38.1%)'이었다.

중국과 베트남에 현지법인을 소유한 중소기업의 70% 이상도 리쇼어링 의향이 없는 것으로 나타났다. 특히 베트남 진출 기업 중에서는 리쇼어링 의향이 있는 기업이 한 곳도 없었다. 리쇼어링 의향이 없는 이유로는 '국내의 높은 생산비용'이 가장 많이 꼽혔고, 이어 '현지 내수 시장 접근성', '현지 원청기업과의 관계' 등 해외시장이 가진 장점도 리쇼어링을 막는 이유로 거론됐다.

한국 정부는 2013년부터 '해외 진출 기업의 국내 복귀 지원에 관한 법률(유턴기업법)'을 제정한 후 지속적으로 제도를 개선하며 리쇼어링을 독려해왔다. 그러나 2013년부터 2020년까지 국내로 다시 돌아온 기업은 71곳에 불과하다.

해외 진출 기업은 성격상 크게 두 가지 유형으로 나뉘는데, 인건비 등 비용 절감을 위해 해외 이전을 택한 업체와 주력 시장이 해외인 업체로 구분한다. 중국에 진출한 기업의 경우, 중국 내수 시장을 목적으로 진출하기도 하는데 이들을 국내로 불러들이면 중국의 높은 관세 때문에 수출이 어려워진다. 결국 기업들이 국내로 돌아오면 내수 시장 경쟁만 치열해지는 결과가 생길 수도 있다. 또한 기업이 해외로 진출한 경우, 협력사들도 동반 진출하게 되는데 이들 모두가 함께 복귀하기란 현실적으로 어렵다. 이러한 상황에서 국내 기업들의 리쇼어링을 꾀하려면 세제 혜택, R&D 지원 확대 등 구체적인 기업 지원책이 필요하다.

이에 정부는 2020년 6월 1일 '2020 하반기 경제정책 방향'에서 한국판 뉴딜 정책의 일환으로 유턴 기업에 대한 세제·금융 지원 정책을 발표했다. 기존에는 해외사업장을 청산·양도하거나 축소·유지하면서 국내 사업장을 신설·창업하는 경우에만 세제를 지원했는데, 앞으로는 국내 사업장을 증설하는 경우에도 증설에 따른 사업 소득에 대

해 세제를 지원하기로 했다. 또 기존에는 해외사업장 생산량을 50%
이상 감축할 경우에만 법인세와 소득세를 감면했지만, 향후에는 생산
감축량에 비례해 세금을 감면하기로 했다. 또한 국내 전 지역을 대상
으로 유턴 기업의 입지·시설 투자와 이전비용 등을 지원하는 유턴 기
업 보조금을 신설하고 유턴 기업의 제품 고부가가치화를 위해 스마트
공장과 로봇 보급 사업 지원도 강화하기로 했다. 국내 기업의 리쇼어
링 수요를 늘리고 활성화하려면 미국·일본과 같이 과감한 지원과 함
께 기업의 디지털 트랜스포메이션 지원을 통해 유턴 시 국내 생산비
용을 절감하고 생산성을 높일 수 있도록 도와줘야 한다.

05
포스트 코로나 시대, 개인과 기업은 무엇을 준비해야 하나

포스트 코로나 시대, 생존을 위한 평생교육

항공 회사에 근무하는 A씨는 코로나 여파로 회사가 무급휴가를 실시하자, 회사가 아닌 동네 카페로 출근해 '파이썬Python' 프로그래밍을 공부하고 있다. 파이썬은 간결하고 생산성 높은 프로그래밍 언어로, AI를 배우려면 먼저 컴퓨터 언어인 파이썬을 알아야 한다. 근무한 지 7년 이상 된 베테랑이지만 코로나로 일이 줄어들면서 A씨의 커리어도 한순간에 멈춰버렸고 미래 역시 불투명해졌다. 결국 A씨는 더 늦기 전에 애플리케이션 개발자로 진로를 바꾸기로 결심하고 AI 공부를 시작했다. 코로나로 온택트 서비스나 무인화, 자동화가 확산되면서 AI를 도입하려는 기업들이 늘어나고 있기 때문에, AI에 대한 공부를 해두지 않으면 뒤

처질 수 있다는 불안감 때문이었다. 카페에는 A씨 같은 사람이 한두 명이 아니다. 사회 초년생에서부터 은퇴를 앞둔 50~60대까지 모두 코로나 사태로 위기감을 느끼면서 새로운 직무 공부에 열중이었다. 코로나로 디지털 분야에 대한 재교육 필요성을 실감하며, 미래에 대한 불안감이 커진 직장인들이 최근 '데이터사이언스', '코딩'이나 'PPT', '인포그래픽' 등 직무역량 관련 강좌에 몰려들고 있다. 상위 인기 온라인 강좌 1, 2위는 데이터사이언스, 파이썬이 차지했고, 포토샵, 인포그래픽, PPT 등 업무능력을 높일 수 있는 실무형 강의도 높은 인기를 보였다. 기업 내 ICT 도입이 늘어나면서 디지털을 모르면 업무를 따라가기 벅찬 상황이 됨에 따라 ICT 관련 교육을 받으려는 직장인들도 늘고 있다. 언택트 추세로 AI나 빅데이터, 코딩 같은 '개발자'의 몸값이 급등하면서, 빅데이터나 AI 관련 유망 직종으로 옮기는 이들도 적지 않다. 무급휴직, 해고 등을 겪은 사람들도 오전에는 파이썬이나 코딩 수업, 오후에는 영어 공부 등을 하면서 '인생 2막'을 준비 중이다.

코로나로 원치 않게 일자리를 잃은 '비자발적 실직자'가 늘어나면서, 현재 일을 하고 있는 사람들 역시 고용에 대한 불안감이 커지고 있다. 대기업, 중소기업 가릴 것 없이 직장인의 상당수는 퇴사에 대한 불안감을 느끼고 있다. 특히 판매·서비스업, 기획·마케팅·홍보직, 영업직 등에 종사하는 사람들의 불안감이 컸다. 반면 IT·연구개발직, 전문직, 의료·보건직 등 '숙련도'가 높은 직종일수록 퇴사에 대한 불안감은 낮게 나타났다.

코로나 사태를 계기로 단순노동은 빠르게 사라지고, 오직 사람만이 가치를 창출할 수 있는 고숙련 직종만 살아남게 될 것이다. 사람이 가치를 창출할 수 없는 업종은 사라지고, '직업 이동' 현상은 가속화될 것이다.

100세 시대의 도래와 함께 평생교육의 중요성이 이전부터 강조되었지만, 과거에는 대부분 자기계발이나 취미를 위해 새로운 공부를 시작했다. 하지만 포스트 코로나 시대에는 도태되지 않으려는 절박함으로, 살아남기 위해 ICT를 공부하고 있다.

다행히 예전과 달리 다양한 재교육 방법과 본인 수준에 맞는 맞춤형 수업을 받을 수 있는 환경이 갖추어져 있어, 의지만 있다면 얼마든지 자신에게 맞는 교육을 선택해 공부할 수 있다. 코세라Coursera, 유다시티Udacity, 에드엑스EdX, K무크K-MOOC와 같은 개방형 대중 온라인 강좌 플랫폼은 대학교 수준의 수준 높은 강의를 무료로 제공하고 있다. 태블릿, VR/AR, 웨어러블 기반의 미디어 기술이 더욱 발전한다면, 이러한 온라인 교육 플랫폼의 활용 가능성도 제고될 것이다.

최근에는 개인 수준에 맞는 맞춤형 교육도 가능하다. 미국 최대 온라인 교육기업 르네상스러닝은 '러날리틱스Learnalytics, Learn+analytics'를 내세워 맞춤형 교육을 제공하고 있고, 샌프란시스코에 기반을 둔 스타트업 피델리 에듀케이션Fidelis Education은 고객 관계 관리CRM개념을 교육에 적용한 '러닝 관계 관리Learning Relationship Management'라는 솔루션으로 개인에 맞는 교육 콘텐츠를 제공한다.

한편, AI 도입을 희망하는 상당수 국내 기업들은 AI 전문인력 양성 및 확보에 많은 어려움을 겪고 있다. 이에 대한 해법으로 '재직자 AI 교육'에 대한 관심이 높아지고 있다. 소프트웨어정책연구소에 따르면 2022년까지 국내 AI 개발 인력은 수요보다 9,986명이 모자랄 전망이다. 당장 부족한 AI 인력을 지금부터 육성해서 기업에 투입시키기까지는 적지 않은 시간과 비용이 소요된다. 따라서 가장 현실적인 대안은 기존 인력의 재교육 강화이다. 일반 소프트웨어 개발자는 물론, 기술과 전혀 무관한 업종 종사자일지라도 AI 관련 기본교육을 통해 산업 현장에서 필요로 하는 인력으로 거듭날 수 있다. 기존 인력의 재교육 효과도 높을 것으로 기대된다. 자신이 일했던 산업을 잘 알기에 AI 기술과 개념에 대해 이해하면 이를 산업에 접목하는 것이 용이하기 때문이다.

영국에서는 코로나 여파로 불가피하게 휴직에 들어간 사람들이 전체 인력의 4분의 1 수준에 달한다. 경기 침체가 지속될 것이란 전망 속에 수많은 사람들이 앞으로의 일자리에 대해 심각하게 우려하고 있다. 일부 경제학자들은 사라진 일자리가 다시 돌아오지 않을 수도 있다고 경고한다. 코로나 사태로 디지털 관련 업무 재교육 필요성이 증대되자, 기업들은 직원들의 커리어 관리를 위해 온라인 학습 플랫폼과 제휴를 맺고 리스킬링 프로그램을 지원하기 시작했다. 향후 리스킬링이 정리해고 혹은 코로나 2차 유행에 따른 대비책으로 활용될 것이 분명하기 때문이다.

예를 들면 글로벌 엔터프라이즈 애플리케이션 업체인 IFS는 컨설턴트들에게 자사 시스템을 학습할 수 있는 무료 강좌를 제공하고 있다. 또한 구인·구직 업체 하비내쉬Harvey Nash는 직원들의 숙련도 향상을 위한 '마스터 클래스Master Class'를 원격으로 지원한다. 에듀테크 업체인 디그리드Degreed도 유니레버, 시티, HP 등의 기업들과 제휴를 맺고 온라인 교육 콘텐츠를 제공하고 있다. 학습 자료를 무료로 제공하는 일부 대학들도 있다. 다른 분야에 종사하고 있다 해도 AI를 공부할 수 있도록 지원하는 재교육 프로그램도 구축되어야 할 것이다. 영국 민간기관인 패컬티Faulty AI는 다른 분야에서 석박사를 취득한 사람들에게 AI·빅데이터를 교육시키고 컨설팅도 해준다. 대학도 기존에 다른 분야에서 일하다 AI 공부를 시작하면 장학금을 지원하고, 창업 지원기관이나 인큐베이터들도 스타트업 창업자에게 AI를 교육한다.

유럽위원회European Commission는 2020년 이후 유럽 전역에 75만 6,000개의 ICT 관련 일자리가 생길 것이라고 전망했고, 세계경제포럼World Economic Forum은 '인간-기계 간의 노동 분업'의 결과로 2022년까지 전 세계에서 1억 3,300만 개의 일자리가 증가할 것이라고 분석했다.

실직 위기이거나 이미 정리해고를 당한 사람들, 기존의 디지털 역량 격차 그리고 여전히 시행 중인 사회적 거리두기 조치, 언택트 상황을 고려할 때 ICT에 대한 재교육은 필수적이다. 리스킬링(재교육) 이니셔티브는 휴직 중이거나 일자리를 잃은 개인만을 위한 것은 아니다. 코로나 사태로 인한 경제적 여파는 기업과 국가에도 영향을 미칠 수 있다. 개인이든 기업이든 포스트 코로나 시대에 생존하기 위해서는 이제부터라도 디지털 역량 강화를 시작해야 할 때다.

다시 회사 책상으로 복귀하는 직장인들

코로나로 재택근무를 도입했던 기업들은 사회적 거리두기가 완화되면서 서서히 원래의 근무 형태로 돌아가고 있는 모습이다. 하지만 여전히 코로나가 극복되지 않은 상황에서 사무실로 복귀하는 직원들의 안전 확보는 기업 입장에서 매우 중요하다.

직원들을 위해 기업은 안전한 환경을 조성해야 한다. 코로나 바이러스로부터 100% 안전하게 보호할 방법은 없지만 그래도 기업 입장에서는 가능한 예방 조치를 취해야 한다. 이미 많은 기업들이 손 소독제, 적외선 온도계, 열 감지 카메라 등 기본적인 위생 장비들을 갖춰놓고 있다. 최근에는 모바일 및 머신러닝 소프트웨어, 챗봇 등을 활용해 회사로 복귀하는 직장인들을 코로나로부터 보호하려는 기업들도 늘고 있다.

기술 솔루션 제공 업체 인사이트 엔터프라이즈는 일리노이 주 하노버 파크 사무실에 열감지 스캐너를 설치해 사람들의 체온을 실시간으로 확인하고 열이 많이 나는 사람이 있으면 경보를 울리도록 했다. 이 시스템은 한 번에 최대 30명까지 체온 측정이 가능하며 37.2도가 넘으면 직원 스마트폰으로 알림이 가거나 보안 담당자 또는 사무실 관리자에게 통보가 가도록 구성할 수 있다. 이 회사는 '걸어서 통과하는'방식의 키오스크kiosk도 제작해 테스트 중에 있다. 인터넷에 연결된 체온계가 설치되어 있어 직원들이 체온을 측정할 수 있다. 키오스크에는 체온이 높을 경우 취해야 할 다음 조치에 대해서 챗봇이 질병통제본부 지침 내용을 기초로 답변해 주는 기능이 탑재되어 있다.

사무실 내 직원 보호를 위해서는 광학 카메라와 머신러닝을 활용한다. 사무실 내에서의 마스크 착용 여부와 상호 간 적정 물리적 거리 유지 여부를 탐지하는 것이다. 직원들 간 거리가 약 2미터 이내로

좁혀지면 현장 관리자에게 앱 알림이 전송된다.

코로나 사태를 계기로 코로나 이전의 업무 절차와 방식을 근본부터 고치려는 기업들도 있다. 슈나이더 일렉트릭Schneider Electric은 제조 설비에 대한 현장 투어를 정기적으로 실시하고 있었는데, 코로나 바이러스로 인해 항공 여행이 어려워진 후에는 현장 투어 자체를 송두리째 바꾸려고 하고 있다. 대신 세인트루이스와 렉싱턴에 있는 시설의 제조 실행 시스템에 대한 가상 투어를 강화하고 있다.

코로나가 확산된 이후로는 사업장에 들어갈 수 있는 사람 자체가 제한되어, 배전반을 구축하는 시스템 등 프로그램 가능 로직 컨트롤러와 산업용 로봇 가동 및 유지관리를 담당할 필수 직원만 건물 안으로 들어올 수 있게 되었다. 사업장에 들어간 슈나이더 일렉트릭 영업 직원들은 노이즈캔슬링 헤드폰과 아이폰을 장착하여 제조 작업장을 돌아다니면서, 각종 구성요소의 작동 방식을 마이크로소프트 팀즈 회의 앱을 통해 설명하는 방식으로 가상 투어를 진행하고 있다.

포스트 코로나 시대에는 재택근무와 회사에서의 근무가 적절하게 병행되는 형태로 진행될 가능성이 높다. 중요한 것은 재택근무를 하냐 하지 않느냐가 아니라 어디서 근무를 하든 업무의 일관성을 유지하면서 업무 효율성 및 생산성이 떨어지지 않도록 업무 환경을 구축하는 일이다. 과거에는 그러한 환경 구축에 상당한 비용과 시간이 소요되었지만, 이제는 스마트폰에 기반한 모바일 환경과 AI, 클라우드, IoT 등이 있어 훨씬 수월해졌다.

기업들의 디지털 도입은 선택이 아닌 필수

코로나 사태는 기업들에게 있어 치명적인 위기 상황이지만 준비된 기업들에게는 기회로 작용할 수도 있다. 오히려 지금 디지털 트랜스포메이션 전략에 속도를 낸다면 코로나가 지난 이후 급성장의 기회를 잡을 수 있다. 코로나로 인해 전 세계 경제와 사회 전반이 마비되면서 비즈니스 연속성 및 위기 대응력을 확보하려는 기업들의 노력이 한창이다. 이로 인해 ICT 투자와 디지털 전략을 보류하는 기업들도 있지만, 코로나 사태 이후 기업의 포지셔닝 강화를 위해서는 디지털 트랜스포메이션에 더욱 박차를 가해야 한다.

과거 닷컴버블 붕괴부터 9.11 테러, 2008년 금융위기 등 전 세계를 혼란에 빠트렸던 사건들이 발생했을 때, 상당수 기업들은 ICT 하드웨어 관련 지출을 줄이고, 신규 프로젝트를 취소하는 등 위기 상황에 대응한 비용 절감을 추진했었다. 하지만 그런 혼란스러운 시기에 비용 절감에 주력했던 기업들은 다시 전 세계 경제가 반등했을 때 앞서 나갈 수 없었다. 승자는 결국 미래지향적으로 투자했던 기업들이었다. 단기적 시도와 장기적 관점 사이의 균형점을 찾으면서 디지털 트랜스포메이션 전략에 계속 투자하는 기업이야말로 더욱 경쟁력을 갖춘 상태로 이 코로나 위기를 빠져나올 수 있다.

코로나는 디지털 비즈니스의 핵심이 되는 '클라우드 퍼스트' 전략에 중요한 '셀링 포인트'가 되기도 한다. 클라우드 퍼스트 기업은 온프레미스On-premise, 소프트웨어를 서버에 직접 설치해 쓰는 방식 솔루션을 고려하기 전에 SaaSSoftware as a Service와 IaaSInfrastructure as a Service 기술 도입을 검토한다.

기업들은 장소와 시간에 상관없이 업무를 할 수 있도록 하는 SaaS 및 클라우드 리소스 기반 인프라 구축을 통해 다양한 상황에서 비즈니스 연속성이 유지되도록 하고 있다.

디지털 트랜스포메이션 전략에는 디지털 혁신은 물론 '비즈니스 탄력성 강화'도 포함돼야 한다. 단기적으로는 대역폭, VPNVirtual Private Network, 가상사설망 액세스 등 기업의 운영 연속성에 중요한 요소들을 확보해야 한다. 장기적인 관점에서는 사이버 공격, 자연재해, 팬데믹 등 비즈니스에 초래되는 위협과 취약점을 줄이면서 서비스 전달을 최적화해야 한다.

또한 기업은 비즈니스 연속성을 계속해서 확보해야 하는데, 단순한 운영 원칙으로 접근하는 것보다는 전략적으로 실천해야 한다. 특히 부서 간 협력 및 커뮤니케이션이 중요한데, 이를 위해 목적에 맞는 다양한 화상회의 솔루션을 이용하면 효과적이다.

코로나 사태로 촉발된 디지털 트랜스포메이션은 대기업에 국한된 일만은 아니다. 코로나로 소상공인과 자영업자를 둘러싼 소비·유통 환경에도 많은 변화가 나타나고 있어 획일화된 제품과 공급자 위주 서비스로는 더는 시장에서 살아남기 어려워지고 있다.

소상공인 사업장에 스마트오더와 스마트미러, 3D 스캐너 등 ICT 기술을 도입하면 서비스 개선과 경영 효율화를 꾀할 수 있다. 음식점이 밀집된 상점가는 스마트 앱을 통해 예약·주문·결제가 가능한 스마트오더를, 의류 상가는 스타일링이나 피팅을 편리하게 체험하고 구매할 수 있는 스마트미러를, 수제화 거리에는 맞춤형 신발을 제작할 수 있는 3D 스캐너를 보급하는 등 상점가 특성에 맞는 ICT 기술을 도

업무 목적에 맞는 슬기로운 화상회의 생활

코로나로 인해 재택근무를 도입하는 기업들이 늘어나면서, 어떤 화상회의 솔루션이 업무에 적합할지 고민스러울 수 있다. 화상회의 커뮤니케이션 솔루션은 목적에 따라 호스트가 주로 자료를 전달하고 많은 게스트를 간편하게 초대할 수 있는 프레젠테이션형, 팀원들과 함께 온라인 PPT 등 공동 작업을 할 수 있는 팀플레이형, 공유할 파일은 없지만 아바타, AR 메이크업, 인앱 게임 등 특화된 소셜 서비스 기능이 있는 친목 도모형으로 나눌 수 있다. 프레젠테이션형과 팀플레이형은 화이트보드, 화면 공유, 출석 체크, 파일 전송 등 업무에 유용한 기능이 있는 것이 특징이다.

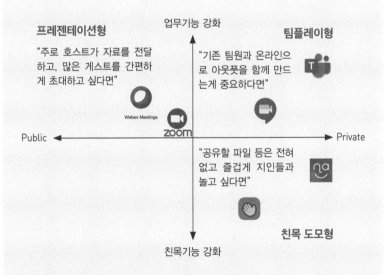

출처: 남미현, 〈코로나19가 바꾼 우리의 일상, 슬기로운 화상회의〉, KT경제경영연구소

포스트 코로나 시대에 가장 대표적인 화상회의 서비스로 급부상한 Zoom은 직관적이고 간단한 사용법으로 화상회의 서비스 중 가장 인기가 높다. 회의에 초대받았다면, 회원 가입 없이 카카오톡, 이메일, 메시지 등으로 회의 URL을 보

내면 화상회의가 가능하다. 무료계정은 최대 100명, 40분까지 가능하며 진행을 위한 제어권, 손 들기, 1:1 채팅 기능이 있고, 화이트보드, 파일 공유 등 업무용 기능도 충실하다. Zoom의 강점은 경쟁 서비스 대비 채팅방 생성 및 주소 공유가 편리하고, 최신 및 구형 디바이스를 포괄하는 디바이스 호환성이 높다는 점이 꼽힌다. 클라우드 기반으로 참가자가 늘어나도 고성능을 유지할 수 있다는 점도 차별화 포인트이다. 그러나 사용자가 급증하면서 사생활 및 개인정보 보호에 대한 취약점과 화상 채팅방 무단 침입 사례가 증가한 점 등은 뼈아프다.

Cisco의 웹엑스 미팅은 최대 1,000명까지 동시접속 가능한 화상회의 솔루션이다. 회의에 초대받았다면, 회원 가입 없이 이메일 주소나 미팅 번호만 알아도 누구나 회의에 참석할 수 있다. 회의 내용 영상 녹화 기능을 제공하고, 가상 세션을 별도로 열어 모둠 활동을 하는 것이 가능하다.

Microsoft Teams는 공동 작업이 가능한 화상회의 서비스이다. 회의 참가자 모두 사전에 MS 계정 등록이 되어 있어야 하지만, 그만큼 보안 위협이 적다. MS의 Office365, Office를 사용 중인 기업이라면 다양한 협업 툴(온라인 채팅, 전자 필기장, 원드라이브 저장 문서 공유, 파워포인트 공동 수정 등)을 화상회의 중에 사용할 수 있다.

Google Hangouts Meet는 전 세계 500만 개 기업이 이용 중인 화상회의 솔루션이다. 구글 문서, 구글 스프레드시트, 프리젠테이션, 구글 드라이브, 구글 캘린더 등 Google의 소프트웨어와 연동되는 공동 작업이 가능하다. Microsoft Teams의 경우, 모든 참여자가 사전 등록되어 있어야 하는 데 반해, Google Hangouts Meets는 호스트만 G Suite 이용자이면, 화상회의 초대자들은 Gmail 계정과 회의코드로 바로 회의에 참여할 수 있다.

친목 도모형의 대표적 서비스인 Houseparty 앱은 유럽의 Z세대를 중심으로 선풍적인 인기를 끌고 있다. 이 앱은 2020년 3월 첫 주에만 전 세계에서 200만 건의 다운로드를 기록했다. KT가 만든 5G 스마트폰 전용 커뮤니케이션 서비스 '나를narle'도 3D 아바타 통화, AR 이모티커 통화를 비롯해 화상채팅 중 함께 유튜브를 보거나 인앱 게임을 즐길 수 있는 등 친목 도모형 서비스로 국내에서 인기가 높다.

입하고, 향후 5G와 클라우드, AI에 기반하여 일상화된 비대면 서비스 및 소비자 맞춤형 서비스를 제공한다면 경쟁력을 확보할 수 있을 것이다.

또한 상권정보 시스템을 AI 기반의 소상공인 빅데이터 플랫폼으로 발전시켜 POS 데이터·날씨·온라인 구매정보·유동인구와 같은 데이터를 디지털 트랜스포메이션에 접목시키면 다양한 가치 창출이 가능하다. 수집된 데이터들을 AI 기술로 분석하면 매출 예측뿐만 아니라 상권별 유망업종, 마케팅 전략 등 다양한 서비스 제공이 가능해져 예비창업자는 성공 가능성이 높은 상권과 업종을 선택할 수 있고, 소상공인 자영업자는 데이터에 기반한 경영 효율화를 위한 정보로 활용할 수 있게 될 것이다.

코로나로 인해 비대면 서비스가 뉴노멀로 정착되면 온라인에 익숙하지 않았던 기성세대도 자의든 타의든 디지털 환경에 익숙해지고, 결국은 디지털 리터러시literacy가 향상될 것이다. 그 결과 사회 전반의 디지털 트랜스포메이션은 앞당겨질 것으로 예상된다.

비대면 경제의 영역 확장도 더욱 빨라질 전망이다. 파이낸셜 타임스는 "코로나19에 따른 재난 상황에서 전자상거래 업체들이 생활필수품과 재난물품을 공급하고 있다. 과거 적십자사의 역할을 아마존이 대체하는 시대가 열렸다"고 평가했다.

많은 사람들은 스마트 뱅킹, 온라인 쇼핑, OTT 시청 등을 손쉽게 이용할 것이고, 이를 뒷받침하기 위해 AI, 클라우드, 스마트 보안기술Safety Technology, 서비스 경험UX 등의 정보기술이 함께 발전한다.

5G는 차세대 인프라 기술로 확장되며 AR/VR 상거래, 사이버 동영

상 설명서 및 강의 등에 활용되고, 다양한 콘텐츠 서비스는 초개인화 기술이 적용돼 개인화된 플랫폼으로 진화한다. 코로나 백신 및 치료제 개발로 급성장 중인 바이오 테크놀로지는 빅데이터와 AI 기술의 접목을 가속화한다. 휴대용/비상용 진단키트, 예방솔루션, 의료 모니터링과 웨어러블 기기 등은 실질적인 서비스로 제공될 것이다. 가정의 사무실화와 이를 둘러싼 IT 인프라의 개선이 가속화되고, 온라인 교육과 원격의료 도입도 탄력을 받아 관련 산업이 성장할 것으로 예상된다.

비대면화된 사회는 ICT 기술 발전을 도모하고, 디지털 트랜스포메이션은 새로운 경제와 사회를 만들 것이다. 코로나 사태는 뉴노멀 사회로 진입하는 새로운 분기점이 되면서, ICT는 다시금 새로운 돌파구와 아이디어로 혁신의 장을 만들고 있다.

CORONA

2장

포스트 코로나 시대,
ICT가 왜 중요한가

ECONOMICS

01

21세기 일본에서 일어난
아날로그 촌극

팩스와 도장으로 코로나에 대응한 아날로그 일본

코로나 확진자 수가 50명 이하로 감소하며 진정세를 보이고 있던 5월 초, 일본 도쿄에서 코로나 신규 확진자가 갑자기 76명이나 추가되는 일이 발생했다. 확인해보니 기존 데이터를 재검토하는 과정에서 111명분이 누락되고 35명분이 중복됐다는 사실이 밝혀졌다. 확진자 수의 정확한 파악이 코로나 방역의 중요한 첫 단계인데 어떻게 이런 어처구니없는 일이 벌어질 수 있었을까?

　일본에서는 코로나19 확진자가 발생했을 때 보건소 담당자가 손글씨로 작성한 '신고서'에 보건소장 직인을 찍은 뒤 후생성에 팩스로 보내고 있다. 그런데 이번 경우에는 이 서류를 팩스로 주고받는 과정에서 정보의 누락·중복 사태가 발생했던 것이다. 병원-보건소-당국으로 이어지는 평소의 매뉴얼을 코로나 비상사태에 그대로 적용한 것인데, 보건소들의 데이터 공유가 어려운 탓에 중복 보고가 올라와도 걸러내지 못한 경우가 허다하다고 한다. 게다가 하루 200명분의 서류를 팩스 단 1대로만 접수했다고 한다. 스마트폰과 인터넷이 대중화된 21세기에 여전히 팩스로 업무를 처리하는 아날로그 대국 일본다운 실수가 아닐 수 없다.

코로나 검사 체계를 비교해보면 일본의 아날로그적 일 처리 방식이 더욱 두드러진다. 한국의 경우, 도쿄 나리타공항에서 인천공항으로 입국하면 특별검진대상으로 지정돼 발열 체크 등 검진을 받고 정부가 만든 앱을 깔고 나서야 특별검진 확인을 받고 입국이 가능하다. 이후 2주 동안 매일 앱에서 자가검진을 하라는 알람이 뜨면 코로나19 증상에 대해 체크한 뒤 보건당국에 이상 여부를 신고한다. 앱을 깔때는 GPS를 이용한 위치추적에 동의해야 하는데, 일본에는 이런 시스템 자체가 없다.

일본에서는 먼저 코로나 의심 환자가 37.5도 이상의 열이 4일 이상 지속되고 답답하고 나른한 증상 등의 조건을 갖춰야 외래전문병원에 가서 검진을 받을 수 있다. 해당 병원에서 의심 환자를 다시 보건소로 보내고, 보건소에서 검사할 필요성이 있다고 판단하면 다시 지역 검사기관에 의뢰해야 코로나19 검사를 받을 수 있다. 최근에는 보건소를 건너뛰고 3단계로 완화되긴 했지만, 이처럼 일본에서는 코로나 검사를 받고 싶어도 사실상 받기가 어려운 실정이다.

긴급재난지원금 신청에서도 ICT로 무장한 한국은 재난지원금 지원

속도와 효율성 면에서 일본을 크게 앞서면서 디지털 강국으로서의 위상을 세계에 알렸다. 한일 양국 모두 2020년 4월 30일에 긴급재난지원금(일본은 '특별정액급부금') 예산 승인을 받았다. 같은 날 지원금 예산안이 국회를 통과했지만, 지급 속도에서는 현격한 차이를 보였다. 한국은 80%가 넘는 가구가 재난지원금을 받았지만, 일본은 지방자치단체의 75%가 신청서를 우편으로 보내기 시작했고 실제 주민들 계좌로 돈을 보내기 시작한 곳은 20%도 넘지 못했다.

한국 정부는 재난지원금 신청 전용 정부 웹사이트나 카드사의 웹사이트, 앱 또는 은행 및 구청의 신청 링크 등을 발 빠르게 제공했다. 일정 소득 이하인 280만 가구는 신청하지 않아도 통장에 현금이 입금됐다. 그 덕에 전 국민은 손쉽게 스마트폰이나 PC를 이용해 몇 분 만에 긴급재난지원금을 신청할 수 있었고, 며칠 내로 지원금을 수령받아 바로 사용할 수 있었다. 빠른 지원금 지급으로 소비자심리지수는 4월 70.8에서 5월 77.6로 회복되는 등 소비 심리 개선에도 긍정적인 영향을 미쳤다. 이는 주민등록번호를 통한 빠른 정보 검증과 세계에서 가장 빠른 광대역 및 무선 네트워크 인프라, 높은 스마트폰 보급률, 카드사 인프라의 적극적 활용 등이 결합해 이뤄낸 놀라운 성과이다.

반면 일본은 예산 승인 통과 후, 52개 지자체 중 30개 지자체가 재난지원금 10만 엔(약 114만 원)에 대한 신청서 우편 발송을 시작했다. 또한 지자체의 3분의 1은 온라인 청구에 대한 유인물을 배포하기 시작했다.

당초 일본에서는 우편 대신 온라인 접수를 희망하는 신청자가 더 많았다. 그런데 문제는 온라인 신청을 위해서는 한국의 주민등록증에 해당하는 '마이넘버 카드'가 필요하다는 점이었다. 마이넘버 카드의 발급률은 겨우 16% 수준으로, 이를 토대로 지원금을 전 국민에게 지급하기에는 한계가 있었다. 그래서 어쩔 수 없이 상당수 지자체들은 우편 접수를 시작했고, 대다수 도시에서 우편 신청이 절반 이상을 차지하면서 지급이 늦어지게 되었다.

게다가 재난지원금 신청과 함께 마이넘버 카드 발급 희망자들까지 지자체로 몰리면서 업무가 마비된 구청들이 생겼다. 이로 인해 24개 지자체는 직원들의 과중한 업무 부담 등을 이유로 온라인 신청 접수를 일시 중단하거나 종료하기도 했다. 또 카드를 발급받아도 번호를 여러 번 잘못 넣어 사용이 차단되면 이를 풀기 위해 관공서에 직접 가야 해서, 이 때문에 도쿄 곳곳에는 수백 명이 수 시간 동안 관공서 앞에 진을 치는 웃지 못할 풍경도 연출됐다. 마이넘버 카드가 이미 있는 사람들도 지원금 신청은 쉽지 않았다. 온라인으로 신청하려다 시스템이 과부하되고 다운되기가 일쑤여서 온라인 신청을 포기하고 그냥

스마트폰을 통한 한국의 긴급재난지원금 신청(좌) 지원금 신청을 위해 줄을 서며 신청서를 작성 중인 일본의 구청 모습(우)

출처: 언론 종합

시간이 걸려도 우편으로 오는 신청서를 기다리겠다는 이들이 적지 않았다.

온라인 수업에 있어서도 일본은 전국 공립학교들 가운데 '쌍방향 온라인 수업'을 실시하고 있는 학교 비율이 5%에 불과하다. 일본 지자체들은 뒤늦게 "공립학교에 온라인 수업이 가능한 기재를 제공하는데 예산을 책정하겠다"라고 했지만, 교육 현장에서는 "갑자기 그런 기재들이 도착하더라도 곧바로 온라인 수업을 실시할 수 있는 여건이 아니다"라며 회의적 반응을 보였다.

재택근무에 있어서도 아날로그 문화는 여전하다. 2020년 도쿄 올림픽 취소를 기점으로 일본 내 코로나 확진자 수가 급격히 증가하면서 4월 7일 아베 총리는 코로나19 긴급사태를 선언하고 기업에 재택근무를 요청했다. 하지만 상당수 회사원들은 재택근무 중인데도 출근 도장을 찍거나 상사의 결재를 직접 받기 위해 회사로 출근했다. 심지어 사내 서류를 전자문서화한 기업조차도 거래처 관련 서류 처리를 위해 일부러 출근하는 웃지 못할 일이 벌어졌다. 간단한 샘플을 요청하더라도 도장을 찍은 서류를 보내고 또 물품이 도착하면 다시 확인증에 도장을 찍어줘야 했기 때문이다. "일본 회사원들은 메일로 서류를 받으면, 프린트P·printout해서 도장H·일본어 항코 hanko을 찍은 뒤 스캔S·scan해서 회신한다"라고 할 정도로 일본 내 아날로그 문화는 뿌리 깊게 박혀 있다. 24시간 들고 다니는 스마트폰과 빛보다 빠르다고 자랑하던 광통신 네트워크는 대체 어디로 갔는지 뭐에 쓰는 지가 궁금할 지경이다.

일본 도쿠시마 현에서는 직원들이 도로에 나와 쌍안경을 이용해

쌍안경으로 타 지역에서 넘어오는 차량을 체크하는 도쿠시마현 직원들

출처: 일본 아사히 신문

무언가를 유심히 살펴보고 기록한다. 타 지역에서 유입되는 차량번호를 조사하는 것이다. 코로나19 확대를 막기 위해 도시에서 지방으로 이동을 자제해달라는 정부 요청에도 다른 지역에서 넘어오는 차가 많아 급하게 시행된 조치이다. 서둘러 실행하다 보니 파악할 수 있는 솔루션도 인프라도 없는 상황이었고, 어쩔 수 없이 수십 명의 직원이 쌍안경이나 맨눈으로 차량 번호판과 차종을 조사해 종이에 수기로 결과를 기재했다. SNS상에서는 이러한 조치에 황당하다는 지적이 터져 나왔다. "일본의 아날로그 감성인가? CCTV 같은 것은 없나? 완전 코미디"라며, 도시 간 이동이 이어지는 실태를 파악하기 위한 조사라고는 하지만, 효율성이 떨어지는 '코미디 행정*'이라는 비판이 줄을 이었다.

---

* 출처: 〈"아날로그 코미디"⋯日 쌍안경 들고 차량이동 조사〉, 《국민일보》, 2020. 4. 25.

한국은 되고 일본은 안 된다

일본이 이번 코로나 사태에서 보여준 아날로그 촌극은 디지털 기술 활용의 일상화가 비상사태가 닥쳤을 때 얼마나 중요한지를 보여준 일면이라고 할 수 있다. 일본은 아시아에서 유일한 주요 7개국 G7 멤버 중 하나인 선진국이다. 스마트폰 보급률도 한국(95%)보다 낮은 66% 정도이지만 글로벌 기준으로 보면 상위권에 속하는 수치이다. 모바일 전체 보급률은 100%를 넘어 전 국민이 휴대폰 1대 이상은 모두 가지고 다닌다. 유선 인프라도 한국과 비슷한 수준의 네트워크 속도와 품질을 지니고 있어, 집 안에서 인터넷을 이용하는 데 큰 어려움은 없다. 세계경제포럼이 발표한 '2019년 국가경쟁력 보고서The Global Competitiveness Report 2019'에서도 일본의 ICT 보급ICT adoption 순위는 평가대상국 141개국 중 6위로 ICT 인프라 환경 자체는 그 어떤 나라에 뒤지지 않는다고 볼 수 있다. (참고로 한국의 ICT 보급은 1위)

이렇게 비교적 우수한 ICT 인프라를 갖추고 있음에도 불구하고 일본이 코로나 사태로 '아날로그 대국'이라는 오명을 쓴 이유는 그들의 일상 속에 ICT가 제대로 녹아 들어가 있지 않았기 때문이다. 기존의 아날로그적 관행에 오랫동안 익숙해진 나머지, 번거롭고 귀찮다는 이유로 ICT 활용을 외면했다. 그리고 그 결과가 코로나 사태로 폭발한 것이다.

CNN 비즈니스에서는 일본에서 재택근무가 사실상 이루어지지 않는 이유를 분석했는데, 그중 하나로 '전통적 방식의 업무 수행'을 꼽았다. CNN은 "2020 도쿄 올림픽은 일본을 최첨단 국가로 소개했지만, 일본 회사는 때로는 전통적 방식으로 일을 수행한다"면서 "대부분의 회사가 여전히 팩스를 사용하며 전자 서명이나 자필 서명 대신 '회사 도장'을 이용해 공식 문서를 승인한다"고 설명했다. 또한 대기업 이외의 나머지 상당수 기업들은 재택근무를 할 ICT 업무 환경이 충분히 갖춰지지 않았다는 점도 원인으로 꼽았다. 코로나19가 확산되면서 많은 글로벌 기업들은 슬랙, 웹엑스, 줌과 같은 메시징 및 화상회의 소프트웨어로 업무를 처리했지만, 많은 일본 기업들은 VPN 등 원격 접속 환경이 마련되지 않아 어쩔 수 없이 사무실에 출근해야 했다. 비용 문제도 있었겠지만, 일본 기업들이 ICT 환경 구축을 도외시한 것은 굳이 그럴 필요가 없었기 때문이다. 기존의 아날로그 업무 방식으로도 충분히 업무는 문제없이 진행되었고, 그 편이 훨씬 더 편하고 관리하기도 쉬웠기 때문에 ICT 도입을 서두르지 않았다.

디지털이 빠른 '속도'의 느낌이라면 아날로그는 상대적으로 느리지만 '안정'적인 느낌을 준다. 디지털 강국인 한국이 사회 전반에서 ICT 도입을 통해 빠른 성장을 이끌었다면, 일본은 아날로그 중심의 사회 기반에 서서히 디지털 요소를 도입하는 식으로 안정적 성장을 꾀하려 했다. 그러나 이번 코로나 사태를 계기로 사회 각 분야의 ICT화에 뒤떨어져 있는 일본의 약점이 한꺼번에 분출되었다. 적지 않은 일본인들은 코로나19가 들춰낸 수많은 아날로그적 요소들을 접하면서 자괴감마저 느끼고 있다. 일본의 니혼게이자이 신문은 1면에서 "IT와 민간협력이라는 세계적인 표준에 뒤떨어진 아날로그 방식으로 일본이 바이러스와의 싸움에서 이기기는 어렵다"라고 지적했고, 일본 내 여러 언론에서도 한국과 일본의 코로나 대처 현황을 비교 분석하면서

"늦고, 부족하고, 부정확한 대응에서 ICT 후진국 일본의 약점이 그대로 노출되고 있다"라며 ICT 자성론을 제기하고 있다.

스마트폰과 인터넷이 없었더라면

일본이 갑작스러운 코로나 사태를 맞아 아날로그 인프라 속에서 헤매고 있을 때, 한국은 준비된 ICT 인프라와 일상화된 디지털 생활로 코로나 위기를 극복할 수 있었다. 스마트폰으로 생필품을 구매해 배송받고, 메신저와 SNS로 소통하며 불안감을 극복해 나갔다. 유선 인터넷으로 연결된 PC는 재택근무와 온라인 교육을 지원하며 집을 사무실과 교실로 탈바꿈시켰다. 지금은 존재 자체가 너무도 당연한 스마트폰과 인터넷이지만, 만약 스마트폰과 인터넷이 없었더라면 우리는 코로나 사태에 어떻게 대응했을까?

당장 먹고 마실 음식들과 화장지, 손 세정제 같은 생필품을 사기 위해 마스크를 끼고 근처 슈퍼나 가까운 마트로 가야 한다. 그곳에는 이미 불안감에 휩싸인 많은 사람들이 모여들어 앞다투어 물건들을 사재기하고 있을 것이다. 확진자나 감염 지역에 대한 정보도 실시간으로 파악할 수 없으니 사람들의 불안감은 더욱 커지고, 대응 역시 늦어질 수밖에 없어 확진자 수는 엄청나게 빠른 속도로 증가했을 것이다. 코로나와 관련된 정보는 오로지 TV와 신문, 라디오 등에 의존할 수밖에 없고, 검증되지 않은 흉흉한 소문만이 사람들의 입을 통해 전달되었을 것이다.

한국이 코로나와의 전쟁에서 초반의 어려움을 극복하고 선방할 수 있었던 것은, 정부가 처음부터 일관되게 확진자와 검사 상황 등 발생 현황을 신속하고 투명하게 공개해 불필요한 동요를 막을 수 있었기 때문이다. 특히 질병관리본부에서 제공하는 데이터를 바탕으로 민간에서 개발한 '코로나맵', '코로나 알리미' 등의 서비스들이 큰 활약을 했다. 이 서비스를 만든 개발자들은 스마트폰에 친숙한 젊은 대학생들이었다. 마스크 대란이 한창이던 시기에 약국의 의약품안전사용서비스DUR 시스템을 바탕으로 개발한 '마스크 알리미'를 서비스하지 않았다면 아직도 많은 사람들이 약국 앞에 길게 줄을 섰어야 했을지 모른다.

인터넷이 없었더라면 집에 갇힌 아이들은 학교에 가지 못하고 혼자서 혹은 부모님의 지도하에 책과 참고서를 가지고 공부했을 것이다. 초·중·고 540만 명의 학생이 다 같이 온라인 수업을 듣게 된 것도 기적에 가까운 성과다. 3월 말 다급히 결정된 원격수업은 초기 학습관리시스템LMS에서 로그인 오류나 접속 지연 등이 발생하긴 했지만 '셧다운' 수준의 접속 대란은 발생하지 않았다.

인터넷이 없는 재택근무는 개점휴업 상태나 마찬가지이다. 엄청난 양의 서류뭉치들을 집으로 가져와 회사 업무를 처리한다 하더라도, 소통과 협업이 불가능한 상황에서는 업무가 원활하게 진척되기 어렵다. 상사의 결재라도 받아야 하는 일이면 어쩔 수 없이 회사로 가야 한다. 출장이나 외부 미팅도 어려워 모든 것을 다 전화 통화나 팩스로 해결해야 하니 전화기가 불이 날 지경이다.

코로나 사태 이전과 이후 세상의 가장 큰 차이점은 '사회적 거리두기'와 '비대면'이다.

　코로나 이후 주변만 둘러봐도 무엇이 변했는지 알 수 있다. 코로나의 확산세가 조금씩 누그러지면서 사람도 만나고 회사도 나가고 산책도 하는 등 일상생활의 일부분들이 조금씩 회복되고 있다. 하지만 예전과 달리 일단 사람들이 많이 모이는 곳은 피하게 된다. 여전히 집만큼 안전한 곳은 없고 웬만하면 집 안에서 모든 것을 해결하려고 한다. 마트로 장을 보러 가는 대신 스마트폰을 통한 온라인 배송이면 못 사는 것이 없다.

　코로나 사태로 외부 활동에 제약을 받으면서 헬스장 대신 집에서 운동하는 홈 트레이닝도 일상이 됐다. 주말마다 신작 영화를 보러 갔던 극장은 이제 추억의 장소가 되어 가고 있다. 대신 IPTV나 넷플릭스의 VOD 서비스가 영화에 대한 갈증을 달래주고 있다. 연휴나 명절 때마다 나갔던 해외여행은 코로나 전염의 위험 때문에 나뿐만 아니라 다른 사람을 위해서라도 당분간 자제해야 할 것이다. 해외여행의 아쉬움은 VR로 가상 체험을 하거나 온라인 게임 공간에서 무인도 생활 체험을 하면서 달래본다. 아이들도 힘든 건 마찬가지이다. 친구들과 함께 공부하고 뛰어놀던 학교에서의 생활은 정말 이전으로 돌아가기 어려운 상황이 되어 버렸다.

　코로나19의 확산은 기업의 근무환경을 디지털 기반으로 바꿔놓았다. 국내에서 코로나19 확진자가 급속하게 증가하기 시작한 2020년 2월 중순부터 대부분의 기업은 재택근무를 시행했다. 갑작스러운 시행에 어려운 점도 있었지만, 화상회의 솔루션을 활용해 원격으로 상당 부분 업무가 가능했다. 재택근무로 회사 업무를 집에서 볼 수 있게 되었고, 불편할 것 같았던 화상회의도 막상 해보니 버벅거림 없이 원활히 잘 진행되었다. 모든 해외 출장은 금지되었고 필요한 경우에는 원격 회의로 대체했다. 신규 채용 및 직원 교육도 모두 비대면 방식으로 진행했다. 기업들의 재택근무는 이미 오래전부터 도입되었지만 조직 문화나 업무 효율성 등을 이유로 좀처럼 정착되기 어려웠다. 그러던 것이 코로나19로 재택근무의 필요성이 증가했고 이를 위한 기업들의 ICT 인프라 재정비도 본격화되었다.

학교도 기업만큼이나 디지털 전환이 급격히 이루어진 곳이다. 코로나19로 인해 교육 현장에서는 사상 유례없는 일들이 벌어졌다. 코로나 사태가 심각해지면서 초중고생의 개학은 차일피일 미뤄졌고, 결국 교육부는 고3·중3을 시작으로 '온라인 개학'을 순차적으로 시행했다. 온라인 개학은 과목별로 인터넷 강의를 열면 학생들이 집에서 접속해서 수업을 듣는 '비대면 수업'이다. 갑작스러운 온라인 개학으로 학생과 학부모, 교사들은 모두 당황스러워 했지만 온라인 수업을 필두로 한 '미래 교육'의 중요성이 급부상하게 되었다. 한국을 비롯한 전 세계는 온라인 학습에 주목하고 있다. 코로나19로 학교에서 공부하는 방식이 바뀌고, 감염병의 장기화에 대비해 이번 기회에 원격교육을 과감하게 준비해 나가겠다는 입장이다.

사회적 거리두기가 기본 생활 수칙이 되면서 혼밥, 혼술, 혼극 등 개인 생활 위주로 바뀌고 있다. 이에 따라 이익단체 집회 등의 횟수가 줄거나 화상회의 등으로 바뀌면 이와 관련한 신사업들의 태동이 활발해질 것이다. 마스크는 생존의 필수품이 되었고 손 씻기는 위생 생활의 철칙이 되었다. 사회적 거리두기는 생활의 원칙이 되었으며 비대면은 경제활동의 기본 수칙이 되었다. 개인이든 기업이든 새로운 패러다임 변화에 빨리 적응해 나가는 길만이 포스트 코로나 시대를 살아가는 생존전략이 되었다.

사회적 거리두기, 자가격리, 재택근무 등 비대면 생활이 일상화되면서 집 안에서 다양한 생산 활동과 소비 활동이 전개되는 홈코노미home+economy 현상은 가속화될 것이다. 이로 인해 장기적으로는 도시의 과밀화가 해소되고, 세계화가 후퇴하는 현상이 벌어지면서 기업들도 제한된 범위 내에서 활동하는 경제가 이루어질 것이다. 항공, 호텔, 관광, 기존 유통, 정유 산업 등은 피해를 보고 있지만 온라인 몰이나 인터넷 플랫폼 기업들은 호황을 누리게 될 것이다. 기업들도 비대면 온라인으로 리모델링을 가속화해야 생존할 수 있다. 이러한 환경 변화로 인해 정보기술과 비즈니스가 결합한 새로운 산업이 속속 탄생하는 가운데 AI, 로봇, 디지털, 바이오 등 첨단기술을 활용한 4차 산업혁명은 가속화될 것으로 예상된다.

02
비대면을 앞세운 ICT기업들이
전통의 제조업을 앞지르다

코로나 사태로 뒤바뀐 시가총액 순위

코로나 사태로 항공, 여행, 영화 등 직격탄을 맞은 기업들이 있는가 하면, 온라인 유통업체처럼 비대면 서비스로 수혜를 입은 기업도 생겨났다. 이러한 산업지형의 변화를 상징적으로 보여준 사건이 일어났다. 바로 ICT 기업인 카카오의 시가총액이 전통적인 제조업 기업인 현대차를 앞지른 것이다.*

　2020년 5월 22일, 카카오 시가총액은 21조 5,062억 원을 기록하면

---

* 　이후 현대차는 다시 주가가 상승하여 10일 만에 카카오를 제치고 시가총액 기준 8위(우선주 제외)에 올랐다.

서 현대차를 앞질러 전체 상장사 가운데 9위에 올랐다. 장중이 아닌 종가 기준으로 따돌린 것은 이번이 처음이었다. 이날 네이버도 시가총액 4위를 차지해 과거와 비교해 ICT 기업들의 달라진 위상을 실감할 수 있었다.

코로나로 인해 생활상이 달라지면서 카카오는 카카오톡을 비롯해 카카오페이지, 카카오게임즈, 카카오페이 등 모든 사업이 언택트 수혜를 보게 될 것으로 전망되고 있다. 언택트 소비가 활성화되면서 카카오톡 선물하기 이용 빈도가 늘어나는 데다 카카오페이·카카오뱅크의 경쟁력도 향상될 수 있기 때문이다. 비대면 접촉이 늘어나며 카카오톡 사용량은 빠르게 증가했고, 이 기간 커머스, 광고, 콘텐츠 영역에서 큰 폭의 성장을 보이며 카카오톡은 메신저뿐만이 아닌 다수의 서비스를 연결하는 플랫폼으로 자리 잡게 되었다.

카카오, 네이버, 현대차 시가총액 비교

- 네이버(4위) 37조 8627억
- 카카오(10위) 21조 5062억
- 현대차(11위) 20조 1916억

네이버가 현대차 제치고 3위

카카오가 현대차 제치고 10위

40조

27조 1358억

30조

18조 6239억

20조

10조

10조 4669억

0

2019년 5월 22일　　　2019년 10월 31일　　　2020년 5월 22일

출처: 각사 IR 자료

코로나 위기 속에서 승승장구하는 글로벌 ICT 기업들

코로나 확산으로 비대면 서비스가 주목을 받으면서 기업들의 희비가 엇갈린 상황은 미국도 마찬가지다. 전통적인 제조·서비스 회사들은 코로나에 휘청였지만 ICT를 무기로 한 비대면 서비스 테크 회사들은 코로나를 새로운 성장 기회로 삼았다.

코로나 사태로 미국 2위의 렌터카 업체인 허츠와 의류 브랜드 제이크루, 113년 전통의 고급 백화점 니만마커스 등이 줄줄이 파산 신청을 했고, 셰일가스 붐을 이끌었던 천연가스 기업 체서피크 에너지와 조스에이뱅크, K&G 브랜드를 소유한 맨즈웨어하우스도 파산 신청에 나설 계획이다. 1902년 설립된 중저가형 백화점 체인 JC페니와 162년 된 미국 최대 백화점 체인인 메이시스도 투자은행과 자금 조달 방안에 대해 논의하는 등 어려움을 겪고 있다.

반면에 전자상거래를 주력 사업으로 하는 아마존은 2020년 들어서면서 주가가 20% 넘게 뛰었다. 게다가 코로나 사태 이후 직원 17만 5,000명을 새로 뽑기까지 했다. 코로나로 인한 봉쇄 조치로 온라인 주문이 폭발적으로 증가했기 때문이다. 미국 실리콘밸리에 있는 스타트업 화상회의 플랫폼 줌 커뮤니케이션은 코로나 사태 이후 주가가 130% 급등했다. 2019년 말까지만 해도 이용자 수가 1,000만 명이었는데 2020년 3월 말에는 2억 명으로 폭증했고, 4월에는 20일 만에 1억 명이 추가됐다. 마이크로소프트의 협업 툴인 '팀즈'와 기업용 메신저 '슬랙'도 이용자가 폭발적으로 늘었다. 2020년 3월 팀즈 이용 건수는 1,000% 이상 늘었다.

ICT 기업들의 실적도 크게 증가했다. 소위 '테크 자이언트'라고 불리는 마이크로소프트, 애플, 알파벳(구글), 아마존, 페이스북 등은 2020년 1분기 코로나 위기 속에서도 매출 증가세를 이어 나갔다. 온라인 쇼핑, 원격근무 등이 늘어나며 인터넷 서비스 수요가 확대된 결과다. 미 경제분석국은 "미국 GDP의 8%를 차지하는 디지털 경제 규모가 코로나 사태로 빠르게 확대되며 2021년에는 9.5%를 차지할 것"으로 전망했다.

가장 괄목할 만한 실적을 낸 기업은 미국 증시 시가총액 1위 기업인 마이크로소프트이다. 2020년 1분기에 전년 동기 약 15% 늘어난 350억 달러(약 42조 7,000억 원)의 매출을 기록했고, 순이익은 108억 달러를 올리며 전년 같은 기간보다 22% 증가했다. 사티아 나델라_{Satya Narayana Nadella} 마이크로소프트 최고경영자가 "2년치에 해당하는 디지털 트랜스포메이션이 두 달 만에 일어나는 것을 목격했다"고 말했을 정도이다.

효자는 다름 아닌 클라우드 사업이었다. 코로나19 확산에 따른 원격근무, 온라인 수업 등으로 클라우드 사용량이 급증하면서 마이크로소프트의 클라우드 부문 애저_{Azure}의 매출은 59%나 늘었다. 공급망 차질로 매출 하락이 예상됐던 PC·게임기·노트북 등의 판매량도 코로나19 확산 이후 '집콕족'이 늘어나면서 오히려 증가한 것으로 나타났다.

페이스북도 집에서 시간을 보내는 사람이 많아지면서 실적이 늘어났다. 전년 동기 17.2% 증가한 177억 달러(약 21조 6,000억 원)의 매출을 달성했는데, 페이스북의 하루 활성 이용자는 전년 같은 기간보다

11% 증가한 17억 3,000만 명인 것으로 집계됐다.

구글의 지주회사인 알파벳은 2020년 1분기에 전년 동기 대비 13% 증가한 413억 달러(약 50조 4,000억 원)의 매출을 올렸다. 동영상을 보는 사람이 늘어나면서 유튜브 광고 수입이 33% 증가해 1분기 유튜브 광고로 40억 4,000만 달러를 벌었다. 클라우드 컴퓨팅 부문에서도 27억 8,000만 달러의 매출을 거뒀다.

아마존 역시 온라인 쇼핑 및 클라우드 사용량이 크게 늘어나면서 전년 동기 대비 26.4% 매출이 증가했다. 클라우드 사업인 아마존 웹 서비스AWS의 매출은 33% 가까이 늘었다. 다만 순이익은 전년 대비 29% 가까이 급감해 25억 달러에 그쳤는데, 이는 코로나19의 확산으로 매출원가와 물류센터 관련 비용이 늘어났기 때문이다.

애플의 2020년 1분기 실적은 예상보다 선방했다. 아이폰 생산에 차질이 발생하고 세계 오프라인 매장 대부분이 문을 닫으며 아이폰 판매가 크게 줄었지만, 1분기 매출은 583억 달러(약 71조 2,000억 원)로 전년 동기 대비 0.5% 늘었다. 대신 집콕족의 확산으로 동영상 재생 서비스인 애플TV 플러스와 애플 아케이드 등 서비스 관련 매출이 17% 증가하며 역대 최대치를 기록해 코로나로 인한 피해와 수혜를 동시에 맛보았다.

이렇게 코로나로 인한 심각한 경기 침체 속에서도 호실적을 거둔 ICT 기업들이 2020년 하반기 이후에도 계속 성장세를 유지할 수 있을지는 좀 더 지켜봐야 할 것이다. 전통적인 제조업은 물론 수혜주로 여겨졌던 택배, 제약업체 등의 실적이 점차 악화되면서 온라인 광고 비용을 줄이는 기업이 늘어나고 있기 때문이다.

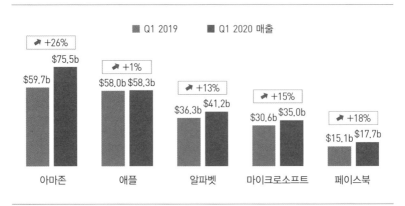

출처: 각 사 IR 자료

 기업들의 실적도 중요하지만 더 중요한 것은 '디지털 트랜스포메이션'이라는 흐름의 대전환이 다가오고 있다는 점이다. IBM의 아빈드 크리슈나 최고경영자는 연례행사인 'IBM 싱크' 기조 연설에서 "코로나19가 확산되고 있는 지금이 매우 중요한 전환점"이라며 "역사는 지금 상황을 기업과 사회의 디지털 전환이 급격히 가속화된 시기로 돌아볼 것"이라고 강조했다.

03
언택트에서
온택트로의 진화

2030세대에게 이미 친숙한 언택트 문화

코로나 사태가 터지고 난 후, 언론에서 가장 많이 언급되는 단어는 아마 '언택트'일 것이다. 'un'과 접촉을 뜻하는 'contact'가 합쳐진 신조어로, 접촉을 하지 않는다는 뜻에서 '비대면'을 의미한다. 그럴듯해 보이는 이 단어는 사실 한국에서만 통용되는 단어이다. 한국식 영어라서 외국에서 '언택트'라는 단어를 얘기하면 알아듣지 못한다. 언택트 관련된 해외 자료를 검색하려고 구글에 언택트를 입력해도 나오는 것은 한국 언론의 뉴스들뿐이다. 원래 이 단어는 김난도 교수가 2017년에 발간한《트렌드 코리아 2018》에 처음 등장했던 용어이다. 당시 오프라인 매장에 등장한 무인 키오스크가 주목을 끌면서 온라인 주문, 온라인 상담과 같은 비대면 기술이 본격적으로 확산되었고, 이러한 기술과 서비스를 통합해 '언택트'라는 키워드로 발표했던 것이다. 해외에서는 언택트가 의미하는 비대면 서비스를 '노컨택트no-contact' 또는 '제로 컨택트zero contact'라고 부른다. 아예 사람이 필요 없는 서비스도 있어서 무인화나 자동화를 의미하는 '언맨드Un-manned' 혹은 '오토노머스Autonomus'라는 표현을 쓰기도 한다.

코로나19 바이러스가 우리 사회에 너무나도 갑작스럽게 퍼지면서 일시적으로 큰 혼란을 겪기도 했지만, 대한민국은 다른 국가들에 비해 비교적 잘 대처해 나간 편이다. 온라인 배송 이용으로 사재기 현상도 없었고, 재택근무나 온라인 개학도 다급하게 시행했지만 큰 문제 없이 이뤄질 수 있었다. 이런 일들이 가능했던 것은 김난도 교수가 3년 전 《트렌드 코리아 2018》에서 전망했듯이, 이미 한국 사회에 잘 갖춰진 ICT 인프라 위에 언택트 문화가 생활 속에 녹아들어 있었기 때문이라고 볼 수 있다.

코로나 사태가 터지기 전부터 국내의 햄버거 매장이나 극장 티켓, 버스 및 열차 매표소 등에는 키오스크가 도입되어 많은 사람들이 이용하고 있었다. 주 이용층은 2030세대로, 이들은 원래부터 사람들과의 직접 대면 대신 문자나 인터넷 등을 통한 간접 접촉을 선호했다.

언택트 서비스의 확산은 1인 가구의 급증 등 점차 대면 관계를 꺼리는 소비자의 태도 변화에 기인하는데, 특히 이런 현상은 낮은 연령대일수록 더욱 뚜렷하게 나타났다. 스마트폰이나 인터넷을 통해 소비하는 습관이 고착화되고, 여기에 AI나 VR/AR 등 ICT 기술이 발전하면서 언택트 문화가 트렌드로 자리 잡게 된 것이다.

언택트란 단어를 처음 세상에 내놓은 김난도 교수는 언택트가 확산된 배경을 다음과 같이 설명했다.

1. 비용 절감: 지속되는 저성장 경제 상황에서 사람의 노동력보다 저렴한 기계를 선호
2. 즉각적 만족: 스마트폰에 익숙해진 소비자들이 더 빠르고 더 쉬운 구매 방식을 원함
3. 풍부한 정보: 소비자의 정보력이 높아지면서 점원보다 직접 얻은 정보를 신뢰
4. 대인관계 피로감: 과잉연결에 따른 심리적 피로감으로 대면접촉을 회피

데이터 소비를 즐기고 키오스크와 같은 디지털 기기에 익숙한 2030세대들에게 있어서 언택트는 그리 어렵거나 낯설은 개념이 아니다. 특히 카페나 패스트푸드 시장에서의 언택트 도입은 매우 빠르게 확산되고 있다. 대형 프랜차이즈 체인은 앱 혹은 매장 내 키오스크를 통해 고객이 직접 주문부터 음료 수령까지 알아서 하도록 배치하고 있다. 카페에서도 커피 주문부터 수령까지 모두 무인 키오스크에서 해결되고 있다. 기업들 역시 코로나 사태 이전부터 밀레니얼 세대(1980년대 초반~2000년대 초반 출생)를 잡기 위한 언택트 경쟁이 치열했다. 무인 편의점, 로봇 바리스타, 무인 스터디 카페 등 밀레니얼 세대를 공략한 언택트 서비스들이 등장하는가 하면, 아예 외출하지 않고도 원터치로 세탁물을 수거해 빨래해서 가져다주는 스마트 빨래 수거 서비스까지 나와 일상 속에 자리 잡고 있다. 이런 언택트 서비스들

은 직접 대면에서 오는 불필요한 부담감은 줄여주고 프라이버시 보호 차원 등에서도 만족도가 매우 높다. 편리함과 비대면이라는 장점이 2030세대를 언택트 문화의 주 소비층으로 이끌었고, 코로나 사태가 닥쳐 언택트 소비가 확산되었음에도 이미 내재화된 소비 행태였기에 큰 어려움 없이 일상생활을 영위할 수 있었던 것이다.

또한 기존의 언택트 서비스들이 비용을 줄이고 효율성을 높이거나, 편의를 제공하는 것에 초점을 맞췄다면, 코로나 사태 이후의 서비스들은 급작스러운 사회 변화에 대응해 소비자들이 안심하고 소비할 수 있도록 하는 데에 초점을 맞추고 있다. 대표적인 언택트 서비스인 음식배달 앱의 경우, 소비자들이 더욱 안심하고 주문할 수 있도록 '안

매장 내에 설치된 무인 주문 키오스크

출처: 언론 종합

전배달 기능'을 추가해 좋은 반응을 얻었다. 비대면 배달을 쉽게 이용할 수 있도록 주문 결제 화면을 최상단에 노출하고, 현장 결제 대신 비대면 결제를 하도록 유도하는 식이다. 여기에 위생 정보까지 제공하는 등 언택트 서비스는 한층 더 진화된 형태로 편리함과 안전 모두를 책임지고 있다.

5060세대도 언택트에 물들다

코로나 사태로 집 안에서 생활하는 시간이 늘어나자 20~30대 중심으로 이용되던 언택트 서비스는 점차 구매력을 가진 40대 이상 연령층으로까지 확대되었고, 온라인 쇼핑이 주를 이뤘던 서비스는 금융, 교육, 운동, 미용, 취미활동 등으로 다양해졌다.

기존 언택트 서비스는 스마트기기 활용에 능숙하고 비대면 소비에 익숙한 젊은 층을 중심으로 이용되었다. 그러나 코로나 사태로 인해 외부 활동이 어려워진 중장년층들은 이제 대안으로 언택트 서비스를 찾기 시작했다. 평소라면 은행 창구를 찾았을 70대 노인도 이제는 스마트폰으로 금융 서비스를 이용한다. 코로나 때문에 집 밖으로 나갈 수는 없고 은행 업무는 봐야 하니 어쩔 수 없이 모바일뱅킹 서비스를 아들에게 배워 익혔는데, 그 편리함에 익숙해져 이제는 코로나가 종식되어도 은행에 안 가겠다고 할 정도가 되었다. 쇼핑을 할 때도 그동안 직접 보고, 만져보는 오프라인 소비에 익숙했던 50대 이상 중장년층이 비대면 서비스를 경험하면서 새로운 소비 행태에 관심을 보이고 있다. 언택트 시장에 경제력을 가진 40대 이상 중장년층 이용자가 대거 유입되면서 새로운 확장 국면을 맞고 있다. 전자상거래 업체의 시장 현황을 보면, 2020년 1분기 50대 이상 소비자의 간편식 구매 비율이 매출액 기준으로 약 160% 늘었는데, 특히 건강식품과 음료, 신선식품 구매가 크게 증가했다. 중장년층 이용자층 확대로 언택트 소비는 그동안 온라인 침투율이 낮았던 상품군에까지 확대되고 있다. 음식료품, 농축산물과 함께 실물을 직접 보고 구매하는 경향이 강했던 의류와 신발·가방도 온라인 거래액이 증가했다.

언택트 서비스는 회원 가입이나 결제, 검색 등 처음 이용방법이 번거롭지만 한번 허들을 넘으면 오히려 중장년층들에게 더 편리하고 유용하다. 한국리서치가 발표한 조사 결과를 보면, 전체 응답자의 60% 이상이 코로나 사태 이후에도 비대면 물건 구입과 동영상 플랫폼 이용 증가가 계속 이어질 것이라고 했는데, 10~20대는 물론 60대 이상의 응답률도 60%를 넘겼다. 이제껏 오프라인 매장에 대한 선호가 강했던 50대 이상 계층도 언택트 서비스에 익숙해지면서 온라인으

코로나 사태 이후 비대면 소비 지속 이용 조사

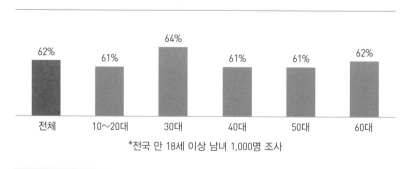

*전국 만 18세 이상 남녀 1,000명 조사

출처: 한국리서치

로 대거 이동하기 시작한 것이다. 따라서 온라인 쇼핑을 처음 경험한 50~60대가 향후 70~80대가 된 이후에도 주요 고객으로 자리 잡으면서 온라인 시장을 확장시킬 것으로 예상된다.

물론 모든 중장년층이 언택트 서비스에 익숙한 것은 아니다. 키오스크나 셀프 무인 계산대 등의 확산은 스마트폰 사용도 어려운 노년층에게 아직은 높은 허들이다. 언택트 소비 확산과 함께 최근 들어 중장년층의 언택트 이용을 수월하게 하기 위해 이들을 대상으로 한 스마트폰 교육과 키오스크 교육 등이 곳곳에서 이루어지고 있다. 또한 중장년층을 위한 '평생교육 온라인 강좌'도 개설되어 온라인 ICT 교육은 물론, 취미와 여가 활동 등의 동영상 콘텐츠도 제작되는 등 5060세대의 디지털 활동을 전방위적으로 장려하고 있다.

언택트 소비는 이제 우리 사회에서 대세가 되고 있다. 40대 이상의 중장년층까지 온라인으로 급속히 유입되고 있어 2030세대뿐만 아니라 전 세대를 아우르는 온라인 서비스 강화가 중요해지고 있다. 포스트 코로나 시대에는 언택트 소비에만 집중하기보다는 오프라인과 온라인의 장단점을 상호 보완하는 새로운 소비 패턴을 만드는 노력이 필요할 것이다.

연결이 중요한 온택트

코로나 사태로 언택트라는 용어가 주목을 받기 시작한 지 얼마 되지 않아 또 다른 신조어가 등장했다. 비대면, 비접촉의 생활 패턴이 장시간 지속되면서, 잠시 거리를 두는 언택트가 지속되기 어렵다는 것을 사람들이 깨닫기 시작했기 때문이다. 개인의 정상적인 삶과 사회 운영을 위해서는 결국 어떤 방식으로든 '연결'이 필요하다는 점이 부각되었고, 사람들은 '온라인에 기반한 연결'을 통해 고립된 오프라인 생활에서의 답답함을 해소하고 있다. 그렇게 해서 등장한 신조어가 바로 언택트untact에 온라인online의 '연결on'을 결합시킨 '온택트Ontact'*이다.

언택트가 사람과의 접촉을 최소화하는 '비대면'에 초점을 맞췄다면, 온택트는 물리적 거리두기를 유지하면서 온라인을 통해 24시간 서로 간에 연결과 소통을 지속해 나간다는 점이 핵심이다.

온택트의 대표적인 예가 '웨비나Webinar'이다. 웹Web과 세미나Seminar의 합성어인 '웨비나'는 인터넷이 연결된 컴퓨터와 마이크를 이용해 발표자와 참석자 간에 실시간·양방향으로 진행된다. 코로나로 인해 사회적 거리두기가 요구되면서 대면 회의 및 강연, 세미나 등의 행사가 모두 취소되고 있는 상황에서, 이를 대체하는 방안으로 웨비나가 주목을 받고 있다. 애플은 세계개발자회의WWDC를 유튜브 라이브스트리밍과 홈페이지를 통해 온라인 행사로 시행했고, 일주일 동안 자사 개발자 앱 및 사이트로 컨퍼런스를 진행하기도 하였다.

웨비나 프로그램으로는 화상회의 메신저인 줌Zoom을 비롯해 웨비나잼WEBINARJAM, 데미오DEMIO, 클릭미팅Clickmeeting, 라이브스톰LiveStorm 등 다양한 웨비나 플랫폼이 있는데, 누구든 쉽게 웨비나를 개최할 수

---

* 온택트라는 용어는 이노션 월드와이드가 발표한 '바이러스 트렌드' 빅데이터 분석 보고서에서 처음 제시되었다.

웨비나 플랫폼 '웨비나잼'(좌)과 웨비나 통계를 제공하는 '클릭미팅'(우)

출처: 각사 홈페이지

있어 세미나 개최 비용을 절약하는 동시에 밀집된 공간에서의 전염병 감염을 방지할 수 있다. 웨비나잼은 기술적 지식이 부족하더라도 쉽게 웨비나를 조직할 수 있는 간편한 UI가 특징이다. 유튜브에 바로 라이브 스트리밍을 할 수 있고, 특정 참관인만을 대상으로 웨비나를 개최할 수도 있다. 클릭미팅은 중소 규모 회의에 적합한 플랫폼으로 웨비나 관련 통계와 인사이트를 제공한다. 데미오는 웨비나 녹화가 가능하고 클라우드에 자동으로 업데이트해주는 장점이 있고, 라이브스톰은 PC, 스마트폰, 태블릿 등 모든 기기에서의 접근성이 좋다.

VR을 활용한 웨비나 방식의 교육 프로그램도 있다. 'XR CLASS'로 불리는 플랫폼은 전 세계 어디서든 가상의 강의실에 접속해 실시간으로 가르치고 배울 수 있는 교육 플랫폼인데, 이를 외과 교육용 VR 콘텐츠로 개발하여 수술 과정을 실시간으로 공유하고, 일본·싱가포르·태국·영국 등 8개국 최고 명의들의 강의 및 토론을 최대 43명까지 동시 접속해 들을 수 있다.

사회적 거리두기는 다양한 분야에서 '비대면 서비스'로 발전했다. 커피 주문 시 계산대에서 30센티미터 떨어지기, 택배용품 문 앞에 놓고 가기, 키오스크로 상품 구매하기, 온라인 간편결제 등 비대면은 모든 분야에서 점차 일상화되고 있다. 과거에는 단지 편리함을 위해 이용하던 비대면 서비스가, 코로나 사태로 인해 이제는 접촉하지 않기 위한 최선의 해결책으로 제시된 것이다.

하지만 사회적 동물인 인간은 혼자 살 수 없다. 사회적 거리두기로 집에서 머무르는 생활에 지친 사람들은 어떻게든 외부와 연결하고 사회적 활동을 지속하고 싶어 한다. 물리적 거리는 유지하되 일상을 영위하고 사회를 정상 운영하기 위해 언제든 서로를 원활히 연결하는 필요성이 대두되면서 온라인을 통해 외부와 연결하고 각종 활동을 하는 온택트 문화가 등장한 것이다. 사이버 공간에서의 만남에 관심이 집중되면서, SNS나 온라인 커뮤니티는 더욱 활성화되었고 화상통화나 화상회의뿐만 아니라 온라인 교육, 온라인 공연, 온라인 전시회 등으로 온택트의 영역은 점점 확장되고 있다. 온택트는 포스트 코로나 시대의 '뉴노멀'로 자리 잡고 있는 중이다.

기업들도 온택트 시대를 맞아 온라인을 활용한 고객과의 소통에 주력하고 있다. '라이브 쿠킹클래스'를 실시해 유명 푸드 유튜버와 시청자들이 실시간으로 소통하며 요리를 만들 수 있는 서비스를 선보이는가 하면, 백화점들은 '라이브 커머스'를 통해 브랜드 매니저들이 직접 소비자와 온라인상에서 소통하며 제품을 판매하고 있다. 판매가 목적이 아니라 고객과의 소통이 핵심이기 때문에 사람들이 꼭 물건을 사지 않더라도 라이브 커머스 방송을 보며 즐거워하는 모습에서 긍정적인 평가를 내리고 있다.

코로나로 침체 위기를 겪고 있는 공연 분야에서는 국내 K-POP 아이돌 그룹이 세계 최초로 온라인 전용 유료 콘서트를 개최해 큰 성공을 거두기도 했다. 온라인을 통한 전 세계 팬들과의 적극적인 소통이 큰 성공으로 이어진 것이다. 코로나로 불어닥친 위기를 온택트라는 더 큰 기회로 만들어 새로운 시장을 창출한 좋은 사례이다.

언택트, 노컨택트, 제로 컨택트, 언맨드, 오토노머스 등 표현만 다를 뿐 '사람을 만나지 않는다', '사람과 사람과의 만남이 사라지거나 최소화된다'라는 의미만 놓고 보면 모두 다 동일하다. 언택트라는 단어에는 사람 간 접촉으로부터의 단절이라는 의미가 내포되어 있다. 온택트는 그 단절의 빈자리를 다른 매개체가 채워주어 물리적 언택트를 연결로 이어지게 한다. 여기서 그 매개체 역할을 하는 것이 바로 ICT이다.

그렇기에 5G, AI, 사물인터넷, 빅데이터, 가상현실, 자율주행, 로봇기술 등 ICT 기술들이 우리의 일상생활에 큰 변화를 불러올 것으로 예상된다. 생산 측면에서 노동의 의미는 달라지고, 소비 패턴도 변화할 것이다. 특히 포스트 코로나 시대에 있어서 사람과 사람 사이의 비대면 의사소통 매개체로서 ICT는 중요한 역할을 수행할 것으로 기대되고 있다.

04
포스트 코로나 시대의 핵심 :
5G, 클라우드, AI

포스트 코로나의 핵심은 ICT 역량

코로나 사태로 세계 경제가 위축되고 미래에 대한 불확실성이 점점 커
지고 있다. 앞이 보이지 않는 캄캄한 어둠 속을 헤쳐 나가기 위해서는
주변을 환하게 밝힐 등불이 필요하다. 코로나로부터 우리의 삶을 안전
하게 지켜주는 동시에 편리함을 제공하고, 경기 침체에 빠진 기업들을
혁신시켜 새로운 먹거리를 창출시켜 줄 새로운 기술. 오늘날 전 세계에
닥친 코로나 위기를 극복할 수 있게 해줄 등불은 다름 아닌 ICT이다.

　그 가능성은 한국 정부가 실시한 K-방역에서 엿볼 수 있다. 한국은
검사·확진$_{test}$과 역학·추적$_{trace}$, 격리·치료$_{treatment}$ 의 '3T'를 통해 코
로나 확산을 최소화하는 데 주력했고, K-방역은 세계적인 관심과 호

평을 얻었다. 빌 게이츠는 K-방역의 우수성을 높이 평가하며, KT와 함께 자신이 이끌고 있는 '빌&멜린다 게이츠 재단'을 통해 3년간 총 120억 원을 '감염병 대비를 위한 차세대 방역 연구'에 투자하기로 했다. KT는 2016년부터 감염병 확산 방지 플랫폼을 마련해 해외 감염자의 입국 위험을 긴밀하게 모니터링했는데, 빌 게이츠는 한국의 높은 스마트폰 보급률과 5G 인프라, 우수한 K-방역 시스템 그리고 KT의 감염병 플랫폼 구축 역량에 주목해 전체 연구비의 50%를 지원하기로 결정한 것이다.

KT는 이번 투자를 토대로 국내 대학·기업과 컨소시엄을 구성해 'AI 기반 감염병 조기진단 알고리즘'과 '통신 데이터를 활용한 감염병 확산 경로 예측 모델'을 개발할 예정이다. 이용자가 사물인터넷 장비로 측정한 체온, 호흡기 염증 여부 등 건강 데이터를 모바일 앱에 입력하면, 이 데이터를 AI로 분석해 독감 가능성을 확인하고 더 나아가 통신 데이터를 접목해 독감 확산 경로·지역별 독감 유행 시기까지 예측하는 것이 목표이다.

이처럼 포스트 코로나 시대의 핵심은 ICT 역량이며, 이를 통해 사회 안전은 물론, 전 산업의 디지털 트랜스포메이션을 이끌어낼 수 있다. 특히 4차 산업혁명의 중심이라 할 수 있는 5G·클라우드·AI는 포스트 코로나 시대에 사람들의 생활 전반을 변화시키는 동시에, B2B 디지털 혁신으로 전통 산업의 한계를 극복하는 데 큰 역할을 할 것으로 기대되고 있다.

코로나 사태로 다시 조명되는 네트워크의 중요성

코로나 확산세가 절정에 달한 2020년 3월은 초·중·고등학교 개학이 연기되고 재택근무가 본격 실시되는 한편, 사회적 거리두기 방침이 정해져 외부 활동이 크게 줄고 집에서 대부분의 시간을 보내던 때였다. 온라인 동영상 서비스oTT 시청과 원격근무·교육이 늘면서 인터넷 트래픽은 1월과 비교해 약 13% 증가했다. 인터넷 이용이 늘었다고 해도 이는 국내 통신 사업자들이 보유한 전체 트래픽 용량의 45~60% 수준으로, 인터넷이 마비되거나 하는 등의 문제는 전혀 일어나지 않았다. 전국에 촘촘히 구축된 유선 인프라를 바탕으로 안정적인 트래픽 관리가 이뤄지고 있었기 때문이다.* 유럽에서 동영상 시청 증가로 인터넷 트래픽이 급증하자 넷플릭스의 비트레이트초당화면전송률를 낮추고 화질을 떨어뜨려 전체 트래픽의 25% 정도를 줄인 것과는 대조적이다.

흥미로운 점은 집에서의 시간이 늘었음에도 무선데이터 트래픽 역시 증가했다는 것이다. 2020년 3월 기준 국내 무선데이터 트래픽은 총 63만 9,468TB테라바이트로, 전월 대비 9.5%, 전년 동기 대비 44% 증가한 수치다. 특히, 2020년 3월은 지난 12분기 중 무선데이터 트래픽이 가장 큰 폭으로 상승한 시기로 나타났다.

트래픽 절반 이상은 동영상 시청에 사용되었는데, 콘텐츠 유형별 트래픽 현황을 보면, 동영상 트래픽은 약 7,410TB로, 전체의 58.1%

---

* 국내에서 가장 많은 유선 인프라를 보유한 KT는 전국의 광선로 84만 8,497km, 동선로 32만 7,262km 를 운용하고 있다. 이를 체계적으로 관리하는 감시 시스템도 전국에 깔려 있다.

를 차지한다. 유튜브, 넷플릭스 등 동영상 시청이 늘어난 데 따른 결과다. 소셜네트워크 서비스sns 트래픽도 1,802TB로, 전월 11.4%에서 14.1%로 증가했다. 4G와 5G 트래픽은 전월 대비 각각 7.5%, 15.7% 늘었다. 또한 4G 가입자당 트래픽은 처음으로 10GB를 넘어섰다. 이렇게 유선과 무선데이터가 모두 늘었다는 말은 코로나로 가족들이 모두 집에 있었지만 각자의 디바이스로 각각 인터넷에 접속해 필요한 서비스를 이용했다는 의미이다.

국내 스마트폰 모바일 앱 이용 시간을 살펴봐도 코로나 사태 이전보다 늘어난 것으로 나타났다. 마케팅·빅데이터 분석 전문기관 NICE 디앤알은 자사의 모바일 앱 분석 서비스를 토대로 스마트폰 이용자들의 앱 로그데이터를 분석했는데, 코로나 확진자가 처음 발생한 1월 넷째 주 스마트폰 평균 앱 이용 시간은 26시간 22분으로 집계됐다. 하지만 코로나19가 한창 확산 중이던 3월 셋째 주에는 30시간 32분으로 약 4시간이 늘어났다. 모바일 사용시간의 증가는 동영상 시청을 비롯해 배달 앱 및 소셜커머스·오픈마켓, 대형마트·편의점 등의 쇼핑 앱 이용량 증가에 기인한 것으로 나타났다.

코로나로 인해 전 세계 사람들은 그동안 겪어보지 못했던 새로운 경험을 하고 있다. 온라인 개학과 온라인 스쿨링, 재택근무는 물론, 집에서 보내는 시간이 늘어나면서 미디어 소비도 증가해 이에 따른 데이터 소비 역시 급격하게 늘어나고 있다. 이런 상황이 지속되면서 사람들은 네트워크의 중요성에 대해 다시 생각해 보게 되었다. 많은 국가들은 이번 코로나 사태로 통신 인프라 투자의 중요성을 다시금 깨닫게 되는 계기가 되었다.

코로나 사태로 사람들은 온라인 기반의 비대면 서비스들을 경험하면서 '이런 것도 가능하네', '생각보다 편리하네'라고 느끼기 시작했고, 이런 인식이 다양한 분야로 확대되면서 그와 관련된 산업에서 사업 기회도 열릴 것이다. 통신 네트워크는 이제 단순히 데이터를 전달하는 수단이 아닌 사회 유지 인프라로서의 기능과 역할을 수행해야 한다. 그리고 포스트 코로나 시대에 그러한 역할을 수행할 차세대 네트워크가 바로 5G이다.

5G가 코로나의 주범?

코로나가 전 세계적으로 맹위를 떨치던 2020년 5월 중순, 영국 브래드포드 시 웝세이의 한 거리에 설치된 5G 무선기지국이 방화로 인해 불에 탔다. 이른바 5G 기지국 테러로, 4월부터 시작된 이 방화 사건은 리버풀과 웨스트 미들랜즈, 버밍엄, 멜링, 머지사이드, 허더스필드 등 영국에서만 50건 이상 발생했다.

방화의 이유는 '코로나19' 때문이었다. 신종 코로나바이러스 감염증이 5G 전파를 타고 퍼진다'라는 말도 안 되는 괴소문은 2020년 1월 말, 프랑스 음모론 사이트에서 처음 시작되었다. 해당 사이트는 '2019년 11월 중국 우한에서 5G 송신탑들이 세워지기 시작하면서 코로나 바이러스가 확산하기 시작했다'면서 5G와 코로나 바이러스 간의 연관성을 처음 주장했는데, 이틀 후 벨기에 지역신문과 트위터, 페이스북을 통해 가짜뉴스로 제작되면서 유럽 곳곳으로 확산되기 시작했다. 이 가짜뉴스는 영국에도 상륙해 메신저 애플리케이션인 '왓츠앱Whatsapp' 등을 통해 퍼지게 되었고, 유튜브 등을 통해 근거 없는 허무맹랑한 주장들이 'STOP 5G UK'와 같은 5G 서비스 반대 집단을 통해 빠르게 확산되면서, 이 내용을 접한 사람들이 불안해진 나머지 5G 기지국을 테러하기에 이른 것이다

무선통신 전자파가 사람에게 악영향을 줄 수 있다는 주장은 과거부터 계속 나왔고, 특히 유럽에서는 5G에 대한 우려가 높았다. 2019년 9월 스위스 수도 베른에서는 수천 명의 시민이 운집해 5G 네트워크 설치에 반대하는 집회가 열리기도 했다. 이런 상황에서 코로나19 사태가 번지면서 근거 없는 5G 괴담이 SNS나 메신저 등을 통해 퍼진 것이다. 전문가들이 '낭설'이라고 일축했는데도 가짜뉴스에 두려움을 느낀 일부 과격한 영국 사람들이 통신장비에 방화했다. 그런데 아이러니하게도 정작 테러로 불탄 것은 애꿎은 3G나 4G 기지국이었다고 한다. 영국 내에서 아직 5G 네트워크 구축이 많이 이뤄지지 않아 아무 상관 없는 3G, 4G 기지국이 피해를 입은 것이다.

잇단 기지국 테러에 영국 통신사 O2는 직원 안전 등을 우려해 작업 차량에 '5G를 포함한 통신 전자파가 사람에게 해를 끼치지 않음을 확인했습니다'라는 안내 문구를 부착했고, 세계이동통신 사업자 연합회GSMA 역시 '5G와 코로나19 사이에는 아무런 관련이 없다'고 강조하기도 했다.

5G 기지국 테러는 영국 외에도 유럽 각 지역 및 미국에서도 벌어지는 전 세계적 현상으로 확대되었다. 호주, 캐나다 및 뉴질랜드 등에서는 통신 인프라 또는 엔지니어에게 공격하는 사례까지 발생했다. 에

릭슨은 북미 지역 현장에서 일하는 직원들을 보호하기 위해 일시적으로 작업을 중단시키기까지 했다.

더 황당한 일은 이러한 사람들의 불안감을 이용한 사기 상술까지 등장했다는 점이다. 영국 전역에서 가짜뉴스를 믿는 사람들이 늘어나자 해당 이슈를 활용한 상품이 등장한 것이다. 바로 5G를 막아준다는 USB이다. '5G 바이오실드'라는 업체가 5G 전파를 막아준다는 USB를 283파운드(약 43만 원)에 판매했는데, 이 USB를 컴퓨터에 꽂으면 '독점적인 홀로그램 나노레이어 기술'을 통해 5G의 불균형한 성질을 바로 잡아준다는 주장이었다. 심지어 5G 자문위원회의 회원이 시평의회 보고서에 해당 장치를 권장하는 내용을 넣어 홍보에 활용하기까지 했다. 이에 영국의 보안 회사인 펜 테스트 파트너스가 해당 USB를 실제로 주문해서 분해해 본 결과 사기 제품으로 판명이 났다. 펜 테스트 파트너스는 "그냥 5파운드(약 7,000원)짜리 128MB USB 저장장치"라며 "스티커를 붙이고, 무늬가 새겨진 유리 조각을 합쳐놨을 뿐"이라고 밝혔다. 결국 5G 바이오실드는 사기 혐의로 런던 경찰의

5G를 막아준다고 허위 광고를 내보낸 '5G 바이오실드'

출처: 해외 언론

조사를 받게 되었다.

이 황당한 이야기는 코로나 같은 팬데믹 상황이 닥쳤을 때, 사람들이 얼마나 비이성적으로 행동할 수 있는지를 보여준 일면이다. 동시에 새로운 네트워크인 5G에 대해 아직 많은 사람들이 잘 모르고 있다는 점도 드러났다.

5G는 괴소문의 내용처럼 정말로 위험한 네트워크일까? 아니다. 오히려 5G는 포스트 코로나 시대에서 가장 필요하고 중요한 인프라이다.

개인의 삶을 변화시키고 기업의 디지털 혁신을 촉진시키는 5G

2020년 4월 3일, 한국에서 세계 최초로 상용화된 5세대 이동통신 5G는 1년 만에 가입자 630만 명을 돌파하며 순조롭게 저변을 넓혀가고 있다. 현재 전체 이동통신 가입자의 약 10%를 차지하고 있는 5G 사용자는 LTE 상용화 1년 차 보급률 16%(가입자 수 870만 명)와 비교하면 다소 낮아 보일 수 있다. 그러나 이는 당시 스마트폰 확산에 따라 무선데이터에 대한 수요가 폭발적으로 증가했기 때문에 나타난 수치이다.

5G의 3대 특징은 초고속, 초연결, 초저지연이다. 5G의 최대 전송 속도는 다운로드 20Gbps, 업로드 10Gbps로 LTE 대비 20배 수준이다. 사용자가 현실에서 기대할 수 있는 체감 속도는 최소 다운로드 100Mbps, 업로드 50Mbps로 LTE 대비 10배 수준이다. 지연시간Latency은 시나리오에 따라 1~4ms_{milliseconds, 0.001초}를 요구하는데, LTE

지연시간이 30~50ms 정도임을 감안하면 획기적인 감소이다. 초연결성을 의미하는 단위면적 1km²당 접속 가능한 기기의 수도 100만 개이며, 전송 가능한 트래픽 양도 10Mbps로 LTE 대비 100배 수준이다.

5G를 이용하면 훨씬 더 많은 양의 데이터를 빠르게 전송할 수 있어 기존의 비대면 서비스들이 획기적으로 진화할 수 있을 뿐만 아니라 산업 현장이나 교육 현장에서도 일대 혁신을 불러올 수 있다.

예를 들어 영화 촬영 현장의 경우, 예전에는 촬영된 영상을 편집하기 위해 하드디스크에 복제해 멀리 떨어져 있는 사무실까지 운반해서 작업해야 하기 때문에 편집에 3~4일씩 걸릴 수밖에 없었다. 하지만 5G를 이용하면 이제 촬영 현장에서 곧바로 50~60분 만에 전송이 가능해져 작업시간을 획기적으로 단축할 수 있게 되었다. 중소 영화제작사라면 엄청난 비용 절감과 생산성 증대 효과를 얻는 셈이다. 물리적 이동 거리도 사라져 코로나 접촉 감염의 위험도 현저히 줄어든다.

의료 현장에서는 5G를 활용해 환자의 생명과 건강을 지킬 수 있다. KT는 디지털 병리 진단에 5G를 접목시켜 대용량 디지털 슬라이드 이미지를 수술실에서 전송하고 원격에서 실시간으로 병리 진단 컨설팅을 할 수 있는 시스템을 마련했다. 수술 중 발생하는 병리 데이터는 환자의 상태 파악을 위해 빠르고 정확한 분석이 중요한데, 5G 서비스를 이용해 장당 4GB 수준의 고용량 병리 데이터 조회가 가능해지면, 수술실과 진단실 간의 물리적 거리 이동에 따른 불편함과 진단시간을 단축하여 환자를 위한 의료 서비스의 질을 높이는 데 주력할 수 있게 될 것이다.

교실에서 동시에 온라인에 접속해 VR 실감형 교육 콘텐츠로 학습하는 학생들

출처: 클립아트 코리아

    교육 현장에서는 VR/AR을 이용한 실감형 미디어가 활약한다. 코로나로 인해 박물관 견학이나 현장체험 학습 등이 어려워지면서 VR/AR을 활용한 가상체험 학습이 주목받고 있다. 교실에서 많은 학생들이 동시에 실감형 서비스를 이용하려면 현재의 와이파이wiFi 접속으로는 한계가 있기 때문에 5G가 반드시 필요하다.

    5G는 포스트 코로나 시대에 기업들의 디지털 트랜스포메이션을 빠르게 구현하고 니즈에 맞게 최적화할 수 있도록 지원하는 핵심 인프라이다. 5G를 각 산업 분야에 도입하기 위해 가장 먼저 고려해야 할 점은 5G의 기술 스펙이 '비즈니스 차원에서 어떤 의미를 갖는가' 하는 부분이다. 기업의 디지털 트랜스포메이션 성공 여부는 기술 자체의 진화보다는 해당 기술을 활용한 효율성 제고 등 얻을 수 있는 이

익benefit이 무엇일지에 대한 고민에서부터 시작된다

핵심은 고객 입장에서의 접근이다. 예를 들어 5G를 기반으로 초고화질 CCTV 서비스를 제공하고자 할 때, 고객이 가치value를 느끼는 부분은 대용량 데이터 전송 여부보다는 '실시간 모니터링'이라는 솔루션 제공에 있다. 기업 고객 관점에서 5G를 도입해야 하는 6가지 차별화 요인은 ①가상현실화 ②실시간 모니터링 ③원격제어 ④자동화 ⑤최적화 ⑥맞춤형으로, 이 중에서 고객 니즈에 부합하는 차별화 요소가 무엇인지를 파악해 서비스화하는 것이 중요하다.

5G는 코로나 사태와 같은 재난·재해 및 보안 등에서도 활용도가 높아 사회 전반에 산재한 여러 문제들을 해결하는 수단으로 사용될 수 있다. 특히 5G는 기존 망과 달리 네트워크 슬라이싱Network Slicing 기술을 활용한 우선 제어권이 있어 재난재해 활동 관련 데이터에 우선권을 적용할 수 있다. 네트워크 슬라이싱은 5G 이동통신의 핵심 기술로, 쉽게 말해 네트워크의 도로를 소프트웨어적으로 확장시켜 구분해 운영하는 것을 말한다. 도로의 폭은 그대로 두고 차선을 늘리는 것이 포인트로, 네트워크 운영 효율을 극대화하는 것이 중요하다. 이를 통해 비상사태 활동 시에 필요한 망의 안정성을 확보함과 동시에 트래픽 과부하에도 유연하게 대응할 수 있어 신뢰도 높은 통신망을 제공할 수 있다.

언택트에 연결이 결합된 온택트 서비스가 늘어날수록 다양한 스마트기기의 연결과 각종 데이터 수집 및 제어, 전송을 위해 5G 환경이 필수적이다. 2025년까지 400억 개의 디바이스가 인터넷으로 연결될 것으로 전망되는 가운데, 5G의 초연결성은 스마트홈·오피스, 스마

트시티 등에서 큰 변화를 일으킬 것으로 예상된다. 스마트시티는 5G 를 기반으로 각종 시설물이 마치 인간의 신경망처럼 도시 구석구석 까지 연결되어 상황에 따라 발생하는 빅데이터를 실시간으로 교환하 며 동작하게 된다. 5G는 도로와 전력망, 가스관, 수도 등 도시 인프라 를 ICT와 융합해 그 운용을 지능화하는 데 활용될 수 있다. 이 안에 서 사용되는 각종 디바이스에는 5G 모듈이 탑재되어 기존 통신망으 로는 구현이 어려웠던 초고화질 미디어 서비스나 지연이 없는 실시간 서비스 등을 실현시킨다. 이렇게 되면 스마트폰 중심이었던 세상은 다 양한 디바이스를 통해 어디서나 5G를 체감할 수 있는 '온택트 세상' 으로 변화하게 될 것이다.

5G 전국망 구축으로 코로나 위기를 탈출하려는 미국

미국에서 연일 수만 명의 코로나 확진자가 발생하고 경기 침체에 대한 우려가 고조되던 2020년 6월 초, 통신을 관장하는 연방통신위원회FCC 는 5G 이동통신 전국망 구축을 지원하기 위한 규제 개혁을 골자로 하 는 '5G 업그레이드 명령'을 의결했다. 5G 무선 백홀 활용을 위한 70 · 80 · 90㎓ 대역 기술기준을 제정하는 등 코로나19 위기 상황을 타개할 해결책의 하나로 5G에 주목한 것이다.

  5G 업그레이드는 트럼프 행정부의 5G 인프라 조기 구축을 위한 의지를 반영한 것으로, 지방자치단체와 이동통신사 간 5G 기지국 안 테나 구축과 관련한 갈등을 해소하기 위한 법령이다. '60일 샷-클락

^{Shot-clock}'제도를 도입하여, 통신사가 지자체에 무선기지국 안테나 구축을 신청하면 지자체는 신청 접수 60일 이내에 허가하도록 하는가 하면, 승인 절차 자체를 간소화하고, 허가 대상 무선기지국의 범위를 스몰셀 등으로 넓혀 빠른 구축을 지원하도록 했다. 이로 인해 통신사의 5G 기지국 구축을 둘러싼 불확실성이 크게 해소될 것으로 기대되고 있다.

이 제도가 조속히 통과될 수 있었던 배경에는 코로나 사태가 있었다. 예전부터 미국의 통신사와 지자체 간에는 기지국을 둘러싼 갈등이 빈번했다. 교외 지역의 경우, 넓은 국토 면적을 고려해 전신주 형태의 통신주를 세우고 거대한 안테나를 설치하는 사례가 많았는데, 지자체는 지역 경관을 해친다는 이유로 기지국 구축을 허가하지 않거나, 신청을 접수하고도 장기간 허가하지 않는 사례가 다반사였고, 연방이나 지자체마다 규정도 제각각이었다.

그러나 코로나 사태가 터지면서 원격의료, 자율주행, 로봇/드론 배송 등의 수요가 급증하게 되었고, 이에 따른 대용량 데이터 트래픽을 안정적으로 처리할 수 있는 네트워크 구축 필요성이 대두되면서 5G 조속 도입을 실행하게 되었다. 제도 도입을 주도한 공화당 소속 FCC 위원은 이번 명령 의결에 대해 "5G 안테나를 훨씬 빠르고 예측 가능한 규모로 구축할 수 있게 됐다"면서 "퍼스트넷 등 공공안전망에도 적용돼 국민 안전을 높이게 될 것"이라고 강조했다.

클라우드 덕분에

유럽에서 가장 먼저 코로나 바이러스가 창궐한 이탈리아에서는 전국 이동 제한령과 함께 대부분의 상점에 휴업령이 떨어졌다. 상점들이 모두 문을 닫아 시민들은 식료품을 구하기 위해 슈퍼마켓에 길게 줄을 서야만 했다. 이를 본 밀라노 공대 학생 5명은 데이터를 기반으로 슈퍼마켓 대기 현황을 알려주는 '필라인디아나filaindiana' 앱을 개발했다. 시민들이 가장 효율적으로 슈퍼마켓에 가야 할 타이밍을 알려준 이 서비스는 출시 3일 만에 이용자 50만 명이 몰렸고, 일주일 만에 100만 명이 이용했다.

이렇게 아이디어를 즉시 서비스로 만들어 출시하고 단기간에 폭증하는 트래픽도 유연하게 감당할 수 있었던 배경에는 '클라우드'가 있었다. 학생들은 아마존 웹서비스를 활용해 며칠 만에 서비스를 구축해 앱으로 배포할 수 있었고, 단기간에 급증한 트래픽도 효율적으로

밀라노 공대생들이 만든 '필라인디아나 앱'

출처: 해외 언론

수용할 수 있었다. 물리적인 서버를 구축했다면 비용도 문제가 됐을 것이고 단기간에 서비스를 출시하기도 어려웠을 것이며, 폭증하는 트래픽을 단 하루도 버텨내지 못했을 것이다.

손 씻기나 마스크 쓰기 등 공중보건 수칙을 지키고 이를 공유하면 리워드를 제공하는 '듀유어파트Doyourpart' 앱도 클라우드를 활용해 24시간 만에 서비스를 시작해, 110여 개 국가에서 10만 명 이상이 사용할 정도로 인기가 높다. 한국에서도 대학생 개발자가 클라우드를 통해 구축한 '코로나맵' 역시 누적 이용자 수 1,400만 명을 돌파하며 코로나 확산 초기 확진자 동선을 시민들에게 알리는 데 중요한 역할을 했다.

클라우드는 서버나 플랫폼, 프로그램 등 컴퓨팅 자원을 직접 구축하는 대신 인터넷에 연결된 대규모 데이터센터에 접속해 필요한 만큼 빌려 쓰는 서비스다. 클라우드를 활용하면 접속자가 몰리는 특정 시기에는 서버를 늘렸다가 평소에는 다시 줄이는 식으로 필요한 자원을 유연하게 운영할 수 있다. 또한 자신의 컴퓨터나 노트북 등에 저장해 처리하던 데이터들도 클라우드에 저장해 두면 언제 어디서든 인터넷에 접속해 자신의 데이터를 내려받을 수 있다. 코로나로 인해 증가한 재택근무와 원격진료, 넷플릭스와 같은 동영상 콘텐츠 소비의 폭증을 클라우드로 유연하고 효율적으로 감당할 수 있게 된 것이다.

사상 초유의 '온라인 개학'이 진행되었을 당시 수십, 수백만 명이 동시에 온라인상에서 교육을 받을 수 있었던 것도 클라우드를 활용했기에 가능했다. EBS는 온라인 개학을 맞아 클라우드를 활용해 동시접속 가능한 플랫폼을 2주 안에 준비할 수 있었다. 만약 클라우드가 아닌 물리 서버에서 운영되는 서비스였다면 비용도 문제지만 서버를 주문해서 데이터센터에 들어오기까지 한 달 이상이 소요되기 때문에 단기간에 7배가 넘는 트래픽을 감당하는 것은 불가능한 일이다.

클라우드를 활용하면 유연하게 업무를 처리할 수 있을 뿐만 아니라, 고성능 컴퓨팅 자원을 기반으로 AI, 빅데이터, 블록체인 등의 기술을 손쉽게 구현할 수 있다. 데이터의 증가, AI의 발전, 5G 진화 등은 기반 환경인 클라우드의 발전을 가속화하는 요소로 작용하면서 더 큰 성장을 견인하고 있다. 이처럼 클라우드는 규모가 크든 작든 기업의 디지털 트랜스포메이션을 지원해 아이디어를 빠르게 시장에 선보이도록 도와준다. 코로나 사태의 장기화로 클라우드를 활용한 기존 기업들의 디지털 트랜스포메이션은 더욱 가속화될 것이고, 이를 토대로 한 사회 혁신도 신속하게 이루어질 수 있다.

특히 5G와 결합한 엣지 클라우드는 모바일 데이터를 네트워크 맨끝 부분(엣지)에서 처리하기 위해 교환국이나 기지국에 클라우드 데이터센터를 설치하는데, 데이터 처리에 소요되는 물리적 시간과 거리가 획기적으로 감소되는 장점이 있다. 이를 통해 스마트팩토리, 원격의료, VR/AR 실감형 콘텐츠, 클라우드 게임 등 언택트 시대에서 주목받는 많은 서비스들을 지연 없이 제공할 수 있다. 이처럼 코로나 사태가 불러온 언택트 문화로 클라우드 서비스는 선택이 아닌 필수가 되었다.

미래에는 데이터센터의 역할이 축소되고, 중앙 집중화된 대형 클라우드와 다양한 엣지들이 통합된 하이브리드 ICT 인프라 환경이 구축될 것으로 전망된다. 엣지와 센트럴 클라우드가 융합된 하이브리드 클라우드를 형성해 협연하는 구조로 가게 되면서, 각각의 네트워크가 어떻게 서비스를 효과적으로 전달하는지가 굉장히 중요해졌고 이를 잘하는 기업이 포스트 코로나 시대에 시장을 주도하게 될 것이다.

코로나와 맞서 싸울 강력한 무기 AI

이번 코로나19 바이러스는 메르스나 사스와 달리 아직 백신이나 치료제가 개발되지 않았다. 지금부터 개발한다 하더라도 최소 1~2년은 걸릴 것이고 임상 실험을 거쳐 안전하게 사용하기까지는 더 오랜 시간이 걸릴지도 모른다. 그때까지 할 수 있는 최선의 방법은 외출 시 항상 마스크를 쓰고 위생을 철저히 하는 수밖에 없다. 그렇다면 인류는 코로나19 바이러스의 공격에 무기력하게 당하고만 있어야 할까? 아니다. 다행히도 오늘날의 인류에게는 코로나에 맞서 싸울 강력한 무기가 있다. 바로 AI다.

전 세계적으로 코로나가 확산되면서 팬데믹이 선언되자, 각국은 코로나 퇴치 및 확산 방지에 AI를 적극적으로 활용하기 시작했다. 빅데이터와 AI 기술이 결합된 신종감염병 예측 모델이 등장했고, 더 나아가 사람들의 감염병에 대한 반응으로부터 수집된 데이터 소스를 활용해 숨겨진 패턴을 찾아 질병 확산까지 예측할 수 있는 기술도 나왔다. 코로나 백신이나 치료제 개발에도 AI 기술이 활용되고 있다.

캐나다 스타트업 블루닷은 AI로 코로나 집단 감염을 가장 먼저 예측해 큰 주목을 받았다. 블루닷은 의사와 프로그래머 40여 명으로 구성된 회사로, 의료 전문지식과 데이터 분석 및 AI 기술을 활용해 전염병을 추적해 예측하는 기술을 보유하고 있다.

중국의 알리바바는 폐 단층촬영CT을 통한 AI 검진 시스템을 도입해 바이러스 감염 사례를 발견할 수 있는 새로운 AI 기반 이미징 및 진단 시스템을 발표했다. 이 시스템을 이용하면 20초 이내에 바이러스를 탐지할 수 있다. 국내에도 알리바바처럼 엑스레이X-ray와 CT 사진과 같은 영상 의료정보와 생리학적 신호데이터, 전자의무기록EMR 등 진단기록을 AI가 종합적으로 분석해 질병 유무를 진단하는 시스템이 개발된 바 있다.

중국의 바이두는 리보핵산RNA 구조를 분석할 수 있는 알고리즘인 리니어폴드 기술을 활용해 코로나 바이러스의 유전자 구조를 분석하는 데 걸리는 시간을 55분에서 27초로 120배 단축시켰다. 바이두는 코로나 확산에 대응하기 위해 자사의 AI 개방형 플랫폼인 바이두 빅브레인과 페이장 딥러닝 플랫폼을 개방하겠다고 발표했다.

미국의 보스턴 어린이병원이 운영하는 실시간 세계보건지도 '헬스맵Healthmap'은 AI를 활용해 질병 패턴을 식별해 코로나 바이러스 환자를 진단할 때 우편번호와 같은 환자 정보를 이용한다. 이를 통해 바이러스가 발병한 지역 또는 감염 범위를 식별할 수 있다.

미국의 신약 개발 AI 기업 인실리코 메디슨Insilico Medicine은 딥러닝 기술을 활용해 수천 개 분자를 검토하여 코로나에 적합한 분자 구조를 수백 개로 추려 다른 제약 회사와 공유함으로써 백신 개발의 효율성을 높이고 있다. 현재 제약 회사나 신약 개발 전문가와 협력해 최대 100개의 화학물질을 합성하고 실험할 계획이며 1년 내 백신 개발을 목표로 하고 있다.

영국의 신약 개발 기업 베네볼렌트 AI$_{Benevolent AI}$도 AI 기반 머신러닝 프로그램을 이용해 기존 치료제 가운데 코로나의 분자 구조와 가장 맞닿아 있는 치료제들을 검색해 바이러스 전염을 제한할 만한 잠재적 치료제로 올루미언트$_{Olumiant, baricitinib}$를 제시했다. 올루미언트는 일라이 릴리$_{Ely Lilly}$의 류마티스성 관절염 치료제로 염증성 사이토카인의 생성을 막는 기전을 가지며, 코로나의 감염과 염증 반응을 감소시키는 데 효과적일 것이라는 예측 결과가 제시되었다.

영국에서는 스마트폰의 계산 능력을 활용해 코로나 치료제를 찾는 프로젝트가 시작되었다. 영국 통신업체 보다폰$_{Vodafone}$은 키릴 베셀코프 영국 임페리얼칼리지 런던 외과 및 종양학과 교수 연구팀과 협력해 스마트폰을 슈퍼컴퓨터의 일부처럼 활용해 약물을 찾아내는 연구인 '코로나 AI' 프로젝트를 시작했다.

보다폰은 빅데이터를 스마트폰에 분산해 분석하는 기술인 '드림랩$_{DreamLab}$' 애플리케이션을 2018년에 개발하여 암 치료용 약물을 찾아내는 용도로 활용했는데, 이번에 코로나19가 유행하면서 AI로 기존 약물의 약효를 확인해 후보 약물을 찾아내는 약물 재창출 프로젝트를 시작했고 여기에 드림랩 기술을 활용하기로 했다. 드림랩이 설치된 스마트폰은 이용자가 잠든 시간을 활용해 약물의 약효를 계산한다. 드림랩은 이용자가 잠든 6시간을 활용해 5메가바이트$_{MB}$ 크기의 작은 데이터를 내려받은 후 60개의 계산을 동시에 실행한다. 충전기만 연결돼 있으면 한 대가 6시간 동안 최대 2만 4,000개의 문제를 풀 수 있다. 하루 24시간 실행되는 옥타코어 프로세서 컴퓨터가 300년 걸

보다폰이 코로나 바이러스 대응에 도입하고 있는 '드림랩' 프로젝트

출처: 보다폰

리는 문제를 스마트폰 10만 대 네트워크가 단 3개월 만에 풀어낼 수 있다.

보다폰은 드림랩 앱을 무료로 제공하고 앱에서 쓰는 데이터 또한 무료로 제공하기로 했다. 앱 이용자는 기부할 데이터양을 추가로 선택할 수 있고 와이파이를 통해 연결한 다른 기기에서도 앱을 쓸 수 있도록 했다. 'AI 십시일반+匙—飯'이라 할 수 있는 이 프로젝트로 코로나 확산을 막고, 치료제 개발을 앞당길 수 있는 대책을 마련하고 있는 것이다.

이처럼 AI는 감염병 발병 예측, 확산 경로 진단, 치료제 개발 등 전방위적으로 코로나에 맞서며 활약 중이다. AI는 복잡하고 다양한 빅데이터로부터 필요한 패턴을 추출하는 데 탁월한 능력을 갖고 있어 계속해서 진화하고 있는 코로나 대응에 없어서는 안 될 인류의 구원투수이자 해결사이다.

AI, 인간을 대신하다 인간을 보호하다

AI의 활약상은 여기에 그치지 않는다. 코로나로 비대면 서비스가 확산되면서 무인화, 자동화에 대한 니즈도 늘어나고 있다. 사람을 대신해 스스로 생각하고 움직이기 위해서는 역시 AI가 필요하다.

미국 최대 오프라인 유통업체인 월마트는 온라인으로 주문된 식료품 배송을 위해 AI 로봇 기술을 도입해 활용하고 있다. 월마트의 온라인 주문 배송 플랫폼인 '알파봇Alphabot' 로봇은 사람보다 10배 빠르게 주문을 받고 포장할 수 있다. 알파봇은 거대한 매장 내부를 돌아다니며 약 4,500개의 품목 중에서 고객이 주문한 식료품을 골라 담아 포장한다. 고객들이 온라인으로 주문한 식료품을 자동으로 선별해 포

월마트가 도입 중인 AI 배송 로봇 '알파봇'

출처: 해외 언론

장하고 배송까지 하는 것이다. 현재 월마트는 뉴햄프셔의 살렘에 위치한 20,000스퀘어피트 매장에 30개의 로봇을 배치해서 운영 중이다.

아마존이 운영하는 무인매장 아마존고Amazon Go는 고객이 계산대에 줄을 서지 않고 제품을 구입할 수 있는데, 이곳에서 판매하는 제품은 채소, 육류, 해물, 베이커리, 유제품, 간편식, 주류 등으로 약 5,000여 품목에 달한다. 아마존고 매장에는 AI 기반 딥러닝, 빅데이터와 사물인터넷, 컴퓨터 비전(컴퓨터가 이미지를 인식하는 기술), 센서퓨전 기술 등이 도입되었는데, 고객이 쇼핑하는 동안 자율주행 센서가 부착된 원형 카메라가 쇼핑하는 고객의 동선을 따라다니면서 고객의 행동을 인식하고 고객이 어떤 상품을 선택했는지 자동 감지하여 구매목록을 확인한다. 고객이 제품을 진열대에서 들어 올리는 순간 가상의 장바구니에 등록이 되고 내려놓으면 다시 삭제된다. 쇼핑을 마친 고객이 매장을 나가면 앱에 등록된 결제수단으로 구매 결제가 자동 계산되어 고객 계정으로 영수증을 보내게 된다. 현재 미국 주요 도시 30여 곳에서 아마존고 편의점이 운영되고 있는데, 코로나19의 확산으로 아마존고 매장이 더 확대될 전망이다.

중국의 알리바바는 무인판매 플랫폼 하이센다淘鮮達를 개발해 병원, 공공장소 등에 설치했고, 중국 전자상거래 업체 징둥닷컴京東은 우한시에서 스마트 무인 자율주행 배달 로봇 서비스를 시작하여 로봇이 시내를 오가며 생필품을 배달하고 있다.

AI 기반의 자율주행은 로봇에 적용되어 인간이 직접 가기 어려운 곳을 대신해 이동해준다. 의료 인력이 부족한 이탈리아에서는 계속되는 의료진 감염이 더 심각한 문제로 대두되면서, 이를 해결하기 위해

AI 로봇을 투입했다.

이탈리아 북부 롬바르디 주의 바레세에 있는 서콜로_{Circolo} 병원에서는 코로나 환자를 치료하는 의료진을 돕기 위해 로봇 6대가 배치되었다. '토미'라는 이름의 간호사 로봇들은 몸체에 설치된 카메라를 이용해 주기적으로 병실을 이동하면서 환자들의 상태를 의료진에 전달한다. 1m 정도 어린이 크기인 이들 로봇의 얼굴은 터치스크린으로 돼있다. 환자들은 로봇 얼굴을 터치해 자신의 상태나, 필요한 진료를 녹음해서 의사에게 보낼 수 있다. 특히 얼굴 화면을 이용해 큰 눈이 깜빡이도록 만들었기 때문에 로봇에 대한 거부감이 컸던 고령 환자들도 금세 로봇 간호사와 친해졌다. 병원 측은 로봇 간호사를 이용해 의료진과 환자와의 직접 접촉을 최소화해 의료진들의 감염률을 낮추고

이탈리아 서콜로 병원에서 활약 중인 간호사 로봇 '토미'

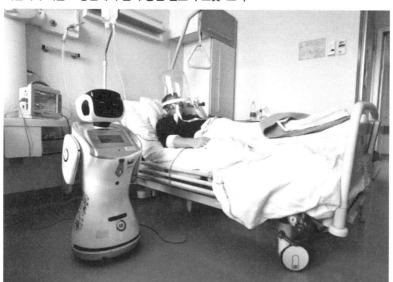

출처: 해외 로봇

있다고 설명했다. 덕분에 극심한 부족 현상을 겪고 있는 의료용 마스크와 방호복 등을 비축할 여유도 생겼다.

국내에서도 친환경 자외선 LED를 이용해 병실 곳곳을 소독하는 살균 로봇이 도입되었고, 병실 복도를 따라 환자복은 물론 진료에 필요한 각종 의료 장비를 옮기는 의료용품 운송 로봇이 등장하기도 했다.

중국 우한의 일부 병원에서는 임시병동에 의료진 대신 환자에게 물과 음식을 전달하는 배달 로봇이 도입되는가 하면, 체온을 측정하는 로봇도 개발되었다. 고해상도 카메라와 적외선 온도계를 활용해 0.5℃의 오차 범위 내에서 한 번에 10명의 체온을 측정한다. 이러한 AI 의료용 로봇은 소독과 방역 등에서 의료진을 도울 뿐만 아니라 감염 위험까지 낮출 수 있어 활용도가 더욱 늘어날 전망이다.

무인화, 자동화가 확산되면 관리해야 하는 데이터의 양도 점점 늘어난다. 따라서 ICT 관리의 상당 부분을 AI를 통해 자동화할 필요가 있다. 관리 누수가 발생하면 매출이나 생산성, 기업 이미지 실추 등 심각한 피해를 입을 수 있기 때문이다. AI는 관리 측면에서 문제가 발생했을 때 어떤 채널에서 발생했는지를 분석하고 과거 데이터의 모델링을 통해 해결 방법을 제시한다. 문제 적발 및 분석 과정을 실시간 수준으로 해결할 수도 있다. 이렇게 되면 재택근무를 하는 도중에 트러블이 발생해도 AI를 통해 즉각적으로 해결할 수 있어 높은 업무 효율을 기대할 수 있다.

미국의 통신회사 버라이즌은 AI와 머신러닝을 통해 트래픽을 관리하고 있다. 집콕족의 증가로 게임 트래픽이 75%까지 상승하는 상황이 발생하자, 네트워크 품질과 장애를 실시간으로 진단하는 등 AI가

네트워크 이상을 감지하고, 최적으로 상태를 유지해 전송 효율을 극대화하는 것이다.

버라이즌의 AI 기반 예측 알고리즘은 고객의 라우터에서 기온이나 날씨 데이터를 수집하는 센서에 이르기까지 모든 네트워크 인터페이스에서 발생하는 4GB 이상의 데이터 스트리밍을 매 초 단위로 모니터링하고 있다. 분석 인프라는 실제 문제가 발생하기 전에 고객에게 영향을 줄 수 있는 698개의 이벤트들을 예측하고 있다. 홈 네트워크에서는 두 시간마다 라우터에서 60,000개 이상의 샘플을 자동적으로 테스트하고, 게임, VPN, 웹, 비디오 등의 트래픽이 각각 75%, 34%, 20%, 12%씩 매주 상승해도 고객들이 요금제에 맞게 서비스받고 있는지 체크하고 있다.

한편 페이스북·인스타그램·트위터 등 글로벌 SNS 회사들은 AI 기술을 활용해 가짜뉴스 차단에 나서고 있다. 국가 원수급과 스타·정치인 등 인플루언서부터 해커들의 악의적 가짜뉴스를 AI 알고리즘을 통해 걸러내고 있는 것이다. 페이스북은 "운영 지침에 위반되는 포스팅은 누구의 계정인지와 상관없이 지침에 따라 삭제한다"고 밝혔다. 페이스북은 AI를 통해 사진 등 콘텐츠에 가짜뉴스가 더해졌는지 점검하고 27개 관계 기관과 연계해 사실 여부를 확인하는 팩트체크 시스템을 가동 중이다.

AI는 뉴스를 이루는 의미 있는 단어와 어구들을 모두 디지털 데이터로 분석하고, 이를 공간상에 배열하여 그 유사성을 거리 계산 등으로 측정한다. 워낙 많은 데이터가 있기 때문에 이를 반복 학습하는 머신러닝 방식을 쓴다. 코로나 관련 가짜뉴스 판별은, WHO 등 공신

산업 영역별 AI 기반 비대면 서비스

영역	주요 내용
콜센터	고객 상담이 중요한 산업군(금융, 유통, 여행 등)에서 AICC(AI Call Center)를 통해 재택근무 콜센터 및 분산형 콜센터 구축과 활용이 확대될 전망
유통	비대면 쇼핑이 증가하면서 AI 비서를 활용한 '목소리 쇼핑' 플랫폼으로 제공하는 사업자와 상생 협력 확대
교육	원격학습을 위한 클라우드 및 챗봇 솔루션 니즈 증가
식품	신선식품 배달 증가로 인한 AI 물류센터의 활약과 자율주행 배송 로봇 활용 증가
의료	원격의료에 의존하는 의료 산업에서 기회 발생, 스마트 상담 솔루션, Data 기반 격리 환자 관리
제조업	설비 등 원격 모니터링, 화상/VR 원격회의, 5G 활용 로봇, AI 기반 자동화 설비

출처: KT경제경영연구소

력 있는 기관 및 뉴스에서 의미 있는 키워드 및 문장을 추출한 뒤, 검색엔진을 통한 크롤링으로 유사한 뉴스들을 추출해 해당 뉴스들의 유사성을 검증하고, 다시 재검증하는 반복 과정을 거치는 교차 검증 기술과, 확산 패턴을 탐지하는 기술 등이 주로 활용된다.

코로나 사태가 진정되면 전통 제조업과 대면 서비스업 등은 쇠락하고 디지털 기반의 '비대면 산업' 중심으로 재편될 전망이다. 여기에서 5G, 클라우드, AI는 언택트 비즈니스와 서비스의 촉매제 역할을 하고 있다. 특히 AI는 없어서는 안 될 기반 기술로 진화하여 코로나 퇴치와 예방의 일등 공신으로 활약하고 있기 때문에 코로나 사태 이후 부상하게 될 언택트 산업의 핵심 역할을 수행할 것이다.

세상이 변하고 있다. 언택트 혁신과 요구가 분출되는 지금, 포스트 코로나 시대를 대비하기 위해서는 하루빨리 니즈에 맞는 ICT 기술을 도입해 인프라와 서비스를 재정비해야 할 것이다.

2부

포스트 코로나 시대, 새로운 트렌드가 온다

CORONA

ECONOMICS

1장

홈의 재정의,
집 안에서 모든 것을 해결한다

01
집,
세상을 품다

오래 보니 달리 보이는 우리의 집

코로나의 세계적인 대유행 상황 속에서 글로벌 스트리밍 서비스 넷플릭스 신규 가입자가 대폭 늘었다. 2020년 1분기 동안 전 세계에서 늘어난 가입자 수는 무려 1,600만 명이다. 연 단위로 단순 환산하면 우리나라 인구를 훨씬 웃도는 엄청난 규모의 사람들만큼 증가했다는 의미이다. 넷플릭스가 여는 '방구석 1열' 스트리밍 세계는 집 안에 갇힌 사람들이 즐길 만한 대표적인 오락거리가 되었다. 게임 이용자 수도 폭증했다. 글로벌 3D 게임 개발 플랫폼 제작 기업 '유니티 테크놀로지스 Unity Technologies'의 〈코로나19로 인한 게임 산업 변화〉 보고서에 따르면, 2020년 1~5월 사이 PC와 콘솔 게임의 일일 이용자 수가 전년 동기 대비 50% 정도 증가한 것으로 나타났다.

항상 유동적으로 흘러야 하는 자본·노동·재화 등의 이동이 정체된 상태를 의미하는 '임모빌리티Immobility, 부동성'는 코로나19 팬데믹 기간 동안 인류에게 채워진 족쇄와도 같았다. 많은 이들이 세계화의 기치 아래 창공과 바다를 지나 전 세계 방방곳곳을 오가던 때는 이제 과거의 호시절이 되었다. 이제 여행은 둘째치고, 자유로운 외출마저 제약받고 있다. 미국과 유럽에서는 상점과 공장이 폐쇄되었고 정부의 공식적 허가 없이는 시민들의 이동이 제한되는 '락다운lock-down' 정책이 시행되고 있다. 인류는 팬데믹으로 인해 집이라는 일상과 휴식의 공간에서 생활뿐만 아니라 재택근무 등 사회경제적 활동까지 수행하는 미증유의 변화를 경험하게 되었다.

이제 집은 단순한 재충전의 공간을 넘어 우리들의 직장이 되었고, 학생들에게는 교실이 되었다. 유명 아티스트와 그 팬들에게는 함께 호흡하는 공연장이 되었고, 운동을 즐기는 사람들에게는 세상에 하나뿐인 피트니스 센터가 되었다. 이제 집이 소비의 중심으로 재조명되면서 '홈 이코노미' 혹은 '재택 경제'라는 개념이 수면 위로 떠오르고 있다. 이른바 '집콕족'이 뉴노멀이 된 상황에서 이들의 사회적 니즈를 파악하는 것이 매우 중요해졌다.

코로나로 인한 홈 중심의 문화 탄생을 극명하게 보여주는 것이 바로 식食문화이다. 세계적 경제 일간지 월스트리트 저널에 영국의 음식 전문 작가인 비 윌슨Bee Wilson의 특별 기고문 〈코로나19는 우리의 세상을 어떻게 바꿀 것인가?〉가 실렸다. 윌슨은 코로나 이전까지 인류는 가장 높은 수준의 개방성 및 다양성을 가진 대중적인 음식문화를 경험했다고 언급한다. 역사상 이토록 다양한 레스토랑과 카페, 스트리트푸드점, 스시 가게, 타코 트럭과 누들바에 수많은 사람들이 들어차 음식을 즐기는 문화가 융성했던 시절은 없었다고 설명한다. 하지만 코로나를 기점으로 이 모든 외식 문화가 각자의 집에서 음식을 즐기는 방향으로 크게 변화하게 되었다.

국내 또한 마찬가지다. 코로나 위기 이전까지 맛집 문화가 발달해왔지만 이제는 '집밥' 문화가 대세로 부상 중이다. 특히 간편하게 데워 먹을 수 있는 가정간편식HMR; Home Meal Replacement이나 손질된 식재료가 들어 있어 간단히 요리해서 먹을 수 있는 밀키트meal kit 같은 새로운 음식 트렌드가 주목받고 있다. 커머스 기업 티몬에 따르면, 코로나19 발생 이후 밀키트 관련 매출이 전년 동기 대비 약 4.3배 정도 늘었다고 한다. 향후 개인 접시에 필요한 만큼 음식을 덜어 먹는 '1인용 개식형個食型' 그릇 제품이 인기를 끌 것이라고 하니 관심을 가지고 지켜볼 필요가 있다. 이러한 밀키트와 간편식의 인기는, 코로나로 인해 홈 중심의 새로운 라이프스타일이 대두하고 있음을 알려주는 단적인 사례다.

미래의 집, 어떤 모습일까?

포스트 코로나 시대에 주거 기능을 담당하고 있는 우리의 집은 과연 어떻게 변화할까? 국내외 전문가들 다수가 기존의 집보다 훨씬 똑똑한 집으로 거듭날 것이라 전망하고 있다. 집에서 이루어지는 다양한 활동들도 어떤 형태로든 트랜스포메이션이 이뤄질 것으로 보인다. 영국의 대표적인 라이프스타일 전문매체 '디진Dezeen'에서는, 우선 집이라는 공간이 사무실과 점차 비슷해지면서 경계가 모호해질 것으로 예측했다. 디진은 앞으로 집에 대형 창문과 사무용 가구 등 업무 환경에 최적화된 시스템들이 갖춰지고, 업무 집중도를 높이기 위해 방음 기능이 더욱 강화될 것으로 내다보았다.

건설/인테리어 분야의 일부 전문가들은 향후 집이 더 넓은 공간을 필요로 할 것이라 전망한다. 집에서 모든 것을 해결할 수 있는 '원스톱' 기능이 더욱 강조되면, 집에 머무르는 시간이 늘어나면서 자연스레 공간적인 여유도 더 필요할 것이라는 주장이다. 물론 개개인마다 공간에 대한 선호가 다르기 때문에 추가적인 필요 면적과 인테리어 구성은 달라질 것이다.

대표적으로, 홍익대 건축학과 유현준 교수는 국토교통부 포스트 코로나 심포지엄에서 인류 역사상 도시 문명의 진보와 감염병 확산 방지라는 중대한 과제가 상호 밀접한 관계 속에서 공존하고 해결되어 왔음을 강조한다. 1세기 로마 시대의 '아퀴덕트Aqueduct'라고 불리는 상수도 시스템과 18세기 파리의 하수도 시스템의 구축은 감염병을 이겨내고 사람들을 도시로 모여들게 하는 원동력이 되었다. 19~20세기로 넘어오면서 세계 최초의 지하철이 런던에 생기고, 백신 등 의료 기술이 급속도로 발전했다. 철근, 콘크리트, 엘리베이터 등 고층 건물을 짓는 건축 기술이 발전하고 단위 면적당 더 많은 사람들을 수용하게 되었다. 20세기 후반에는 인터넷이라는 새로운 온라인 공간이 생겨나며 '사람들이 모여드는 곳'이라는 의미로서의 도시의 규모를 더욱 키

있다. 유 교수에 따르면, 공간의 역사는 감염병을 극복하기 위한 시스템을 개발해온 역사와 궤를 같이하고 있으며 인류는 끊임없이 당대의 혁신적인 기술을 통해 '도시의 시냅스Synapse, 신경 세포 뉴런의 접합부로 다른 뉴런으로 신호를 전달하는 연결 지점'의 총량을 늘려왔다. 모여 사는 본능을 바탕으로 생존력을 극대화해왔던 현세 인류 '호모 사피엔스Homo sapiens'는 기존 도시의 오프라인 시냅스와 인터넷·스마트폰으로 창조된 온라인 시냅스의 상호작용으로 빚어진 이 복합적 공간을 살아가고 있는 것이다.

유 교수는 이번 코로나19를 계기로 집이라는 공간이 또 다른 혁신을 맞이할 것이라 점치고 있다. 현재의 라이프스타일은 1970년대 이후의 고도성장기에 본격적으로 도시가 형성되면서 대가족에서 핵가족 중심으로 저녁과 주말 시간에 시간을 보내기 적합하게 디자인된 구조로 만들어진 것이다. 이제는 집이 수용해야 하는 시간의 총량이 150% 이상 증가할 것이기 때문에 공간에 대한 수요도 점차 늘어날 것으로 전망되고 있다. 특히 테라스 등 야외 공간의 필요성이 증대될 것으로 보인다. 현존하는 공원 등의 장소에는 분명 자연의 개념이 녹아 있지만 어디까지나 공적인 공간이라는 한계가 있다. 앞으로 홈 중심의 라이프스타일이 더욱 고착화되면 다른 기능을 가진 실내 공간을 굳이 희생하지 않고 새롭게 면적을 확장해서라도 사적인 자연 공간을 점차 늘리게 될 것으로 내다본 것이다. 마침 서울의 주거와 상업 지역의 비율은 2018년 기준 각각 53%와 31% 정도라고 한다. 커머스 영역의 공간 수요가 오프라인보다 온라인으로 확대될수록 기존 커머스 영역이 머물러 있던 오프라인 공간은 공급적 측면에서도 자연스레 주거 수요에 맞게 재편될 것으로 보인다. 이로써 휴식 공간으로서의 가치가 매우 높았던 우리들의 '홈Home'은 조금 더 확장된 의미로 재정의가 가능해질 것으로 예상된다.

특히 과거 로마와 파리의 상하수도 시스템에 비견될 미래의 혁신적인 ICT 기술은 스마트홈smart home으로서의 가치를 드높이는 데 상당한 역할을 수행할 것으

1970년대 이후 아파트 구조

출처: 홍익대 유현준 교수, 국토교통부 포스트 코로나 심포지엄

로 보인다. 먼저 디진은 코로나를 계기로 인체에 유해한 바이러스나 미세먼지 등을 걸러낼 방역 및 청정 기술의 활용도가 높아질 것으로 예상했다. 기존에는 물과 공기 등을 여과하는 환경 기술이 크게 주목받지 못했지만, 코로나 위기 이후에는 이 추세가 크게 변화할 것으로 보인다. 스마트홈 플랫폼을 개발하는 기업들은 집 안의 온도를 자동적으로 조절하고, 공기를 모니터링 및 필터링할 수 있는 기술 탑재에 더욱 열을 올리게 될 것이다.

그 외에도 이미 집 안에서 재택근무와 원격교육이 늘어나면서 인공지능 AI 스피커의 활용도도 매우 높아지고 있다. KT 기가지니의 경우, 2020년 1분기 전체 발화량이 이전 분기 대비 무려 38% 정도나 증가한 것으로 나타났다. AI 스피커의 활용 영역 또한 훨씬 광범위해지고 있다. 뉴스와 정보 검색을 비롯해, 온라인 커머스를 통한 각종 배달 주문, 홈 트레이닝이나 요리법을 지도해주는 코칭 서비스도 각광

받고 있다. 특히 초·중·고등학교 학생 자녀들을 둔 가구에서는 계속된 개학 연기로 집에서 할 수 있는 키즈·교육·게임 콘텐츠에 대한 사용량이 대폭 늘었다. 이처럼 AI 스피커는 디지털 홈 이코노미의 중추적 인터페이스로 거듭나게 될 것이다. 무엇보다 음성이라는 비접촉 방식의 제어가 가능하다는 것도 강점이다. 이번 코로나 위기를 계기로 AI 스피커는 가정 내 필수적 가전으로 자리 잡을 것으로 기대된다.

또한 전문가들은 최근 공동 주택에서 피트니스, 독서실 등 커뮤니티 시설의 중요성이 부상하고 있기 때문에 커뮤니티 서비스 이용 관련 ICT의 활용도도 높아질 것으로 예상하고 있다. 특히 스마트폰 앱을 통한 커뮤니티 시설 예약 및 결제 등의 기능에 AI 챗봇 기술 적용을 통해 주민들의 이용 편의를 증진시키거나, 안내 로봇 등을 배치해 활용하는 다양한 비대면 서비스들이 검토되고 있다.

디지털 파이프라인, 집과 세상을 연결하다

아무리 감염병 확산 방지를 위한 조치라 할지라도, 과연 외출 없이 집에서 모든 것을 정말 다 해낼 수 있을까? 이를 가능케 하는 수단으로 사람들의 모든 사회경제적 활동을 온라인 기반으로 연결해 주는 '디지털 파이프라인'에 주목할 필요가 있다. 인터넷·스마트폰 등이 그 대표적 예로, 사람들이 모두 집에 발이 묶여 있다 해도 다른 사회경제적 장소들을 연결해 '홈 이코노미'의 형성을 돕는 역할을 한다. 코로나와 함께 원격 근무 솔루션이 크게 부상했고, 원격교육, 공연, 콘텐츠 스트리밍, 이커머스 등의 영역도 무궁무진한 가능성을 보여주고 있다. 우리가 경험하고 있는 홈 이코노미의 핵심은 이러한 디지털 연결성이다. 집에서 대부분의 일상을 보내며, 다양한 활동을 수행한 경험은 크게 세 가지의 교훈을 제시할 것으로 보인다.

첫째, 디지털화의 편리함에 대한 '경험지經驗知, 자신이 실제로 해보거나 겪어 봄으로써 얻은 지식' 형성이다. 머리로 아는 것과 몸이 직접 경험해서 아는 것이 다를 수 있다. 직접 경험함으로써 지식이 체화되었을 때만이 비로소 '알게 되었다'고 할 수 있는 경우가 많다. 우리는 팬데믹을 극복하기 위해 불가피하게 고립의 시기를 거쳤고, 이를 통해 수많은 사람들이 디지털화 흐름에 대한 친밀감을 형성하게 되었다. 사람들은 집단주의 기반의 외부 경제활동으로부터 디지털 중심의 경제활동으로의 변화가 생각보다 어렵지 않고, 효과가 높으며 매우 편리하다는 자각을 갖게 되었다. 우리는 '락다운' 시기 동안 이를 머리가 아닌 몸으로 직접 익히고 있다. 또한 그동안 온라인이나 디지털에 두려움을 느끼던 계층이 가지고 있었던 새로운 것에 대한 막연한 포비아Neophobia를 극복해 나가고 있으며, 중장년층 역시 디지털과 온라인 기술의 편리를 누리며 'Yold young+old' 세대로 발돋움하고 있다. 이번 팬데믹을 통해 깨친 디지털에 대한 지식과 경험은 향후 글로벌 경제의 중요한 원동력이 될 것으로 보인다.

둘째, '디지털 신대륙'의 발견이다. 코로나 이전에는 집이라는 공간의 재발견이 이뤄지지 않았고, 주거와 업무, 상업, 교육의 기능은 공간적으로 엄격히 분리되어 있었다. 많은 사람들이 홈 중심의 원격 라이프를 경험하며, VPN Virtual Private Network; 가상사설망, 클라우드, 네트워크 등 인프라 투자 확충의 필요성에도 자연스레 이목이 쏠렸다. 그러나 결코 기존의 기술력과 인프라가 부족했던 것은 아니었다. 오히려 이미 기술적으로 완성도가 상당한 통신/ICT 인프라에 기반해 홈 중심의 서비스 생태계가 더욱 충분히 형성되어야 한다. 원격근무 솔루션을 예로 들면, 원래 우리가 가지고 있는 디지털 기술을 활용하면 직접 대면하지 않고도 비즈니스 미팅이 가능한 수준이었다. 즉 학교에 가지 않고도 수업 수강이 가능했다. 그러나 경험하지 못한 코로나 세계 이전까지는 홈 기반의 서비스 수요와 공급이 충분히 발현되지 않았을 뿐이다.

코로나 이후의 다양한 생활상들은 새로운 서비스 중심의 홈 시장 개방 가능성을 시사하고 있다. 인프라 위에 홈과 원격을 잇는 다양한 서비스들을 만들어 나가면 거기에 새로운 사회경제적 활동의 무대이자, 엄청난 비즈니스 기회가 놓인 디지털 신대륙이 열릴 것으로 보인다.

셋째, '디지털 세계화Digital Globalization'의 출현이다. 홈 중심의 디지털 서비스 생태계의 부상으로 새로운 의미의 세계화가 가능해질 것이다. 바로 디지털 세상의 세계화이다. 포스트 코로나 시대에는 인간의 물리적 활동 반경은 급격히 축소될지라도, 디지털 활동 반경은 무한히 확장될 것으로 보인다. 저녁 무렵 맥주 한잔 하면서 즐겁게 이야기 나누는 '펍pub 문화'로 유명한 영국의 경우, ICT 기술에 기반해 매우 창의적인 방식으로 그들의 문화를 이어가고 있다. BBC 보도에 의하면, 팬데믹 기간 동안 '왓츠앱', '스카이프Skype', '줌', '하우스파티HouseParty' 등의 원격 커뮤니케이션 플랫폼들이 영국 스완지부터 셰틀랜드 지역에 분포된 수많은 사람들에게 온라인상에서도 무리를 짓고 왁자지껄 대화하는 '비대면 펍 문화의 장'을 제공해주고 있다고 언급했다. 이를 두고 '디지털 음주Digital Drinking'와 '가상 해피아워Virtual Happy hour, 해피아워란 식당 등에서 개점 직후 음식값 등을 할인해주는 서비스 타임을 의미' 세대의 탄생이라고 평하기도 했다. 구체적인 사례로, 스코틀랜드 던디 지역의 한 펍에서 만든 '가상 펍'에는 참여자가 무려 13,000명을 넘었다고 하고, 랭커셔 지역의 한 유튜버가 개최한 '가상 펍 퀴즈 대회Virtual Pub quize live'에는 전 세계에서 34만 명 이상의 사람들이 참가하는 기염을 토하기도 했다. 이처럼 홈을 기초로 한 디지털 세상에서 태생하는 문화는 역설적이게도 글로벌 수준의 영향력을 갖게 될 수도 있다. 인류의 공간은 집에 제약되지 않고, 디지털 기반으로 전 세계로 뻗어갈 수 있는 것이다. 팬데믹이 초래한 홈 디지털 라이프는 이제 전 세계 사람들과 소통하는 진정한 세계화의 문을 두드리고 있다.

02
서재로 출근하는
홈 오피스 시대

직주일치의 시대가 오다

직장인 A씨의 일과는 침대에서 일어나 책상에 앉는 것부터 시작된다. 출근 준비나 지하철을 타고 이동하는 시간도 필요 없다. 정규 업무 시간인 오전 9시에 맞춰 업무용 노트북 전원을 켜기만 하면 된다. 원격회의를 제외하면 팀원과 서로 마주칠 수 없는 상황이 되자, 각자 업무를 한 후 메일 등 커뮤니케이션 수단으로만 소통하게 되었다. 하루하루의 업무 목표를 채우고 공유하는 작업의 중요성이 더 커진 셈이다. 그날의 성과만 확실히 만들어낸다면 직장인 A씨는 오후 6시에 책상 앞에서 퇴근하면 된다. 이는 어느 한 사람의 이야기가 아니라 코로나 확진자가 기하급수적으로 늘어나기 시작하면서부터 전 세계적인 트렌드가 되었다.

재택근무 트렌드를 가장 먼저 선도하고 있는 곳은 아마존, 구글, 마이크로소프트, 페이스북, 트위터 등 풍부한 ICT 자원이 주요 사업 기반인 글로벌 'IT 공룡' 기업들이다. 먼저 구글의 경우, 2020년 3월 아일랜드 수도 더블린에 위치한 유럽 본부에서 직원 1명이 코로나 의심 증상을 보이자마자 재택근무 시행을 결정했고, 8,000여 명의 직원은 일제히 사무실을 떠나 재택근무를 시작했다. 페이스북도 미국 내 코로나 위험 지역 중 한 곳인 시애틀에 위치한 사무실에서 확진 판정을 받은 직원이 나온 후 곧바로 재택근무에 돌입했다. 마이크로소프트는 미국뿐만 아니라 다른 국가에 있는 법인에도 재택근무를 권장했으며, 트위터 역시 전 세계 약 5,000여 명의 직원들을 대상으로 재택근무제를 실시하도록 허용했다.

MIT Tech Review Insights가 2020년 3월 글로벌 경영진 464명을 대상으로 실시한 설문조사에 따르면, 전 세계 68%의 기업들이 80% 이상의 직원들을 재택근무시키고 있으며, 특히 원격근무 솔루션을 광범위하게 활용 중이라고 밝혔다. 지식 근로자의 85% 이상은 재택근무 시 HR 셀프서비스 도구와 업무 프로세스 관리도구는 많이 활용하지 않지만, 이메일이나 화상회의 도구는 자주 활용하고 있다는 조사 결과도 있다.

이런 글로벌 트렌드 속에서 크게 주목받게 된 기업 중 하나는 온라인 화상회의 서비스 '줌'이다. 줌은 PC나 스마트폰을 통해 정말 간단한 방법으로 회의에 참여할 수 있다는 것이 강점이다. 특히 회의실 링크만 알고 있어도 쉽게 참여할 수 있고 40분 동안 최대 100명까지 무료로 회의 진행이 가능하다. 국내에서도 줌을 통한 재택근무 및 화상회의 활성화 트렌드가 빠르게 확산되고 있다. 코로나 사태 기간 동안 국내 줌 월간 활성 사용자가 기존의 2만여 명에서 3월에는 75만여 명(안드로이드 기준)까지 급증한 것으로 나타났다.

실적 면에서도 이를 뒷받침하고 있다. 줌의 2020년 2~4월 결산에서 매출액이 전년 동기 대비 2.7배 늘어나 3억 2,816만 달러(약 4,000억 원)을 기록한 것으로 나타났다. 현재 줌을 비롯한 화상통화 서비스는 업무뿐만 아니라 새로운 소통과 교류의 수단으로 활용되고 있다. 요가, 요리, 사교 모임 등의 여가 활동 측면에서도 널리 쓰이게 되면 향후 몇 년간 줌 서비스의 실적은 크게 성장하게 될 것으로 전망된다.

이를 통해 일부 직종을 제외하면 사실상 대부분의 직원들이 집에서 출근해 집으로 퇴근하는 것이 현실로 받아들여지고 있다. 전통적으로 '직주근접職住近接; 직장과 주거지가 가까움'의 개념은 직장의 위치에 따라 출퇴근 편의를 위해 주거지 위치를 결정하고 나아가 이것이 부동산 시장에도 중대한 영향을 미치곤 했었다. 코로나 위기를 기점으로 업무와 상업 시설 기능이 주거 시설로 이전되는 확실한 계기가 마련된다면, 주거지가 곧 직장인 '직주일치職住一致'의 개념도 새로운 라이프스타일로 부상하게 될 것이다.

우려되는 부분이 없지는 않다. 영국 총리 보리스 존슨Boris Johnson이 참여한 줌 화상회의에서는 퍼스널 미팅 IDPMI; Personal Meeting ID가 노출되어 곤혹을 치르기도 했다. 이른바 '줌바밍Zoomboming'의 확산이다. 줌바밍이란 초대받지 않은 사람이 우연히 노출된 ID를 타고 미팅에 등장해서 욕설을 하거나 부적절한 사진을 올리는 등 업무 진행을 방해하는 상황을 뜻한다. 이 사례를 비롯해, 만약 국가안보나 경제 상황과

영국 총리 보리스 존슨의 줌 화면과 왼쪽 상단에 노출된 퍼스널 미팅 ID

출처: 매일경제

관련된 주요 인사들이 모인 회의나 기업 임원들이 중요한 의사결정을 하기 위해 만나는 중요한 미팅 자리라면 기밀 정보 유출의 위험성도 우려되고 있다.

영국 보리스 총리의 미팅 ID가 공유되었던 이유는, 총리가 트위터에 올린 화상회의 캡쳐 사진 속에 ID가 보였기 때문이었다. 다행히 이중 인증을 걸어놓은 덕분에 심각한 줌바밍 상황까지 이르지는 않았다. 이 사례에 기초하여, 재택근무 시대 새로운 원격 솔루션에 대한 윤리 및 보안 수칙 마련이 개선 과제 중 하나가 될 것으로 보인다. 먼저 원격회의 솔루션에 참여하는 사람들 각자가 ID 링크의 유출 방지를 위해 신중을 기하고, 줌을 비롯한 화상회의 솔루션 업체들도 참여자의 사전등록 관리나 생체 인증 등 다양한 방식으로 보안이 가능하도록 조치를 취해야 할 것이다.

세미나 대신 웨비나로 소통하다

업무 회의의 차원을 넘어 많은 인파가 모이는 세미나 혹은 컨퍼런스에도 언택트 바람이 불고 있다. 실제 오프라인 공간에 사람들이 몰리면 코로나 감염 확산 위험을 높일 수 있는 만큼, 정부 및 보건당국에서 외출 자제를 호소하고 있기 때문이다. 실제로 외부에서 열리는 많은 행사가 취소되거나 온라인으로 대체되는 가운데, VR 기기 및 스마트폰을 제조하는 대만의 HTC는 2020년 3월 '바이브 에코시스템 컨퍼런스Vive Ecosystem Conference'를 VR 가상 공간에서 개최했다. 원래 이 행사는 매년 중국의 대표 IT 도시 선전深圳 시에서 열렸으나 올해는 특별히 코로나19로 인해 VR로 대체된 것이다.

HTC는 이번 VR 컨퍼런스 개최를 위해 아일랜드의 스타트업 Immersive VR Education이 개발한 가상교실 플랫폼 '인게이지Engage'

발표와 토론이 진행 중인 HTC의 VR 컨퍼런스

출처: VentureBeat

를 활용한 것으로 알려졌다. 참가자들은 VR 헤드셋을 착용한 후 가상의 공간에서 만나 강연도 듣고 토론을 나눴다. 앞서 줌과 같은 화상회의 솔루션과 달리, 컨퍼런스는 새로운 산업 동향을 발표하고 이를 바탕으로 많은 사람들끼리 상호 소통하는 것이 가장 핵심적인 부분이다. VEC 2020에서는 VR 아바타로 생동감 있게 각 참여자별 캐릭터를 구현해 다른 아바타들과 원활한 네트워킹을 수행할 수 있도록 했다. 이는 코로나 위기로 인해 가장 큰 타격을 입은 MICE 산업에서의 새로운 가능성을 제시한 대표적인 사례가 될 것으로 보인다.

03

랜선 상권 시대,
분주해진 로봇과 드론

온·오프라인 소비의 변곡점, 이제는 '랜선 상권'이다

시장은 과거 물물교환 시절부터 인간의 상거래를 대표하는 공간이었
다. 수많은 사람들이 나와 한쪽에서는 물건을 팔고, 다른 한쪽에서는 필
요한 물건을 구매한다. 시장은 수요와 공급이 만나는 곳이자, 경제학이
탄생하고 완성되는 장소였다.

코로나 확진자가 급격히 늘어나기 시작한 즈음부터, 유럽 곳곳에
서는 의료나 공공, 인프라 서비스 등 필수적 비즈니스essential businesses가
아닌 뷰티 등 비필수 비즈니스non-essential businesses에 대해 점포 폐쇄 명
령이 내려졌다. 전통적 의미에서의 시장과 상권은 거의 다 닫히는 수
순으로 이어졌다. 파이낸셜 타임스에 따르면, 영국의 2020년 3월 리

테일 업종 매출 규모는 통계 작성 이래 가장 큰 폭으로 감소했으며, 미국의 리테일 업계 거인인 나이키와 애플마저 매장 운영을 중단했다.

국내 비즈니스 전문매체 DBR에서는, 코로나가 찾아오기 이전에도 오프라인 커머스의 매출이 감소하고 온라인 커머스의 매출이 오르던 추세였는데, 이번 팬데믹 사태가 온·오프라인 증감세의 기울기를 변화시키는 효과를 불러일으키고 있다고 평했다. 다시 말해, 리테일 비즈니스 분야에서 온·오프라인의 변곡점을 맞이하고 있는 상황이라고 할 수 있다. 이제는 전통적이고 물리적인 개념의 시장과 유동인구 중심 상권보다는 랜선 위의 고객 경험 관련 데이터와 '인플루언서Influencer; 영향력 있는 개인' 마케팅, AI 등 기술 경쟁력 기반으로 형성되는 '랜선 상권'이 더욱 중요한 시점이 되었다.

미국의 컨설팅 기관 'LEK Consulting'이 시민 2,600명을 대상으로 조사한 결과에 따르면, 코로나19 이후 온라인 쇼핑을 더 이용하게 되었다는 답변이 42%였으며, 오히려 덜 이용하게 되었다는 답변은 전체의 8%였다. 실제로 축소된 오프라인 쇼핑 경험이 모두 온라인 영역으로 급속히 이동하고 있는 것이다. 미국의 리테일 분야 전문 컨설팅 기관인 LISTRAK에서도 미국 내 850개 이상의 온라인 커머스 전체 매출이 전년 동기 대비 약 28% 정도 성장했다고 밝혔다. 국내 상황 역시 마찬가지다. 통계청에서 분석한 '2020년 3월 온라인 쇼핑 동향'의 온라인 쇼핑 거래액 통계는 지난해 동기 대비 11.8% 증가했다.

이와 관련해 재미있는 해프닝도 벌어지고 있다. 온라인으로 소형 굴착기까지 판매하는 사례가 등장한 것이다. 볼보건설기계코리아는 2020년 초 1.7톤급 굴착기 신제품 모델을 모바일 쇼핑몰을 통해 정식

StyleShare 라이브 커머스 채널 '스쉐라이브'

출처: Styleshare, 플래텀

판매한다고 발표했다. 통상 굴착기는 개인 고객보다는 주로 영업사원을 통해 판매되어 왔다. 온라인 채널을 통해 판매된 것은 이번이 처음이다. 코로나로 인해 그동안 온라인을 통해서는 쉽게 거래되지 않았던 물품의 범위가 점차 확장되고 있다는 의미로 해석할 수 있다. 또한 '라이브 커머스'라는 쇼핑 채널도 새롭게 부상하고 있다. 온라인 쇼핑은 상품을 직접 보고 고르면서 살펴볼 수 없다는 치명적 단점이 있다. 이를 인플루언서와의 실시간 소통 등을 통해 어느 정도 해소할 수 있는 채널이 바로 라이브 커머스다. 실제 '밀레니얼과 Z세대' 젊은 고객들이 주 타깃인 패션 플랫폼 '스타일쉐어Styleshare'의 라이브 커머스 채널 '스쉐라이브'는 2020년 1분기 거래액 규모가 전기 대비 725%라는 이례적인 성장을 기록했다.

새로운 시장 논리는 '속도'와 '정확성', 해답은 풀필먼트Fulfillment (물류창고)

시장 논리는 기본적으로 필요로 하는 수요가 많으면 물건이 귀해져서 가격이 오르고, 수요가 적거나 물건의 가치가 낮게 평가되면 가격이 내려가는 이치이다. 그러나 이커머스 시대에는 새로운 시장 논리가 등장했다. 그 무엇보다 '속도', 즉 신속한 배송 서비스가 매우 중요해졌고, 소비자가 원하는 물건을 착오 없이 제대로 고객이 원하는 장소까지 배송해주는 '정확성' 역시 중요한 요소로 등장했다.

전통적인 의미의 시장에서는 소비자가 직접 찾아가서 구매하기 때문에 고객에게 물건이 전달되는 데 소요되는 속도가 그다지 큰 의미를 갖지 못했다. 또한 소비자가 직접 물건을 살피면서 만져보고 고를 수 있고, 구매 후 직접 운반까지 가능했기 때문에 구매나 배송 절차에서 정확성의 중요도가 별로 높지 않았다.

시장 논리의 변화된 흐름 속에서 이번 팬데믹 기간 동안 가장 주목받고 있는 기업 중 하나가 바로 아마존이다. 코로나 이후 수많은 기업이 경영난을 호소하고 있을 때, 아마존은 2020년 3~4월에 걸쳐 총 17만 5,000명의 신규 채용 계획을 발표했다. 같은 시기 미국에서는 5주간 2,650만 명이 일자리를 잃은 상황이었다. 그 이유는 무엇이었을까?

포스트 코로나 시대 이커머스가 부상하는 트렌드 속에서 기업의 경쟁력 확보 방안으로 '아마존화Amazonification'가 주목받고 있다. 아마존은 미국 내 약 170곳이 넘는 '풀필먼트 센터Fulfilment Center'를 보유하고 있다. 이를 토대로 미국 전역에서 기존 2일 이내 배송을 단축시켜

1일 배송, 당일 배송에 대한 투자를 아끼지 않고 있다. 이 밖에도 AI 상품 추천기술, 프라임 배송과 스트리밍 서비스, 할인 혜택 등으로 구성된 구독형 프로그램 '아마존 프라임Amazon Prime' 등을 운영하고 있다. 자동화 및 로봇 기술로 더욱 고도화될 풀필먼트 시스템, 드론 등을 통한 '라스트 마일Last Mile, 물류 최종 접점까지 고객에게 물품 배달' 배송 등 고객 경험 혁신을 위한 아마존 물류 비즈니스를 구성하는 다양한 요소들은 많은 기업들의 귀감이 되고 있다.

이미 국내외 다른 기업들도 아마존화를 향한 행보를 지속하고 있다. '언택트 소비'가 확산되면서 온라인과 오프라인 기반 커머스 업체들은 모두 물류에 대규모 투자를 하기 시작했다. 그만큼 '풀필먼트'가 배송 시간 단축을 위한 최대 승부처이자 온라인 배송 경쟁의 핵심이 되어가고 있기 때문이다.

세계 최대 규모의 온라인 쇼핑몰 중국 알리바바의 경우, 중국 5대

Amazon이 새로 공개한 물류 창고용 로봇 '페가수스'

출처: Amazon

2부 포스트 코로나 시대, 새로운 트렌드가 온다

택배사 중 하나인 '윈다韻達'의 지분 인수를 추진 중이고, 일본 '야후재팬'은 물류 기업 '야마토'와 손잡고 2020년 6월부터 풀필먼트 서비스를 시작할 예정임을 밝혔다. 일본 최대의 유통업체 이온Aeon은 영국의 AI 기술 기반 유통물류 기업으로 잘 알려진 오카도Ocado와 협약을 맺고, 오카도의 로봇 자동화 기반 식료품 배송 시스템을 벤치마킹하며 본격적인 경쟁력 향상에 나섰다. 이온은 이를 통해 2023년 일본 내 오카도의 기술을 접목한 인터넷 주문 전용 자동화 창고를 도입하기로 했다. 고객의 주문이 들어오면 가장 효율이 좋고 빠른 경로로 배송을 진행하겠다는 의지다. 미국 최대 유통업체 코스트코는 2020년 4월, 급증하는 온라인 수요에 대응하고자 물류기업 '이노벨 솔루션Innovel Solutions'을 약 1조 2,000억 원의 자금을 들여 인수하기도 했다.

랜선 상권 시대 주목해야 할 3가지 트렌드

코로나 위기로 인해, 커머스 업계의 판도가 온라인 채널 중심으로 더욱 공고해질 것은 분명한 상황이다. 그렇다고 오프라인 채널이 완전히 쇠퇴하거나 두 가지 채널 중 오직 하나만 남는 상황은 벌어지지 않을 것으로 보인다. 먼저 기존 오프라인 채널들은 비대면 서비스에 대한 소비자의 니즈를 충족시키기 위해 온라인 채널을 성장시키는 데 주력할 것이다. 또한 오프라인 커머스는 거점 자체를 언택트 및 디지털화시키는 등 쇼핑 경험 제고를 위한 다양한 노력들을 전개할 것이다. 두 번째로 온라인 경험들을 다시 역으로 오프라인 거점 중심으로 확산시키는 '역易 옴

니채널화' 트렌드에도 주목할 필요가 있다. 세 번째로 주목해야 할 트렌드는 고객 주문, 풀필먼트, 배송까지 이커머스 밸류체인 전반에서 벌어질 로봇과 드론 등 첨단 ICT 기술의 활약이다.

① 오프라인 채널의 온라인화

온라인 수요 급증에 대응하고 오프라인에서의 대면 · 접촉을 최소화하고자 배송 · 물류 연계 기능 강화, 온라인으로 구매하고 매장에서 상품을 수령하는 'BOPIS~Buy Online Pick in Store~' 확대 등의 노력이 활발히 전개되고 있다.

미국의 가전 소매업체 '베스트바이~Bestbuy~'는 코로나 기간 동안 모든 매장을 '비접촉 커브사이드 픽업~contactless curbside pickup~' 매장으로 전환했다. 이는 고객이 온라인 주문 및 차량 정보를 등록한 후, 해당 매장에 도착해 자가용의 트렁크를 열고 기다리면 베스트바이 직원이 비대면으로 물건을 실어주는 방식의 픽업 서비스이다. 우리가 잘 아는 스타벅스 또한 감염병 예방 조치의 일환으로 매장 내 체류 및 착석을 금지하고 픽업~to-go-only~만 허용하는 정책을 실시하기도 했다. 미국의 식료품 체인 '크로거~kroger~' 역시 미국 일부 매장을 픽업 전용 매장으로 운영하기도 했다.

오프라인 매장의 온라인화 경향에 있어 주목할 만한 사례가 있다. 바로 '신유통'을 표방하는 중국의 알리바바가 만든 슈퍼마켓 '허마셴셩~盒马鲜生~' 매장이다. 허마셴셩은 매장으로부터 3km 이내 장소에 대한 배송 요청에는 무조건 30분 이내에 물건을 배달해준다. 가령 집에 귀가하던 사람이 '오늘 회가 좀 당기는데?'라고 생각하며 허마셴셩에 회

중국 허마센성 매장 내에 구축된 픽업 레일

출처: 허마센성, 중앙일보

를 주문하면, 매장에서 막 회로 뜬 생선을 30분 이내에 주문 고객의 집으로 배송해주는 식이다. 주요 고객층인 80~90년대생 젊은 고객들은 허마센성의 배송이 가능한 지역을 '허세권'이라고 표현할 정도다. 허마센성에서는 온라인 주문이 들어오면 '피커picker'가 매장을 돌아다니며 장바구니를 채운다. 이를 픽업대에 올리면 물건이 기계에 걸려서 매장 위쪽으로 올라간다. 장바구니는 마치 장난감 기차처럼 매장의 천장을 가로지르는 레일을 타고 배달원이 있는 곳에서 내려온다. 이를 받은 배달원은 고객에게 배송 작업을 진행하고, 결제는 주문자가 QR 코드를 통해 하는 식이다. 이처럼 허마센성의 오프라인 매장은 고객 대상 디지털 기반의 쇼핑 경험을 제공하고자 끊임없이 트랜스포메이션하고 있다.

② 온라인의 오프라인화

온라인 커머스 역량이 강한 기업은 역으로 오프라인으로의 영향력 확대를 모색하기도 한다. 온라인 채널을 통해 안경을 판매하는 미국의 스타트업 와비파커Warby Parker는 구매 전 상품 체험이 가능한 '홈트라이온Home Try On'이라는 전략으로 유명하다. 안경을 구매하고 싶은 고객이 와비파커 홈페이지를 둘러보고 한번 써보고 싶은 다섯 종류의 안경을 고르면 그 안경들이 고객의 집으로 배송되고, 소비자는 안경을 써본 후 가장 맘에 드는 안경을 선택한다. 이후 시력 정보와 눈 사이 거리 등의 정보를 온라인으로 등록하면 2주 뒤 얼굴에 잘 맞는 맞춤 제작 안경이 배달되는 식이다. 이로써 체험 기회 측면에서 오프라인 대비 취약점이 있는 온라인 쇼핑의 경험을 보완하는 것이다. 나아가 와비파커는 소비자들이 직접 체험할 수 있는 오프라인 쇼룸을 확대하고 있다. 2018년 기준 60여 개였던 매장을 2020년 말까지 100개까지 늘리는 것이 와비파커의 목표이다.

③ 로봇과 드론 등 ICT 기술 도입

이커머스 밸류체인 전반에 있어 로봇과 드론 등 ICT 기술의 도입이 확산되고 있다는 점에도 주목할 필요가 있다. 이미 커머스 기업들이 각각 보유 중인 풀필먼트 센터에서는 아마존의 '키바Kiva' 등 물류 창고 로봇과 컨베이어 벨트 기반 자동화 솔루션들이 사람의 발과 다리 역할을 대체하고 있다. 최근에는 물품의 무게나 형태 등 정보에 따라 안정 파지把指점을 구별해 짚는 기술 등이 사람의 손 역할까지 대체해 나가고 있다.

이제 물류 현장에서는 물론, 고객의 집까지 배송 서비스를 제공하

미국 Covariant 사의 물류센터 파지 로봇

00:36:58
10x Speed

BERLIN, GERMANY
JAN 21, 2020

출처: NVIDIA DEVELOPER

는 데 있어서도 로봇과 드론의 역할이 주목받고 있다. 미국, 호주, 핀란드 등의 국가에서 소형 드론을 통해 배송 서비스를 제공하고 있는 구글의 드론 개발 자회사 '윙Wing'은 2020년 2월부터 4월 사이에 드론 배송 횟수가 5배 이상 급격히 늘어났다고 밝혔다. 사용법은 간단하다. 소비자는 모바일 앱을 통해 각종 음식이나 커피 등 음료를 주문하면서 배송을 받을 수 있는 장소, 예를 들어 앞마당, 지붕, 뒤뜰 등을 지정하면 끝이다. 주문을 받은 음식점에서는 준비되어 있는 드론에 물품을 잘 묶기만 하면 드론이 자동으로 30~40m 상공을 자율적으로 비행하여 고객을 찾아간다. 통상적으로 10분 내에 음식과 커피 등이 배달된다고 한다.

04
다양한 홈 엔터테인먼트로 즐기는
슬기로운 '집콕' 생활

게임 속 나만의 숲에서 힐링, 코로나 블루 극복하기

전 세계 각국은 코로나 바이러스 확산으로 국가적 보건 위기는 물론, 경기 위축이 심화되는 현상까지 겪었다. 여기에 더해 코로나는 어쩔 수 없이 '집콕'해야 하는 많은 사람들에게 사회적 수준의 우울감blue을 안기기도 했다. 이 때문에 '코로나 블루'라는 신조어까지 등장했다.

경기연구원에 따르면, 전국 17개 광역시도의 15세 이상 1,500명의 국민들을 대상으로 〈코로나19로 인한 국민 정신 건강 설문조사〉를 실시한 결과, 코로나19로 인해 '다소 불안하거나 우울하다'고 응답한 비율이 45.7%에 달하는 것으로 나타났다. 조사 대상 중 거의 절반에 가까운 수준이다. 우리나라 역사상 일어났던 다른 재난과 비교해도 코로나19로 인한 스트레스는 매우 높은 수준이다. 메르스의 1.5배, 경주/포항 지진의 1.4배 등으로 나타났으며, 일상생활에 지장을 주는 정도는 5점 만점에 4.1점으로 이 역시 2.8점의 메르스보다 높게 나타났다. 코로나19로 인해 확진자의 발생 및 엄격한 '사회적 거리두기' 정책을 실시한 기간이 국민들의 예상보다 훨씬 많이 장기화되었기 때문인 것으로 보인다.

이러한 가운데, 게임과 미디어 등 엔터테인먼트 관련 기업들의 다양한 콘텐츠는 코로나 블루를 해소할 하나의 대안이 되고 있다. 일본 콘솔게임 업체 닌텐도의 사례가 대표적이다. 신작 게임 〈모여봐요 동물의 숲〉이 코로나 기간 중 큰 인기를 얻고 있으며 실적 개선에도 크게 기여하는 상황이다. 미국 경제 매체 CNBC는 닌텐도의 1년간 총수익이 〈모여봐요 동물의 숲〉의 인기로 2,590억 엔(약 2조 9,688억 원)을 기록하면서, 전년 대비 33% 증가한 것으로 분석했다. 코로나로 외부활동이 제한되면서 소비가 많이 위축된 상황에서도 콘솔과 게임 콘텐츠 판매에서 모두 좋은 실적을 거두면서 이어진 성과다.

2020년 3월 발매된 〈모여봐요 동물의 숲〉은 발매 후 첫 6주 동안 전 세계적으로 1,300만 장이 판매된 것으로 나타났다. 이는 닌텐도 스위치용 발매 타이틀로는 최단 기간 기록이다.

〈모여봐요 동물의 숲〉은 귀여운 캐릭터가 무인도에서 다양한 취미를 갖고 생활해나가는 게임이다. 나만의 캐릭터를 만들고, 현실과 동일하게 시간이 흐르는 게임 속 공간에서 낚시, 정원 관리, 집 꾸미기 등 다양한 취미를 즐길 수 있다. 비록 게임이지만 내 손으로 직접 생활에 필요한 도구나 가구, 과일 등 먹을거리와 같은 아이템을 차곡차

닌텐도 스위치 비디오 게임 〈모여봐요 동물의 숲〉

출처: 닌텐도, 조선일보

곡 모은다. 필요한 물품은 DIY로 가공까지 하면서 직접 만들기도 하고, 또한 자신이 원하는 대로 무인도를 꾸밀 수도 있다. 친구의 섬에 놀러 가거나 친구를 자신의 섬으로 초대하는 멀티플레이도 가능하다.

닌텐도의 〈동물의 숲〉이 성공한 비결은 코로나로 인해 잃어버린 작지만 소중한 일상들을 다시 찾아준다는 점에 있다. 소위 말하는 '끝판왕'이나 자극적인 플레이로 유저들에게 어필하기보다는 게임 속 동물 친구들과 수다 떠는 소소한 재미를 가져다준 덕분이다.

느긋하게 살아도, 부지런히 살아도 상관없는 자신만의 섬에서 많은 유저들이 코로나 블루에 대한 위로를 받고 있는 것으로 보인다. CNBC 또한 〈동물의 숲〉이 단순한 구성을 가지고 있음에도 큰 인기를 얻은 이유 중 하나로, '코로나로 집에만 있게 된 사람들에게 해방감을 안겨준 것'으로 분석하기도 했다.

안방에서 오케스트라 공연을 즐기는 시대

코로나19로 인해 오케스트라 연주회 같은 문화 행사도 큰 타격을 받았다. 더욱이 문화 콘텐츠는 게임이나 영화와 같이 사전에 제작된 후 나중에 고객이 별도의 자유로운 시간을 할애해 콘텐츠를 소비하는 것과 달리, 실황 공연을 통해 연주자와 호흡하며 라이브로 듣는 의미도 매우 크다. 2020년 6월 서울시립교향악단은 이러한 문화적 니즈에 부응하고자 서울시향 유튜브 채널을 통해 온라인 콘서트 라이브 스트리밍 서비스를 제공하기도 했다. 코로나 위기로 지친 시민들을 위로하는 차원에서 이뤄진 이번 서비스는 1만 3,000여 회가 넘는 조회수를 기록하는 큰 인기를 끌며 '방구석 1열' 공연 감상의 새로운 지평을 열었다는 평가를 받았다.

서울시향은 이번 서비스를 계기로 앞으로도 온라인과 오프라인 모

서울시립교향악단 공연 라이브 스트리밍 서비스

출처: 서울시향 유튜브

든 영역을 통해 양질의 공연 콘텐츠 기획에 주력하겠다는 입장을 밝혔다. 물론 이를 위해 기존 공연을 뛰어넘는 새로운 차원의 예술 분야에 대한 음향·영상 이슈, 통신과 데이터 스트리밍 등 기술적 지원을 완비해야 할 것으로 보인다.

그 외에도, 서울시향은 EBS 교육방송과의 협업을 통해 학생들의 예술 교육을 목표로 한 'VR 오케스트라' 콘텐츠를 선보이기도 했다. 초·중등 교과서에서 필청 음악으로 소개된 곡 10편을 선정해 무관중 연주를 하고 이를 촬영해 VR 콘텐츠로 공개한 것이다. 서울시향은 엘가의 '위풍당당 행진곡' 등 유명 관현악곡들을 학생들이 흥미롭게 감상할 수 있도록 제작했다. 또한 모든 악기에 대해 연주자 시점에서 직접 연주하는 느낌이 들도록 VR 콘텐츠를 만들어서 교육적 측면에서의 활용 가치를 더욱 높였다.

CORONA

2장

디지털로 변해야 산다, 기업들의 DX 도입 가속화

ECONOMICS

01
언택트,
비즈니스의 뉴노멀로 자리잡다

"2년치 디지털 트랜스포메이션이 단 두 달 만에 일어났다. 2 years of digital transformation in 2 months"

마이크로소프트 사티아 나델라 최고경영자가 2020년 5월 진행된 연례 개발자 행사 'MS 빌드 2020' 기조연설을 통해 이와 같이 발언했다. 이는 마이크로소프트 직원들을 비롯해 전 세계 수많은 개발자들을 독려하기 위한 차원이기도 했으나, 코로나19로 ICT와 기업 경영에 관한 새로운 기준 '뉴노멀'이 도래하고 있음을 내다본 것이기도 했다. 사티아 최고경영자는 향후 기업과 조직의 입장에서 원격 중심의 디지털 트랜스포메이션이 매우 중요한 요소가 될 것이라 전망했다.

그도 그럴 것이 마이크로소프트 화상회의 앱인 '팀즈'의 상승세

MS 팀즈를 통한 미국 샌프란시스코 콘서바토리 협업

출처: 유튜브 마이크로소프트 채널

가 대단하다. 2019년 11월 기준 2,000만 명이었던 팀즈 이용자 수는 2020년 4월에는 7,500만 명을 넘어선 것으로 나타났다. 일일 최대 접속자는 2억 명, 하루 동안 팀즈를 통해 진행된 미팅의 총 시간은 무려 41억 분이라고 한다. 그만큼 세계의 많은 기업에서 간단하지만 획기적인 '언택트 경영'을 추진하고 있다.

특히, 이번 행사에서는 팀즈를 통한 예술·교육 등 분야에서의 언택트 협업 사례가 공유되어 많은 사람들의 이목을 끌었다. 100년 역사의 미국 샌프란시스코 콘서바토리음악학교는 지금껏 모든 구성원들에게 직접 대면 교육을 진행해왔다. 그러나 코로나19를 계기로 팀즈를 통해 모든 수업과 협주를 온라인으로 진행했고, 결국 최종 공연까지 성공적으로 마무리할 수 있었다. 일반적인 사무 작업 외에도 타 산업에서의 높은 활용 가능성을 보여주기에 충분한 사례였다.

현재는 영상 기반의 커뮤니케이션 기능이 부각되고 있지만, 팀즈를 비롯한 협업 툴 솔루션 내 AI 기술의 탑재도 가속화되고 있다. '콘텐츠 카메라Contents Camera', '인라인 번역Inline Translation', '라이브 캡션Live Caption' 등이 바로 그것이다. 가장 효과가 높은 분야는 역시 번역이다. 팀즈의 인라인 번역 기능은 다른 국적의 회의 참여자가 보낸 메시지를 실시간으로 번역해준다. 채팅창에 올라온 대화 중 하나를 택해 번역 버튼을 누르면 바로 원하는 언어로 바꿔주는데 현재 한국어, 영어, 불어 등 총 40여 개 언어를 지원한다. 라이브 캡션은 아예 화상회의 참가자들의 대화 내용을 인식해 실시간 자막을 달아주는 기능이다. 이러한 기능들을 통해 원활한 회의는 물론, 언어의 장벽 없이 글로벌 협업 업무를 진행할 수 있게 되었다.

이러한 상황이 장기간 지속될수록 비대면 사회로의 변화에 익숙해지는 소비자와 기업의 행동이 새로운 산업을 부흥시키는 열쇠가 될 수도 있다. 사람들이 자택 내에서 보내는 시간이 많아지면서 콘텐츠 소비가 크게 늘어나고, 온라인 스트리밍 서비스가 더욱 주목받고 있는 것처럼 말이다.

기업 측면에서도 마찬가지이다. 결국 이러한 언택트 서비스와 기업의 디지털 트랜스포메이션의 중심에는 5G, AI, 클라우드 컴퓨팅 같은 ICT 기술이 있다. 특히 각 기업별 데이터 수요의 폭증에 기반한 데이터센터 증축으로 인해 글로벌 클라우드 시장은 한층 더 성장하는 계기가 될 것이다. 클라우드 컴퓨팅이란, 대규모 컴퓨팅 자원이 집중된 하나의 플랫폼으로부터 고객 기업에게 다양한 컴퓨팅 기술을 지원하는 서비스를 말한다. 로컬 영역에서는 별도의 소프트웨어 설치나 데이터 저장을 할 필요가 없다. 과거에는 기업들이 자체적으로 많은 자본을 투자해 기업용 IT 자원을 직접 구축했다. 이제는 마이크로소프트를 비롯해 AI 등 선진 ICT 기술력을 보유한 글로벌 클라우드 사업자로부터 원격 협업 솔루션 등의 IT 자원을 마치 '구독subscription'하듯 빌려 쓸 수 있게 되었다.

실적도 이를 증명하고 있다. 글로벌 클라우드 3사인 아마존 웹서비스, 마이크로소프트, 구글 클라우드 플랫폼은 모두 2020년 1분기 기준 전년 동기 대비 30~50% 정도의 매출 성장을 기록했다. 모두 클라우드 기반의 원격 솔루션 사용량 급증에 힘입은 바가 크다.

MIT Tech Review에서는, 코로나19 위기로 비즈니스 리더들이 직원들의 건강도 챙기면서 기업 경영의 안정성도 확보하고, 이와 동시에 생산성 향상도 모색하는 것이 하나의 트렌드로 자리매김하고 있다고 분석한다. 이로 인해 향후 3사의 클라우드 영향력은 더욱 강화될 것으로 보인다.

02

직원의 절반 이상이
집에서 일하는 시대

디지털 노마드 시대를 여는 페이스북

프랑스의 경제학자 자크 아탈리Jacques Attali는 1997년 저서《21세기 사전》을 통해 '디지털 노마드Digital Nomad'라는 개념을 처음으로 언급했다. 디지털 노마드는 유목민이라는 뜻의 'Nomad'를 디지털에 붙여 시공간에 상관 없이 주로 스마트폰 등의 디바이스를 통해 정보를 생산하거나 소비하는 세대를 의미한다.

실제로 광의의 의미에서는 2000년대 후반부터 스마트폰과 이메일 등 음성과 문자를 기반에 둔 원격 커뮤니케이션이 활발히 진행되긴 했으나, 진정한 원격근무의 혁신으로 자리 잡지는 못하고 있었다. 이제 코로나19를 계기로 미국 실리콘밸리의 이른바 테크 자이언트Tech giants 기업 중 많은 기업들이 원격근무를 독려하는 움직임을 보이고 있다. 개념적 의미가 강했던 디지털 노마드 문화의 정착을 주도하고 있는 것이다. 특히 전 세계 사람들을 하나로 연결하는 기술을 지향하고 있는 페이스북이 가장 적극적이다.

우선 페이스북은 2020년 5월 원격 커뮤니케이션 솔루션인 '메신저 룸Messenger Rooms'을 정식 출시했다. 메신저 룸은 최대 50명과 실시간 화상회의가 가능하고, 간단한 링크 하나로 회의방 개설 및 참여가 가능하다. 페이스북 앱과 왓츠앱 메신저, 인스타그램과의 연동도 가능해 페이스북의 기존 서비스들의 가치를 충분히 활용한다는 강점도 있다.

이미 페이스북은 메신저 룸에 앞서 2016년부터 기업용 솔루션인 '워크플레이스Workplace' 서비스를 제공해왔다. 메신저 룸이 개인 SNS 이용자 간의 소통에 초점을 맞췄다면, 워크플레이스는 '기업 내 모든 자원을 하나로 묶는 툴'을 표방하면서 사내 모임 관리, 뉴스 피드, 라이브 방송, 지식 라이브러리 등 페이스북의 여러 기능을 기업 고객용으로 특화해 제공한다. 페이스북은 메신저 룸 서비스의 개시와 함께 VR 기능을 강화하는 등 기존 워크플레이스 솔루션을 대거 업데이트했다고 발표했다. 또한 페이스북의 스마트 디스플레이 스피커 '포털Portal'과 VR 디바이스 '오큘러스Oculus'와의 통합을 강화해 영상을 통해서 협업할 수 있는 방법을 개선해 나갈 것임을 밝히는 등 포스트 코로나 시대의 협업 솔루션에 상당히 공을 들이는 모습이다.

최근에는 마이크로소프트의 '홀로렌즈'를 비롯해, 일반 소비자나 엔터테인먼트용 제품 외에도 기업 훈련 및 교육 기능에 VR 기술을 활용하는 기업들이 급증하고 있다. 워크플레이스에는 400여 개사의 오큘러스 비즈니스 앱이 있는데, 이것이 워크플레이스 플랫폼과 통합될 수 있는 가능성을 시사하기도 했다. 향후 페이스북은 가상현실 기술을 통해 기존의 일반적인 화상회의 기능을 더욱 강화하는 것은 물론, 의료·물류·헬스케어 등 기업용 VR 서비스의 확대를 위한 교두보로 삼을 것으로 보인다.

페이스북 외에도, 미국의 신생 VR 원격회의 솔루션 스타트업인 '스페이셜Spatial Systems'은 2020년 5월 코로나19로 어려움을 겪는 기업들을 대상으로 VR·AR 기반의 협업 솔루션을 무료로 공개했다. 스페이셜이 강조하는 것은 세계 최초로 VR·AR 모두에서 작동하는 혼합현실 협업 플랫폼을 개발했다는 점이다. 스페이셜의 솔루션은 우선 별도의 기기 없이도 스마트폰만 있으면 3차원으로 진행되는 가상현실 회의에 나와 닮은 아바타의 모습으로 참여할 수 있다. 마치 실제 공간에 모인 것처럼 각종 문서와 설명 자료를 띄워놓고 발표와 회의를 진행할 수 있다.

특히 스페이셜의 솔루션은 3D 설계 협업에 특화되어 있다. 즉, 건축, 지리 등 분야에서의 창작물을 가상 회의실로 가져와서 자연스럽

미국의 스타트업 '스페이셜'의 VR 협업 솔루션

출처: Spatial, Wired

게 공동 작업 환경 속에서 회의를 진행할 수 있다. 이러한 종류의 가상 협업은 제품 개발 상황을 보기 위해 직접적이거나 물리적으로 일부러 모일 필요 없이 전 세계 모든 지역의 전문가들이 한 공간에서 동시에 의견을 공유할 수 있도록 지원한다. 스페이셜의 VR 협업 소프트웨어를 활용하고 있는 주요 기업으로는 화이자Pfizer, 네슬레Nestle, BNP 파리바BNP Paribas 등이 있다. 스페이셜은 2020년 5월 기준 2,200만 달러(약 260억 원)의 투자금을 유치했으며, 향후에도 원격 협업의 생산성 향상에 기여할 솔루션으로 많은 기대를 받고 있다.

원격 비대면 채용에 활용되는 AI

페이스북의 전 세계 직원 수는 약 4만 8,000명이다. 현재 이 중 95%의 직원이 코로나 위기에 따른 원격 재택근무를 지속하고 있다. 페이스북의 CEO 마크 주커버그는 코로나 종결 이후에도 영구적으로 원격근무를 허용하겠다는 입장을 발표했으며, 특히 '향후 5~10년 내 전 직원의 50%는 재택근무를 하게 될 것'이라고 내다보았다.

한발 더 나아가, 페이스북은 원격근무보다는 원격채용을 이야기하고 있다. 페이스북 내에서 원격근무가 불가능한 부서들을 제외하고, 현 직원 중 원격근무에 관심이 있다고 응답한 비율은 약 40% 미만이다. 마크 주커버그는 여기에 더해, 향후 5~10년 내 20%의 직원들을 원격채용하면 스스로 예측한 50% 직원의 원격근무가 가능해질 것으로 보고 있다. 그가 기대하는 원격채용 최대의 효과는 무엇일까? 현재 페이스북은 회사로부터 4시간 정도 걸리는 비교적 근거리에 사는 사람들을 주로 채용하고 있다. 이 때문에 더 넓은 지역 범위에서 유능한 인재들을 채용하는 데 한계가 있다고 판단하고 있다. 페이스북은 〈더 버지The Verge〉와의 인터뷰에서 애틀랜타, 댈러스, 댄버 등을 미니 허브 지역으로 삼고 이 지역 인근의 인재들을 영입해 인재 풀을 더욱 넓히는 데 주력하겠다는 입장을 밝혔다.

이미 기술적으로는 인사 채용 절차에 언택트 방식을 채택하는 기업들이 속속 생겨나고 있다. 지원서 제출부터 인적성 검사는 물론, 면접 전형에 이르기까지 모두 비대면으로 진행하는 것이다. 특히 해외에서 채용과정에 AI를 적용하는 기업들이 점차 늘어나는 추세이다. AI 채용이 주목받는 이유는 방대한 빅데이터를 단시간에 정확하게 평가 가능하고, 실제 사람인 면접관보다 AI가 채용의 공정성과 객관성을 담보해 줄 것이라는 믿음 때문이다. 가령, AI가 지원자의 자기소개서 하나를 보는 데 걸리는 시간은 3초가량이며, 1만 장의 자기소개서를 확인하는 데 걸리는 시간은 고작 8시간에 불과하다고 한다.

미국의 하이어뷰Hirevue라는 기업에서는 AI 기반의 영상 면접 솔루션을 개발했다. AI는 인간 면접관과 달리 던지는 질문에 정답을 말하는지 여부를 보기보다는 면접 과정에서 지원자가 어떻게 상황에 대처하고 감정을 전달하는지를 살펴보는 데 더욱 주안점을 둔다. 즉 하이어뷰의 솔루션은 지원자들의 면접 비디오를 통해 구술 능력과 억양 및 제스처를 분석할 수 있도록 지원하고 있다.

글로벌 호텔 기업 힐튼Hilton은 하이어뷰의 솔루션을 활용해 직원들에 대한 평균 채용기간을 42일에서 5일 정도로 약 8분의 1 단축시키

'하이어뷰'의 AI 영상 면접 솔루션

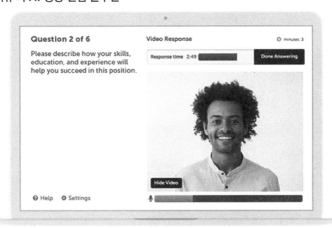

출처: Hirevue

는 성과를 거두었다. 약 43만 5,000명의 직원이 있는 컨설팅 기업 액센츄어Accenture 역시 하이어뷰의 기술을 활용하고 있다. 액센츄어의 인사 부서 담당자들에 따르면, 만약 입사 지원자가 다른 문화권 출신이거나 사용하는 언어가 다를 경우 AI 솔루션이 특히 유용하다고 언급했다. 아직은 AI 면접 솔루션들이 단순히 표정이나 억양 등 지원자의 비언어적 표현을 분석하는 데 그치고 있지만, HR 전문가들의 판단 기준과 기존에 재직 중인 직원들의 성과 데이터, HR 분야 연구 논문 등 방대한 분량의 지식을 학습한다면 향후 면접자 개인의 미래 성과까지 예측하는 형태로 진화할 것으로 보인다.

한편 미국의 시장조사 업체 마켓워치는 모니터링 기업 프로도스코어Prodoscore의 자료를 인용하여, 2020년 3~4월 미국의 직장인 3만 명을 대상으로 조사한 결과 클라우드 기반의 비즈니스 솔루션을 통해 생산성이 전년 동기 대비 47% 개선된 것으로 나타났다고 밝혔다. 이러한 비즈니스 솔루션들은 생산성 향상 외에도 출퇴근에 소요되는 시간과 비용의 절감, 감염병 관리를 통한 조직의 안정성 증대에 기여하고 있는 것으로 보인다.

03
위기를 기회로 만드는
승자 기업의 조건

디지털 트랜스포메이션을 통해 기업의 회복탄력성을 높인다

2020년 3월 WHO는 코로나19에 대해 팬데믹을 선언했다. 이 시점을 전후로 글로벌 경제 전반은 심각한 타격을 입기 시작했다. 실제로 미국 증시는 최고점 대비 약 20% 이상 급락했다. 약 20년 만에 강세장에서 약세장으로 전환되며 경기 침체 우려를 높였다. 사실 코로나 위기 이전부터 전 세계 경제는 장기 저성장 국면이 지속되고 있었다. 미국과 중국의 기술 분쟁, 브렉시트와 미국 대선 등의 정치 불안정 확대 등으로 이미 하방 리스크가 증대되고 있었다.

코로나19의 장기화로 글로벌 경제 전문가들은 경제 성장률을 하향 조정해 전망했다. OECD 사무총장 엔젤 구리아Jose Angel Gurria는 코로나 19 팬데믹으로부터 경제가 회복되기까지는 앞으로 수년이 걸릴 것이라 경고했다. 실업률이 치솟고 일부 중소기업들이 도산 위기에 처하고, 생산/교역 감소에 따른 채무불이행 리스크가 확대됨에 따라 금융위기 확산의 우려도 높아지는 상황 속에서 각국이 향후 몇 년 동안 코로나로 인한 경제적 여파를 감내해야 한다는 것이다.

이러한 위기 속에서도 일부 글로벌 상위 대기업들은top dog 재무안정성을 바탕으로 영향력을 확대하는 계기를 마련하고 있다. 단적인 예로, 애플의 현금 보유 규모는 2,070억 달러(2019년 12월 기준, 약 250조 원)로 웬만한 국가의 코로나19 대응 재정 투입 규모를 합친 것보다도 많은 수준이다. 장기적으로 보면 이러한 기업들은 투자 확대 및 경쟁사 인수합병으로 시장 내 입지를 더욱 넓혀 나갈 것으로 보인다.

영국 최대 주간지 이코노미스트는, 미국과 유럽 주요 기업들의 부채상환능력, 영업이익, 현금보유 등을 기준으로 위기에 대한 '회복탄력성resilience'을 평가했다. 회복탄력성이란 위기와 역경을 맞이하더라도 이를 극복하고 다시 반등할 수 있는 회복력의 세기를 말한다. 그 결과, ICT 기업과 헬스케어 서비스 기업 등이 다수 상위권에 포진되어 있는 것으로 분석되었다(회복력 평가 상위 100대 기업 중 ICT 분야는 48개 기업, 헬스케어 분야는 24개 기업이 포함되었다). 특히 회복력 상위 100대 기업은 하위 100대 기업 대비 기업가치 중간값이 2배, 영업이익은 17%가 높게 나타났다. 주가 측면에서도 2020년 3월 한 달간 상위 100대 기업의 하락율 중간값은 17%, 하위 100대 기업은 36%를 기록하며 상당히 잘 방어하는 모습을 보였다.

특히 아마존, 마이크로소프트, 애플, 페이스북, 구글 등 ICT 기업들은 재무적 안정성은 물론, 언택트 서비스 수요 및 비즈니스 기회 확대로 높은 회복탄력성을 가진 것으로 평가되고 있다. 이 기업들은 아날로그 정보로 가득한 현실 세계를 디지털 데이터로 바꾸고 온라인의 가상 세계와 접목시키는 '디지털화Digitalization'를 가장 성공적으로 이뤄낸 기업들이기도 하다. 이것이 바로 4차 산업혁명의 본질인 디지털 트랜스포메이션이다.

디지털 트랜스포메이션이 갖는 중요한 의미 중 하나는 산업의 중심이 하드웨어에서 소프트웨어로 이동하게 된다는 점이다. 아마존, 구글 등의 기업들은 전통적 하드웨어 기업들을 넘어 글로벌 시장을 지배하고 있다. 아이폰, 아이패드, 애플워치 등 혁신적 하드웨어로 성장해온 애플마저도 클라우드 게임인 '애플 아케이드'와 '애플 TV 플러스'를 통해 소프트웨어 기업으로 변신하겠다고 선언했다. 이제 디지털 트랜스포메이션은 기업들에게 '선택적 고려 사항'이 아니라 생존과 성장을 위한 '필수 과제'가 되었다. 테크자이언트 등 글로벌 주요 ICT 기업들은 이제 자사의 역량과 원격·비대면 서비스 수요 등을 기초로 전 세계 수많은 기업들을 대상으로 ICT 영향력을 확대하고자 노력하고 있다.

핵심 기반 기술 5G와 AI가 이끌어 갈 디지털 트랜스포메이션

디지털 트랜스포메이션의 성공적인 실현은 데이터를 가치 있게 활용하는 것에서 시작된다. 산재되어 있는 데이터를 연결하고 통합한 뒤 인과 관계를 종합적으로 분석해 예측 시뮬레이션으로 최적의 대안을 도출해야 한다. 이를 위해 데이터는 측정 가능한 형태로 확보되고, 확보된 데이터는 실시간으로 끊김 없이 흘러 다녀야 하며, 방대한 양의 데이터들은 빠른 속도로 처리되어야 한다. 그리고 이 역할을 수행하는 핵심 기반 기술GPT: General Purpose Technology이 바로 5G와 AI이다.

최대 전송 속도는 LTE 대비 20배, 지연 시간은 1~4ms(0.001초)를 자랑하는 5G는 기술·산업 간 융합을 지원하는 등 초연결사회에서 가장 중요한 촉매자enabler가 될 것이다. 예를 들어 자율주행차를 구현하기 위해서는 초저지연성이 매우 중요하다. 시속 100km로 달리는 차량에 정지 신호를 보낼 때 즉각적으로 반응하지 않으면 큰 사고로 이어질 수 있기 때문이다.

뿐만 아니라 사물인터넷을 통한 초연결성을 감당하기 위해서도 5G가 필수적이다. 자동차, 드론, 로봇까지 포함된 대규모 사물인터넷Massive IoT의 시대에는 대용량 데이터 처리 요구가 증가하면서 5G의 역할이 더욱 커질 것이다.

5G가 초연결사회의 촉매자 역할을 한다면, AI는 5G를 통해 모인 데이터들을 분석하고 의미를 도출하는 지능화 역할을 수행하게 된다. 사물인터넷의 확산으로 수집된 빅데이터는 AI 알고리즘을 통해 분석되어 가치를 창출한다. 초연결사회에서는 아파트, 호텔, 사무실, 공장 등 AI를 필요로 하는 곳 어디에서나 맞춤형 AI를 제공하는 'AI 에브리웨어AI Everywhere'가 실현될 것이다.

5G, AI로 구현될 초연결사회의 도래는 개인은 물론 기업의 성장 방식을 크게 변화시킬 것이다. 데이터는 더욱 중요해질 것이고, 이 데이

터를 능숙하게 다루는 기업만이 생산성 혁신에 성공할 것이다. 이미 일부 첨단 산업 분야에서 그 결과가 가시적으로 나타나고 있다. 영국의 제트엔진 제조사 롤스로이스 홀딩스Rolls-Royce Holdings는 1962년 '파워 바이 디 아워Power by the Hour' 서비스를 출시해 고객들이 고가의 항공기 엔진을 구매하는 대신 엔진의 사용권을 구매할 수 있도록 했다. 2002년 이 서비스의 디지털 혁신이 시작되면서, 롤스로이스는 해당 제품을 지속적으로 실시간 모니터링하는 역량을 구축했다. 그 결과 롤스로이스의 엔지니어들은 실시간 데이터 분석을 통해 비행하는 동안에도 엔진의 마모도를 모니터링할 수 있었다. 수리가 필요한 경우 지상에 수리 팀을 대기시키거나, 조종사에게 비행 요령을 제안하는 등의 방법을 활용해 무려 수십만 달러의 연료 비용을 절감하는 성과를 거두었다.

비즈니스가 변화한다는 것은 기업 문화와 조직 운영까지도 바뀐다는 것을 의미한다. 롤스로이스는 항공 엔지니어뿐만 아니라 컴퓨터 프로그래머도 채용하고 있다. 또한 'r2 데이터 랩스r2 Data Labs'로 불리는 롤스로이스의 사내 SW 부서에서는 넘쳐나는 데이터 홍수를 신규 비즈니스로 바꾸기 위한 새로운 방안들을 모색하고 있다. 기존 직원들도 비즈니스 환경 변화에 맞게 업무 역량을 강화해 나가고 있다.

한편 5G와 AI 기술 중에서도, 기업 전용 5G 및 모바일 엣지 컴퓨팅 기반의 B2B 서비스와 스스로 생각하고 판단할 줄 아는 '자율 AI'로의 진화는 기업의 디지털 트랜스포메이션을 이끌 핵심적 트렌드로 주목받고 있다.

① 5G: 기업 전용 5G와 모바일 엣지 컴퓨팅으로 B2B 영역의 성장 견인

기업 전용 5G는 별도의 네트워크 장비를 통해 일반 5G 네트워크와 분리된 기업 전용 5G 망을 기업 고객에게 제공해 안전한 업무 환경과 초고속·초저지연성을 제공하는 기업 전용 서비스다. 전용 게이트웨이GateWay를 통해 개인 가입자를 위한 일반 통신망과 해당 회사 임직원을 위한 기업 내부망 접속 데이터를 분리한 것이 서비스의 핵심이다. 인증을 거친 단말기만 접속을 허용하기 때문에 해킹 등 보안사고를 방지할 수 있다는 것도 강점이다.

이와 관련해 캡제미니 리서치 인스티튜트Capgemini Research Institute가 발표한 연구에서는, 기업 경영의 대표적 거점인 산업 현장에서 5G가 가장 큰 가치를 전달할 영역으로 엣지 컴퓨팅 기반 실시간 분석, 생산라인 영상 관제, 원격 제어 등 크게 7가지 분야를 꼽고 있다. 또한 설문 조사 대상 기업의 75%는 5G가 향후 5년 이내에 디지털 혁신을 주도할 것으로 보고 있다. 실제로 5G는 AI나 고급 데이터 분석보다 더 높은 순위로 나타났는데, 그 이유는 5G가 실시간 이미지 처리, 엣지 분석, 고급 자동화, AR·VR과 같은 기술의 상용 개발을 추진하는 데 있어 연결성을 높여 줄 엔진이자 기반 기술이 되기 때문이다.

실제로 기업 전용 5G를 도입한 조선소는 5G 네트워크에 연결된 AR 글래스와 지능형 CCTV를 통해 생산 현장에 문제가 생길 경우 신속하게 파악하고 해결한다. 안전요원의 목에 건 넥밴드형 360도 카메라를 통해 사각지대 없이 조선소 현장의 영상을 실시간으로 관제센터에 전송하는 등 5G 기반의 다양한 솔루션도 적용할 수 있다.

기업 전용 5G 서비스는 제조업뿐만 아니라 의료, 유통, 미디어 등의 분야에서도 활용 가능하다. 특히 유통 분야에서는 물류센터의 무인이송 차량과 자동경로 차량_{AGV: Automated Guided Vehicle}에 5G 네트워크를 적용해 창고 관리를 자동화할 수 있으며, 방송 산업에서는 일반망과 분리된 방송사 전용 5G 네트워크를 통해 초고화질 영상을 지연시간을 최소화해 전송할 수 있다. 한마디로 기업 전용 5G를 통해 기업 고객들의 상황에 맞는 맞춤형 통신이 가능해지는 것이다.

산업 현장에서 5G가 가장 큰 가치를 전달하는 부분

엣지 컴퓨팅을 활용한 실시간 분석	• 5G의 더 빠른 무선통신, 향상된 안정성과 10~100배 더 많은 장치를 연결하는 기능은 대규모 기기에 실시간 정보를 제공할 수 있으며, 이는 엣지 컴퓨팅을 통해 실시간 인사이트로 전환된다. • 5G는 애플리케이션의 온디맨드 구축 또는 데이터 전송과 같은 엣지 및 클라우드 리소스의 유연한 관리를 지원한다.
원거리 생산 라인에 대한 비디오 관제	• 5G의 빠른 무선통신으로 보안 관제를 위한 고품질 실시간 비디오 자료를 제공한다.
분산된 생산 라인에 대한 원격 제어	• 5G의 서비스 품질 보장 및 초안정, 초저지연 네트워크로 중앙지휘센터에서 원격 공장을 실시간 운영할 수 있다.
AI 기반 원격 동작 제어 (협업 로봇, 자율주행차, 드론 등)	• 5G의 빠르고 안정적인 데이터 전송 기능은 센싱 또는 원격 제어 능력을 적절한 수준의 보안으로 제공할 수 있다.
실시간 서비스와 장애 알림	• 5G 네트워크의 초저지연으로 원격 시스템의 실시간 비상 종료가 가능하다. • 5G는 안정적이고 안전한 네트워크를 통해 더 많은 기기를 연결할 수 있는 기능을 활용해 모니터링 및 경보 시스템의 효율성을 높일 수 있다.
AR · VR 활용 원격 운영, 유지 보수, 훈련 솔루션	• 5G의 초저지연 및 고대역폭은 클라우드 기반 고해상도 AR · VR 서비스 개발을 지원하며 도입을 촉진시킨다.
예보 · 예방적 유지 보수	• 5G는 AI · 애널리틱과 더불어 더 많은 장치에서 실시간 데이터 수집량을 증가시킴으로써 예측 · 예방 유지 관리 기능을 강화한다. • 5G는 짧은 지연시간과 높은 신뢰성으로 인해 원격 유지 보수를 실현시킨다.

출처: Capgemini Research Institute, "Industrialcompanies'survey on 5G", 2019.3.4

이 기업 전용 5G에 '모바일 엣지 컴퓨팅MEC: Mobile Edge Computing'까지 가세하면 5G의 속성이 극대화된다. 모바일 엣지 컴퓨팅이란 통신 서비스 사용자와 가까운 곳에 서버를 전진 배치해 데이터를 처리하는 기술을 의미한다. '스마트폰-기지국-교환국-인터넷망-데이터센터'의 4단계 데이터 전송 과정을 '스마트폰-기지국'으로 줄여 데이터 전송 지연시간을 획기적으로 최소화하는 것이 핵심이다.

기업 고객 대상으로 제공되는 기업 전용 5G 망에 MEC를 구축하면 대폭 향상된 초저지연 효과로 기업, 공공기관 등에 맞춤형 서비스를 제공할 수 있다. 대표적인 분야가 스마트팩토리이다. 대량의 제조 업무를 수행하는 공장에 5G-MEC 모델을 접목하면 데이터 전송 구간을 획기적으로 줄일 수 있어 비용 절감과 생산성 극대화 효과를 거둘 수 있다. 예를 들어, 협업 로봇이나 웨어러블 디바이스에 MEC를 적용하면 5G로 구동되는 다양한 기기의 응답 속도를 향상시킬 수 있다. 제조/공정 분야의 혁신 외에도, 극한의 응답 속도를 요구하는 클라우드 게임, 자율주행, 실시간 생중계 등에서도 MEC 기술은 유용하게 쓰일 수 있다. 이처럼 B2B 전 산업 영역으로 확대될 5G MEC 서비스는 향후 AI·IoT·빅데이터 등 ICT와 연계해 기업 고객의 비즈니스 혁신을 돕는 중요한 토대가 될 것이다.

② AI: 스스로 생각하고 판단하는 '자율 AI'로의 진화

애플과 마이크로소프트, 구글 등 글로벌 ICT 기업을 두루 거치며 기계학습과 패턴 인식을 연구해온 리카이푸Lee Kai-fu 박사가 저술한《AI 슈퍼파워AI Superpower》에서는 "세상은 데이터의 시대age of data로 바뀌었다"고 설명하고 있다. 그리고 AI의 핵심은 이 데이터를 어떠한 알고리즘으로 분석하고 얼마나 정확하게 예측하느냐에 달려 있다고 했다. 리카이푸 박사는 AI를 데이터 원천과 알고리즘에 따라 크게 네 가지의 물결로 구분했다.

AI의 4단계 물결

AI의 4단계 물결
AI의 핵심은 데이터와 알고리즘
비정형 데이터까지 수집 가능한 센싱 기술로 수조 개의 센서 경제의 도래
궁극적으로는 AI는 스스로 결정하고 행동하는 '자율 AI'로 발전

	인터넷 AI (Internet AI)	기업 AI (Business AI)	지각 AI (Perception AI)
데이터 소스	인터넷 브라우징	기 보유 고객 데이터 (Strong features) & 행동 패턴 디지털 데이터 (Weak features)	센서 및 스마트 기기 (AI 스피커)
대표 사례	전자상거래 추천 상품 넷플릭스의 맞춤형 콘텐츠	비금융 데이터 기반 credit score 생성, 소액대출 등에 활용	스마트 팩토리 내 고장 진단 항공기 엔진의 고장 및 교체 주기 예측

앞 단계 데이터 + 고도의 알고리즘

자율 AI
(Autonomous AI)

판단 및 의사결정

| 자율주행차 | 선별적으로
농약 살포 및
농작물 수확 | 범죄 정보를
분석해 범죄가
일어날 시간과
장소 예측 | 익은 딸기를
식별하고
기계손으로
수확강도 조절 |

출처: 각사 IR 자료

첫 번째 물결은 '인터넷 AI~Internet AI~'다. 인터넷 유저가 브라우징~browsing~할 때 '클릭 vs. 비클릭', '구매 vs. 비구매' 등으로 데이터가 자동 라벨링되는 원리를 활용한다. 유튜브, 아마존 커머스 등에 쓰이는 '추천 엔진'이 이에 해당한다. 틱톡 앱 운영 업체이자 시가총액이 무려 85조 원에 이르는 중국 AI 미디어 기업 '바이트댄스~Bytedance~'는 사용자의 클릭 데이터를 기반으로 고도의 맞춤형 뉴스 피드를 제공하고 있다.

두 번째 물결은 '기업 AI~Business AI~'다. 일반적으로 기업들은 수십 년간 축적돼 온 고객 데이터~strong features~들을 보유하고 있다. 여기에 더해 AI는 전문가들도 포착하기 어려운 일상의 미묘한 패턴들~weak features~을 포착해 데이터화한 다음 기업이 보유한 고객 데이터와 결합시켜 상관관계를 분석한다. 대출을 예로 들면, 기존 금융 서비스에서는 학력이나 연봉, 직업 등 표면적으로 드러난 데이터들을 활용해 고객의 신용도를 평가했다. 그런데 중국의 신생 핀테크 업체 스마트 파이낸스~Smart Finance~의 AI 알고리즘은 휴대폰 타이핑 속도나 배터리 소모 등 일상에서 발생하는 작은 생활 패턴들을 데이터화하고 이를 고객 데이터와 연결시켜 분석해 신용도를 평가한다.

세 번째 물결은 '지각 AI~Perception AI~'다. 지각 AI 단계는 앞선 두 단계와 달리 하드웨어가 강조된다. 각 가정에서부터 도시 전체에까지 보급된 센서와 스마트 디바이스들이 만들어내는 '수조 개의 센서 경제~a Trillion-Sensor Economy~'는 물리적 세계를 디지털화시키며 AI는 이를 분석하고 최적화한다.

그리고 네 번째 물결은 궁극적인 지향점인 '자율 AI~Autonomous AI~'다. 앞에서 설명한 세 가지 AI에서 수집되는 모든 데이터들과 고도의 알고리즘 분석을 통해 AI가 스스로 판단하고 결정하여 실행에 옮긴다. 인간의 개입이 거의 없는 '꿈의 AI' 단계인 자율 AI는 특정 작업을 반복하는 단순 자동화를 뛰어넘어 변화하는 환경을 스스로 감지하고 동적으로 대응할 수 있다. 캘리포니아 소재 스타트업인 트랩틱Traptic은 딸기의 흰색 점들을 판별해 잘 익은 딸기와 상한 딸기 등을 구분하고, 기계 손으로 딸기가 다치지 않게 조심스럽게 수확할 수 있도록 하는 AI를 개발했다. 또한 식물 구조를 이해하고 딸기를 파지할 위치를 밀리미터 단위의 정확도로 결정한다.

이렇듯 네 가지 물결의 AI는 각각의 영역에서 기업들을 대상으로 데이터 기반의 중요한 경영 인사이트를 지원하고 있다. 기존의 AI 연구가 주어진 명령어와 데이터에 기반해 얼마나 정확하고 효율적으로 정해진 패턴대로 행동하는지에 주목했다면, 앞으로의 AI는 주어진 환경을 분석해 스스로 판단하고 결정해 움직이는 '예측과 추론 AI 기술'이 중심을 이룰 것이다. 또한 5G 기술과 결합해 개별 디바이스 단위에서 분산적·실시간으로 데이터를 직접 처리하도록 하는 '엣지 AIEdge AI' 기술 또한 차세대 디지털 트랜스포메이션을 주도할 분야로 주목받고 있다.

04

코로나가
각 산업별 비즈니스에 미치는 영향

포스트 코로나 시대 산업의 변화

코로나19 위기가 산업 전반에 미치는 영향은 실로 막대할 것으로 보인다. 벌써 기반 기술인 5G와 AI, IoT를 토대로 각 기업별 디지털 트랜스포메이션을 성공적으로 완수해 나가는 움직임을 보이고 있고, 새롭게 조명되는 산업도 나타나고 있다. 2020년 2월 IDC 중국에서는, 〈코로나 바이러스 감염증이 중국 경제 및 ICT 시장에 미치는 영향에 관한 보고서〉를 발표했다. 보고서를 통해, IDC는 코로나 사태가 중국 사회에 2003년 사스 때보다 더 큰 타격을 줄 것이지만, 의료건강/정부행정/공공사업/건축/인터넷/뉴미디어 등 5대 업종에서는 1조 위안(약 170조 원)에 달하는 비즈니스 기회를 얻게 될 것으로 분석했다.

코로나19 이후 가장 빠르게 성장할 10가지 비즈니스 기회

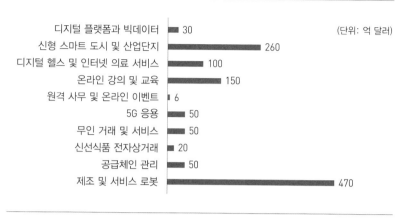

디지털 플랫폼과 빅데이터 30 (단위: 억 달러)
신형 스마트 도시 및 산업단지 260
디지털 헬스 및 인터넷 의료 서비스 100
온라인 강의 및 교육 150
원격 사무 및 온라인 이벤트 6
5G 응용 50
무인 거래 및 서비스 50
신선식품 전자상거래 20
공급체인 관리 50
제조 및 서비스 로봇 470

출처: IDC

특히 코로나19로 온라인과 오프라인 서비스의 통합이 심화될 것이며, 디지털 플랫폼/빅데이터, 스마트시티/공장, 디지털 헬스케어, 온라인교육, 원격근무, 5G B2B, 무인 거래, 신선식품 상거래, 공급망 관리, 제조/서비스 로봇 등 10대 분야의 성장 잠재력을 높게 점쳤다.

또한 온라인 마케팅, 화상회의, 원격지원, 고객 관리 등의 분야에서 디지털 트랜스포메이션을 주도한 기업들이 감염병과 그로 인한 경제 위기에 덜 취약한 구조를 가지고 있다는 분석도 내놓았다.

IDC 중국 부총재 겸 수석 애널리스트chief analyst인 우롄펑武连峰은, "① 디지털 기술을 충분히 활용해 원격 업무능력을 제고시켜야 하며, ② 온라인 제품 및 서비스 마케팅을 활용해 비용을 합리적으로 통제하는 한편, 국가의 지원 정책을 충분히 활용해야 하고, ③ 사태 수습 이후 비즈니스 기회를 찾아 투자해야 한다"고 기업이 나아갈 방향을 함께 제시했다.

새롭게 부상하게 될 언택트 비즈니스

① 디지털 헬스케어: AI 모바일 원격의료를 통해 의료진의 진료 행위 지원

미국 의학 학술지 〈뉴잉글랜드 저널 오브 메디신NEJM〉에서는 논평을 통해 "헬스케어의 가장 중요한 전략은 사전에 의료 자원을 분배하는 것"이라며 "온디맨드 원격의료는 환자 주도로 스스로 방역을 하도록 이끌며 환자와 의료진, 지역 사회 모두를 감염으로부터 지킬 수 있다"고 언급했다. 특히 웹카메라나 스마트폰을 활용해 의료진과 24시간, 주 7일 만날 수 있고, 기침 등 코로나19의 전형적인 증상을 평가하는 데 적합하며, 의심 환자를 자동으로 선별하는 시스템을 만들어 지역의 방역 정보를 표준화하는 데도 기여하고 있다고 적고 있다.

이와 관련해 중국의 디지털 헬스케어 영역 사업자인 평안굿닥터에 주목할 필요가 있다. 평안굿닥터는 중국 사보험 시장 1위인 평안보험 그룹의 자회사이자 중국 최대 온라인 원격진료 플랫폼이다. 2019년 상반기 기준 모바일 회원 수가 3억 명에 달하고, MAUMonthly Active User는 6,200만 명, 일평균 원격진료 수는 약 73만 건에 이른다고 한다. 특히 코로나 위기 이후에는 전년 동기 대비 최대 9배의 유저가 급증하는 인기를 누렸다.

평안굿닥터의 핵심은 '굿닥터 AI 엔진'이다. 이를 활용해 의료진의 의료 행위를 보조할 수 있고, 기존 인간 의료진으로만 진료했을 때와 비교해 최대 8배 높은 효율로 많은 환자들을 돌볼 수 있다. 굿닥터 AI 엔진은 무려 3,000여 가지의 질병과 수만 가지 의학/건강 문제에 답변이 가능하다. 이를 위해 의료 상담 결과, 전자 처방 등 의료 빅데이터를 지속적으로 학습하고 있다. 아직은 일상적이고 반복적인 진료나 병력 수집, 예비 진단 중심의 1차 진료 및 상담을 제공하는 데 그치고 있지만, 향후 빅데이터가 충분히 축적되면 고차원적인 진료 제공도 가능할 것으로 보인다.

평안굿닥터는 기존 오프라인 의료기관에 비해 약점으로 지적받았던 오프라인 거점을 늘리겠다는 계획을 갖고 있다. 이를 위해 3년간 공중전화 부스 크기의 'AI 무인진료소' 10만 개 이상을 중국 전역에 설치하는 계획을 공개했다. AI 무인진료소에 설치된 가상의 AI 의사는 대화와 문자메시지 등을 통해 방문 환자의 의료정보를 수집한 뒤이를 인간 의사에게 보낸다. 인간 의사는 의료 정보를 바탕으로 진단해 약을 처방하고, 환자는 AI 진료소에 설치된 스마트 자동판매기를 이용해 100여 종류의 처방약을 구매할 수 있다. 구비돼 있지 않은 약은 모바일 앱을 통해 주문하면 인근에 있는 협력 약국이 1시간 내에 집까지 배송해준다. 이 또한 아직 인간 의사가 진료를 맡고 AI가 '진단-처방-의약품 배송'의 과정을 보조하는 형태이지만 머지않아 기초적인 진료 항목에서만큼은 진정한 'AI 닥터'의 진료 비중을 확대해 나갈 것으로 보인다.

또한 향후 평안굿닥터의 온라인 의료 서비스들을 스마트워치, 혈당측정기와 같은 헬스케어 IoT 디바이스와 연동성을 높여 수집된 인체 건강 데이터 기반으로 고객별 개인화 건강관리 솔루션을 지원하겠다고 밝히기도 했다. 다른 AI 어시스턴트 플랫폼과 연동해서 서비스의 확장성을 높일 가능성도 있다. 기존의 24시간 원스톱 의료 서비스를 알리바바, 샤오미 등 중국 ICT 기업의 AI 음성비서 플랫폼과 제휴

하는 방안 등도 모색할 것으로 예상된다.

평안굿닥터의 모기업인 평안보험은 AI 기술 강화에 역점을 두고 있다. 특히 AI의 핵심은 데이터에 있고, 데이터의 기반은 클라우드라는 사실을 잘 이해하고 있는 평안은 그룹 차원에서 5년간 자체 클라우드를 구축하는 데 주력했다. 이를 토대로 보험/의료와 관련된 AI 소프트웨어 솔루션들을 개발했고, 자사 플랫폼의 AI 엔진을 중국 내 다른 병원과 의료 고객들을 위해 공급하는 사업도 전개하고 있다. 평안보험은 현재 약 2억 명의 고객을 확보하고 있는데다 개인 가입 보험의 상당수가 건강 관련 보험이어서 이러한 의료 정보 빅데이터를 평안굿닥터 플랫폼을 고도화하는 데에도 활용하고 있다. 역으로 평안굿닥터 플랫폼에서 원격진료 서비스를 받는 고객들을 대상으로 평안의 다양한 건강보험 서비스를 권유하는 기능도 개발할 예정이다.

평안보험의 가장 큰 경쟁력은 방대한 고객의 빅데이터 외에도 AI·데이터 분야의 전문적인 기술력을 갖췄다는 점이다. R&D 인력만 3만 2,000여 명에 달하며 AI와 데이터 분석과 관련한 1만 8,000건의 특허를 확보하고 있어 향후에도 AI 기술력이 대폭 신장될 것으로 보인다. 이를 바탕으로 기존의 오프라인 대형 병원을 뛰어넘는 거대 병원 플랫폼을 구축해 나갈 전망이다.

② 온라인 교육: 모바일 비대면 간편 교육과 AR·VR 기업용 시뮬레이션

코로나로 가장 큰 영향을 받는 분야 중 하나가 교육이다. 학생들이 밀집되어 있는 공간에서의 급격한 감염 확산을 방지하기 위해 각급 학교에서는 온라인 원격교육 솔루션을 적극 활용하고 있다. 물론, 갑작스런 원격교육 진행으로 인한 서버 다운이나 버퍼링 등의 기술적 문제와 학생들의 집중도 하락 등의 이슈도 발생하고 있다. 그러나 이러한 허들을 극복하고 교육기관 대상의 효율적인 원격교육 툴을 제공하는 사례들도 늘어나고 있다.

2017년 설립된 프랑스의 모바일 교육 스타트업 마멀레이드_{Marmelade}는 스마트폰을 이용해 직원 교육을 할 수 있는 플랫폼을 제공한다. 마멀레이드는 스마트폰의 잠금 화면을 해제하기 전에 간단한 레슨을 받도록 한다. 직원들은 하루 평균 65개의 퀴즈를 풀면서 자연스럽게 학습 활동을 할 수 있다. 최근 마멀레이드는 코로나19 감염병 예방 교육 관련 콘텐츠를 개발했으며, 해당 교육 프로그램을 통해 학습 시간을 기존 대비 40% 정도 줄일 수 있다고 설명했다. 코로나19로 대면 직원 교육이 어려워지자 해당 플랫폼을 이용하는 고객이 늘어났으며 비용 및 시간을 절약할 수 있어 앞으로도 꾸준히 사용될 것으로 예상된다.

미국의 소비자 가전 및 항공우주 시스템 개발 기업 허니웰_{Honeywell}은 2018년 2월 클라우드 기반의 AR·VR 시뮬레이션 교육 시스템을 공개했다. 허니웰이 개발한 AR·VR 시뮬레이션 교육 시스템은 제조업을 비롯해 대부분의 산업 내 다양한 직무 교육을 지원한다. 허니웰은 AR·VR 솔루션을 활용해 직원들이 보다 빠르게 업무를 습득할 수 있게 도와주고 있다. 허니웰의 솔루션은 마이크로소프트의 AR 글래스인 '홀로렌즈' 기술을 활용하고 있다. 직원들은 허니웰 솔루션과 AR 글래스를 통해 시스템 오류 대처 방법, 부품 수리 방법, 케이블이나 전력 공급이 중단된 경우 대처 방법 등을 시뮬레이션 교육 시스템으로 훈련할 수 있다.

③ 무인 매장: 아마존의 AI 완전 무인 솔루션 저스트워크아웃과 As a Service 화 추진

아직 무인화 기술의 주류는 키오스크 수준의 부분 무인화 기술이다. 부분 무인화 매장에서는 인간과 무인 솔루션이 공존한다. 하지만 점차 종업원의 노동이 전혀 필요하지 않은 완전 무인화 솔루션으로 진화하고 있다. 실제로 세계 최대 전자상거래 업체인 미국 아마존이 2018년 처음 선보인 무인매장 '아마존고'를 통해 완전 무인화를 현실로 만들어가고 있다.

전용 앱 하나만 있으면 아마존고에 들어가서 편리한 쇼핑을 즐길 수 있다. 앱에서 아마존 계정으로 로그인하면 QR 코드가 뜨는데, 출입구에서 이 QR 코드를 찍고 매장 안에 들어가면 된다. 아마존이 혁신적인 무인 매장 구축에 나선 이유는 오프라인 매장이 지닌 재미와 인간적인 상호작용에 주목했기 때문이다. 이를 통해 고객들의 쇼핑 경험과 관련된 생생한 데이터들을 축적하고 결국 온·오프라인 시너지를 높이는 것이 아마존의 전략이라고 할 수 있다.

아마존고의 아이디어는 첨단 기술력이 없이는 불가능하다. 아마존은 AI 컴퓨터 비전 기반의 '저스트워크아웃Just Walk Out' 기술을 적용했다. 이는 천장에 달린 센서가 고객/물품의 구입 여부를 인식하여, 제품을 선반에서 가져올 때 이를 감지해 '버추얼 카트virtual cart'로 관리하는 기술이다.

한편 아마존은 이러한 오프라인 혁신 기술들을 자사에 한정하지 않고 외부에 판매하는 비즈니스도 추진하고 있다. 2020년 3월 편의점 체인 CIBO Express에서는 미국 뉴저지의 뉴왁 국제 공항에 해

아마존의 저스트워크아웃 기술을 적용한 뉴왁 국제 공항 'CIBO Express'

출처: VentureBeat

당 기술을 이용한 첫 번째 무인 식료품 매장을 오픈한다고 발표했다. CIBO Express를 운영하는 미국 OTG 그룹은 라구아디아 공항 내에도 이 기술을 이용한 무인 매장을 추가로 오픈할 계획임을 밝혔으며, 향후에는 영화관, 경기장 등 계산대 지체 시간의 최소화가 필요한 장소를 중심으로 매장을 확대할 계획임을 밝혔다.

이 기술은 아마존의 클라우드 플랫폼 '아마존 웹서비스'를 통해 제공되므로 클라우드 점유율 확대 효과도 거둘 수 있을 것으로 기대된다. 구체적인 BM과 가격까지는 공개되지 않았지만 AI, 카메라, 센서 등의 인프라와 B2B SW까지 AIaaS_AI As-a-Service 형태로 제공될 것으로 보인다.

그동안 아마존은 AI/클라우드 역량을 통해 전 세계 수많은 기업들의 디지털 트랜스포메이션을 지원해왔다. 나아가 이제는 무인 솔루션과 클라우드와의 연계 시너지를 통해 크고 작은 오프라인 매장들에게까지 AI 기술 영향력을 확장해 나갈 것으로 보인다.

④ 로봇: 감염병 위험 지역 관리를 위한 의료/방역 및 접객 서비스 로봇

코로나 바이러스는 환자뿐만 아니라 전 세계의 수많은 의료 인력에게도 큰 위협이 되고 있다. 의료수요 대비 턱없이 부족한 의료 서비스 공급 이슈는 물론, 24시간 환자를 보살피며 감염병 전파 위험에 장시간 노출되는 문제도 있다. 코로나 감염 실태를 고발한 중국 의사 리원량과 우한의 우창병원장 류즈밍도 코로나로 사망한 바 있다. 이러한 코로나 위기에 구원투수가 될 첨단 기술 중 하나로 로봇 기술이 주목받고 있다. 로봇은 감염병 위험이 현저히 높아 사람이 쉽게 접근하지 못하는 현장에 투입되어 코로나의 검역 · 방역 등 직접적인 보조를 통해 의료인들의 안전 확보에 기여하고 있다.

중국 로봇 개발업체인 뤼상테크는 중국 랴오닝 성의 선양 시 적십자회와 제4인민병원에 의료용 순찰이 가능한 로봇 '서우왕저_{守望者·파수꾼}'을 무상 제공했다. 이 로봇은 카메라 안면인식 기술을 기반으로 환자를 인식하고 의사가 처방한 약품을 전달할 수 있다. 체온과 혈압을 측정하는 것과 같은 간단한 신체검사도 가능하다. 또한 자율주행 기술 기반으로 병원 내부를 스스로 돌아다니며 소독 및 방역 작업을 하는 등 다양한 의료 지원 및 방역 기능에 특화된 로봇이다.

로봇 기술 연구 학계는 이번 코로나를 계기로 로봇 연구와 개발, 특히 의료/방역 분야 로봇 기술에 있어 커다란 기회가 마련될 것으로 보고 있다. 중국의 시장조사기관 중상정보망_{ASKCI}에서도 2019년 6억 달러(7,000억 원) 수준이었던 중국 의료용 로봇 시장의 가치가 2021년 10억 달러(1조 1,700억 원)를 넘어서 급격히 성장할 것으로 전망했다.

의료/방역 분야 외에도 기업의 경영 활동과 개인의 편의를 지원하는 로봇도 속속 등장하고 있다. 2020년 4월 KT는 서울 일부 지역의 호텔에 2세대 기가지니 호텔 로봇인 '엔봇$_{Nbot}$'을 투입한다고 밝혔다. KT와 현대로보틱스의 공동 연구로 탄생한 엔봇은 AI, 공간 맵핑, 자율주행 등 ICT 기술들을 적용해 호텔 고객이 수건 등 편의용품을 요청하면 직접 객실로 배송해준다. 적재 기능과 기동력을 개선해 기존보다 1.5배 많은 물품을 실을 수 있고, 이동 속도도 40% 빨라졌다. 현재까지 엔봇은 주로 오후 10시~오전 7시 사이의 시간대에 활용도가 높았다고 한다. 이처럼 엔봇은 심야 등 인간이 업무를 수행하기 어려운 시간대에 일상적이고 반복적 업무를 지원하며 업무 부담을 상당히 경감시켜 줄 것으로 기대된다.

05
세계의 공장은 없다, 글로벌 리쇼어링 가속화

미국 등 주요 국가 중심 리쇼어링 확산

코로나 바이러스 확산으로 국가 간 이동 및 무역 장애는 물론, 기존의 글로벌 공급망이 흔들리면서 세계 각국과 기업들이 '리쇼어링'에 속도를 내고 있다. 리쇼어링이란 인건비 등 각종 비용 절감 등을 이유로 해외에 나간 자국 기업이 다시 국내로 돌아오는 현상 혹은 이를 유도하는 정책을 말한다. 특히, 이번 중국에서 시작된 코로나로 인해 중국발 글로벌 공급망의 붕괴가 유발됐다. 이미 중국 제조업 구매지수PMI가 2008년 금융위기 수준으로 하락하고 있으며, 수출입 증가세도 2020년 초부터 급락하는 등 공급망 붕괴가 현실화하고 있다.

코로나19를 계기로 기존 리쇼어링에 대한 논의 및 실행은 점차 확대될 것으로 보인다. 미국의 상무부 장관 윌버 로스Wilbur Ross는 "이제 코로나 바이러스는 기업들이 공급망 정책을 검토할 때 고려해야 할 또 다른 요소가 되면서 중국에서의 일자리를 미국으로 가져오는 데 도움이 될 것"이라고 밝혔다. 현재 기업들은 중국에 지나치게 의존해서는 안 된다는 것을 깨닫고 있으며, 기존 중국에서의 생산을 대체할 수 있는 방안을 모색하고 있다. 뱅크오브아메리카BoA의 연구에 따르면, 중국 내에 생산 거점을 두었던 글로벌 기업 중 본국으로의 회귀를 검토한 바 있는 기업이 80%에 달한다고 한다. 미국의 애플만 해도 중국 내에 위치한 생산 시설 중 상당 부분을 다른 지역으로 이전하는 방안을 검토 중인 것으로 알려져 있다.

국가 차원에서도 자국 기업의 리쇼어링을 적극 지원하는 움직임을 보이고 있다. 일단 내수를 크게 활성화하는 것은 물론, 자국 내 일자리 늘리기에도 도움이 되기 때문이다. 미국의 경우, 2010년 버락 오바마 정부가 '리메이킹 아메리카remaking america'를 내세워 리쇼어링 정책을 추진하기 시작한 이후, 9년간 370여 개의 기업이 미국으로 돌아왔으며 동시에 총 35만여 개의 일자리를 창출해낸 것으로 알려졌다. 이를 독려하기 위해 각국은 정부 차원의 법인세 인하 및 보조금 지급, 스마트 팩토리 구축 및 R&D 지원 등의 수단을 내걸고 있다.

스마트팩토리/제조업 DX가 리쇼어링의 대안으로 주목

그렇다면 다수 기업들의 리쇼어링 정책은 어디에서 기인했을까? 답은 디지털 트랜스포메이션에 있다. 리쇼어링에 있어서 원가 절감은 매우 중요한 이슈이다. 기존에 기업들이 중국에 생산 기반을 두었던 가장 큰 이유는 인건비 등 생산비용을 낮추기 위한 것이었는데, 다시 본국으로 회귀하면 필연적으로 비용 증가 이슈에 직면하게 되기 때문이다. 2011년 가전 생산시설을 중국에서 미국으로 이전했던 GE 또한 공장의 첨단화를 대대적으로 추진했고, 그 결과 중국에서와 유사한 수준으로 비용을 절감하는 데 성공했다.

이처럼 코로나 위기 이전에도 GE, 혼다 등 미국과 일본의 주요 제조 기업은 본국으로 공장을 이전하는 정책을 펼쳤다. 인력에 의존했던 공정들을 첨단 로봇과 소프트웨어 기능 등으로 대체해 생산 원가를 절감하고 더 쉽게 생산 관리가 가능하도록 한 것이다. 스위스 로봇 기업 ABB의 CEO 쉬피스호퍼Ulrich Spiesshofer는 생산 공정에서 로보틱스와 자동화 기술 투입을 통해 유럽에서의 개당 생산 비용을 중국 수준으로 낮출 수 있다고 언급했다. 실제 독일의 지멘스는 전체 공정의 75%가 로봇 중심의 무인 공정 시스템으로 운영되는 스마트팩토리를 암베르크에 구축해 원가를 절감하고 있다.

이제는 코로나 사태를 기점으로 탈 중국, 글로벌 공급망 다변화를 넘어 국가별/지역별 공급망 체계로 전환될 것이다. 생산 거점에서의 ICT와 디지털 혁신의 가치가 더욱 증가하고 DX가 각 기업들의 핵심 전략이 될 것이다. 비즈니스 인사이더의 기업 IT 투자 의향에 대한 설문조사 결과에 따르면, 1년 내 경기 침체가 발생하더라도 로봇, 머신러닝, AI, 빅데이터, 클라우드 관련 투자 확대 의향이 높은 것으로 알려졌다. 특히 5G와 AI가 리쇼어링 및 제조업 디지털화의 효율성/생산성을 향상시킬 중심축이 될 것이며, 스마트팩토리를 더욱 가속화시키는 원동력이 될 것이다. 5G 네트워크는 IoT 시스템과 통합됨으로써 스마트 제조 기업의 강력한 디지털 전략을 위한 주요 수단이 될 것이며, 특히 공정 관리의 융통성과 민첩성 확보에 크게 기여할 것으로 보인다. 또한 스마트팩토리에 AI를 적용하는 경우 공장에서 만들어지는 다양한 데이터를 수집/분석하여 새로운 가치를 창출하게 될 것이다.

데이터야말로 코로나에 맞서는 가장 강력한 무기

이러한 공급망 대전환 트렌드에서 특히 공장에서의 데이터 기반 디지털 트랜스포메이션은 더욱 중요성이 부각될 것으로 보인다. 관련 사례로 미국의 AI 분야 스타트업 랜딩AI(Landing.ai)에서 개발한 '랜딩라이트LandingLight'가 있다. 랜딩AI는 '비주얼 인스펙션visual inspections'이라는 학습 알고리즘을 개발해 일부 이미지를 트레이닝시킨 다음 카메라 렌즈나 소형 전자제품의 국소적 결함을 찾아내는 기술을 연구하고 있다. 특히 최근 제조되는 전자기기 부품의 크기가 점점 작아지고 밀도는 높아지면서 결함을 발견해내기 어려워지고 있어 랜딩AI의 이미지 분석 기술이 갖는 중요성이 더욱 커질 것으로 보인다. 이외에도 랜딩AI는 사출 성형기injection-molding machines 등 산업용 기계·로봇의 제어를 위해 로봇의 눈으로 비전 기술을 활용하는 방안을 검토하고 있다.

랜딩AI의 솔루션 랜딩라이트 적용을 위해서는 먼저 표준 이미지 정보를 모아 데이터로 정리해야 한다. 그 다음에는 데이터 과학자들

Landing.ai의 제조 라인 적용 사례(위)와 부품 결함 판독 이미지(아래)

데이터 수집	데이터 라벨링	모델 구축	제조 라인에 투입	알고리즘 고도화	인사이트 도출
카메라를 이용하여 제품 이미지를 입력	Landing Light 라벨링 툴을 이용하여 이미지를 정상, 결함 있음 등으로 라벨링	라벨링된 데이터를 기반으로 머신 러닝 모델을 구축	제조 라인에 투입되어 소형 전자제품 등의 결함을 식별함	Landing Light 는 인식된 데이터를 처리하면서 결함에 대한 학습을 심화함	Landing Light 가 처리한 데이터는 대시보드를 통해 시각화된 형태로 제공됨

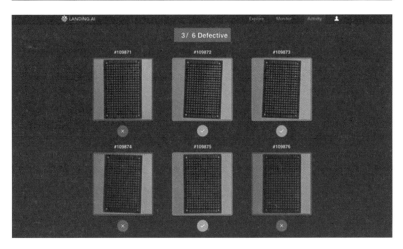

출처: 로아컨설팅, Landing.ai

의 협업 하에 머신러닝 모델을 구축한다. 모델 구축을 완료한 후에는 제조 라인에 투입되어 소형 전자부품 등의 결함을 식별하게 되고, 결함을 발견하면 관리자에게 즉각 결과를 전송해 생산품 전반의 품질 관리가 원활히 진행될 수 있도록 지원한다. 또한 인식된 데이터를 처리하면서 결함에 대한 심화 학습이 가능하고, 제조 프로세스 최적화를 위한 인사이트도 지속적으로 제공할 수 있다.

　미국의 빅리버 스틸Big River Steel 제철소 또한 데이터 기반의 DX를 잘 구현하고 있는 기업 중 하나이다. 빅리버 스틸은 압력과 온도, 고철 상태, 고객배송 일정, 전기비용 등에 대한 데이터를 수집하고 AI 딥러닝 시스템 내에서 학습하고 분석한 자료를 철강 생산 계획을 유연하게 조정하는 데 활용한다. 뿐만 아니라 에너지 소비량도 절약하여 재판매 용도로 쓰이는 잉여 전력의 양을 최대화한다. 일반적인 공장은 유지 보수를 위해 기계 상태와 관계없이 주당 4시간 정도 운영을 중단하지만 빅리버 스틸은 AI 기술 덕분에 실제 마모 상태 정보에 대한 데이터를 상시 모니터링하기 때문에 불필요한 가동 중단shutdown 시간을 감소시킬 수 있다.

CORONA

3장

AI 맞춤교육과 온라인 평생 교육으로 미래 변화에 대비하라

ECONOMICS

01

코로나로 변화된 세상, 교육도 변해야 한다

로봇에 뺏긴 일자리는 돌아오지 않는다

코로나 사태로 경영상 어려움을 겪게 된 기업들은 살아남기 위해 구조 조정을 진행하고 있다. 컨설팅 업체 딜로이트가 2020년 4월 말에 한국을 포함한 전 세계 13개국을 대상으로 실시한 설문조사 결과에 따르면, 코로나로 인해 전 세계적으로 경제가 마비된 상태에 이르면서 실업률이 높아지고 있다. 영국 통계청은 2020년 4월 영국의 일자리 규모가 전월 대비 절반 이하로 줄었다고 잠정 집계했다. 미국에서는 2020년 4월에만 2,000만 개가 넘는 일자리가 사라졌고 실업수당을 신청한 노동자 수는 5월말 기준으로 미국 전체 노동인구의 25%에 달하는 3,860만 명을 돌파해 10년 동안 조금씩 증가했던 일자리가 모두 사라진 것으로 드러났다. 딜로이트의 조사 대상국 평균을 살펴보면 직업을 가지고 있는 응답자 중 39%가 실직을 우려했고, 인도(72%), 스페인(54%), 한국(49%) 순으로 실직에 대한 우려가 높은 것으로 발표됐다.

실업에 대한 위험은 단순 반복 업무일수록 더 크다. 스위스 취리히 대학교 닐 자이모비치Nir Jaimovich 교수와 브리티시 컬럼비아 대학교 헨리 슈Henry Siu 교수의 연구에 따르면 2008년 금융위기 기간에 사라진 단순 반복 일자리는 경기 회복 이후에도 돌아오지 않았다. 소비자들은 경기 침체 시기에 불투명한 미래와 줄어든 소득 때문에 불필요한 소비를 줄이고 꼭 필요한 물건만 저렴하게 구매하려는 경향이 있다. 예를 들어, 미국 소비자들은 경기 침체를 겪을 때 매출 100만 달러당 6명의 직원을 채용하는 고급 식료품점인 홀푸드마켓Whole Foods Market에서 구매하던 생필품을 100만 달러당 2명의 직원을 채용하는 대형 할인점인 샘스클럽Sam's Club에서 구매할 가능성이 높다. 이로 인해 직원이 필요 없어진 고급 식료품점은 로봇을 활용해 자동화를 추진할 것이다. 이러한 경기 침체기 소비의 변화는 경제 전체적인 측면에서 일자리를 감소시키고 자동화를 가속화시키는 요인으로 작용할 수 있다.

기업들은 코로나 사태 이후에도 오퍼레이션 시스템이 전염병으로 인해 영향받지 않게 하기 위해 자동화를 지속적으로 추진할 것이다. 코로나 사태로 인한 사회적 거리두기 운동으로 이커머스에 대한 수요는 급증했다. 이커머스에 대한 수요가 급증함에 따라 물류 창고 운영에 엄청난 과부하가 걸리고 있다. 아직 대부분의 물류 창고들은 물품을 분류하고 저장하는 일을 자동화하지 않고 인력 중심으로 운영하고 있다. 그러나 로봇 기술이 디테일한 업무도 처리 가능할 정도로 발전하고, 알고리즘이 객체를 완벽하게 구분할 수 있는 수준에 도달하면 물류 업무도 자동화될 것이다. 실제로 유럽 소매업체 아홀드 델하이즈Ahold Delhaize는 코로나 팬데믹으로 매장 운영인력을 안정적으로 확보하기 어려워지면서 매장을 청소하고 주문을 처리하는 업무를 AI 로봇으로 자동화하기 시작했다.

자동화될 가능성이 높은 대부분의 일자리는 임금이 낮다. 2016년 오바마 정부의 경제 자문위원회Council of Economic Advisers는 시간당 20달러 미만의 수입을 얻는 직종의 근로자 83%가 자동화될 위험이 높은 것으로 추정한 반면, 시간당 40달러 이상의 수입을 얻는 직종의 근로자들의 자동화 위험은 4%에 불과하다고 밝혔다. 고소득 일자리는 자동화하기 어려울 뿐 아니라 전염병에도 덜 취약하다. 옥스포드 대학교 마틴 스쿨의 분석에 의하면 483개 직무 중 미국 노동력의 52%를 차지하는 113개 직무가 원격으로 수행될 수 있고 이 중 대부분은 고소득 일자리였다. 코로나 팬데믹 기간 동안 고소득 직업이 원격으로 일할 수 있는 가능성은 저소득 직무보다 5배 높은 것으로 밝혀졌다.

팬데믹이 끝난다고 로봇에게 넘어간 일이 인간에게 다시 돌아오지는 않을 것이다. 인력을 로봇으로 대체하는 데 큰돈을 투자한 기업들이 다시 인간 직원을 활용할 일은 없을 것이다. 그리고 비접촉 방식에 익숙해진 소비자들도 사람이 개입되는 것을 더 이상 원하지도 않을 것이다. 전문가들은 바이러스로 전 세계가 작동을 멈추는 일은 이번이 마지막이 될 것으로 보고 있다. 전염병에 끄떡없는 세상을 만들기 위해서는 결국 우리 사회가 사람 간의 접촉을 최소화하는 자동화 사회로 변화할 수밖에 없다.

코로나 사태로 더욱 중요해진 에듀테크

코로나 팬데믹으로 인해 전 세계 학교들이 폐쇄되어 12억 명에 달하는 학생들이 교실 밖에 머물러야 했다. 코로나 시기의 교육은 이전과는 달리 물리적 학교가 아닌 원격이나 디지털 플랫폼 상에서 교육이 이루어졌다. 세계 교육당국들은 통신 네트워크 자원과 ICT 기술을 긴급히 동원해 클라우드에 임시 학교를 구축했다. 중국의 알리바바 그룹의 커뮤니케이션 및 협업 플랫폼 딩톡DingTalk은 온라인 개학 등으로 인한 트래픽 급증에 대응하기 위해 10만 개의 클라우드 서버를 증설했다.

코로나 사태가 발생하기 이전에도 에듀테크 시장은 높은 성장세를 보이고 있었다. 교육시장 조사업체 HolonIQ의 2019년 1월 발표에 따르면 전 세계 에듀테크 시장 규모는 2018년 1,520억 달러(약 177조 9,160억 원)에 달했으며 2025년까지 3,420억 달러(약 300조 3,110억 원) 규모로 성장할 것으로 예상했다. 특히 외국어 교육용 앱, 가상 튜터링, 비디오 컨퍼런싱 도구, 온라인 러닝 소프트웨어 등은 코로나 사태 이후 수요가 급증했다.

이렇듯 코로나 사태로 급증하고 있는 에듀테크 수요로 인해 많은 온라인 교육 플랫폼 기업들이 주목받고 있다. IT 전문매체 테크크런치TechCrunch에 따르면 인도의 온라인 튜터링 플랫폼 BYJU'S는 2020년 4월경에 4억 달러의 투자금을 유치했다. 이번 투자금 확보로 인해 BYJU'S는 기업가치를 100억 달러로 평가받으며 세계에서 가장 가치가 높은 에듀테크 기업 중 하나로 여겨지고 있다. BYJU'S는 주로 수학, 물리학, 화학 등 기초과학 분야에서 개념 중심의 온라인 강의를

BYJU'S가 개발한 인터렉션 요소를 가미한 온라인 학습 앱의 화면(좌)과 강의 장면(우)

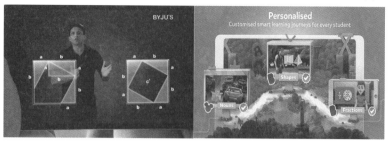

출처: BYJU'S

제공하고 있다. 무료 서비스 이용 고객은 3,000만 명에 이르고 연간 유료 가입 고객은 200만 명에 이른다.

BYJU'S는 사업 초반에 시험을 준비하는 학생들을 온라인으로 코칭하는 방식으로 교육을 진행했는데, 점차 학생들의 개념 이해를 돕기 위한 강의로 방향을 전환하고 있다. BYJU'S는 미디어와 ICT 기술을 폭넓게 사용해 학생들의 개념 이해를 돕고 있으며, 학생들의 흥미와 집중도를 향상시킬 만한 동영상과 게임 형식의 콘텐츠를 제작해 아이들이 좋아하는 인터렉션 요소를 가미했다. BYJU'S의 CEO는 그들의 모토가 플랫폼과 콘텐츠를 효과적으로 사용해 학생들이 배우는 과정을 좋아하게 만드는 것이라고 밝혔다.

중국의 온라인 교육 플랫폼 VIP 키드ᵥᵢₚ ₖᵢ_는 온라인 교육 플랫폼 브랜드인 다미왕샤오와 공동으로 '새싹 플랜'을 내놓고 코로나 바이러스로 인해 개학이 연기된 중국 학생들에게 무료로 영어와 수학 관련 온라인 교육 서비스를 제공하고 있다. VIP 키드는 2013년 설립된 이후 유치원생부터 고등학생까지 모든 학생들을 대상으로 화상영어 서비스를 제공하는 에듀테크 유니콘 기업으로 성장했다. VIP 키드는 학생들이 사용하는 단어의 빈도수와 발음의 정확도를 자동으로 파악해 학습 수준을 분석해주는 서비스를 제공한다. VIP 키드는 안면인식 기술 기반으로 학습자의 시선 추적, 콘텐츠 최적화 등 AI 기술을 활용해 교육 서비스를 차별화하고 있다. 또한 2018년에 마이크로소프트와 협력해 수업 도중에 교사가 강의 내용에 적합한 캐릭터로 변신할 수 있는 AR 기반의 가상 스티커 서비스를 출시하며 학생들의 교육 효과 향상을 위해 노력하고 있다. VIP 키드는 현재 10만 명 이상의 북미권 영어 원어민 교사를 보유하고 있으며 70만 명이 넘는 학생들에게 서비스를 제공 중이다.

영어 회화 교육 기업 후찌앙은 이용자 데이터와 AI 기술을 활용해 학습자 수준에 맞는 개인화된 학습 프로그램을 제공하고 있다. 실생활에서 겪을 수 있는 1,000개 이상의 시나리오를 구현한 온라인 교실은 학습자가 실제 대화를 통해 실시간으로 피드백을 얻으며 언어 습

중국 VIP KID, 안면인식 기술 등을 활용해 수업 중 학생의 집중 정도를 파악

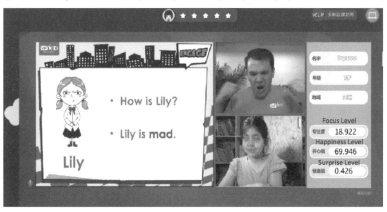

출처: VIP KID

득이 가능하게 지원한다. 원어민 교사는 학습자의 가상학습 결과를 토대로 1:1 피드백을 추가로 제공하여 온라인 교육 효과를 극대화시키고 있다.

온라인 강의나 콘텐츠 제공뿐 아니라 교사들의 원격강의 진행을 위한 소프트웨어 도구들도 활발히 개발되고 있다. 중국의 바이트댄스Bytedance는 교사들을 위한 협업 툴인 라크Lark를 개발했다. 라크는 교사와 학생들의 온라인 접속 증가에 신속히 대처할 수 있으며, 학생들의 프로젝트 공동 작업을 지원하면서 스케줄링 기능과 무제한 비디오 컨퍼런싱 기능 등을 싱가포르 학교들에 제공해 온라인 개학을 지원했다. 한국에서는 코로나 사태로 온라인 개학을 진행하는 대학들을 위해 구글이 국민대와 서울대에 교육용 지스위트G-Suit를 제공하기도 했다.

협업 툴 외에도 온라인 수업을 진행하기 위해서는 학습관리 시스템Learning Management System이 필요하다. 학습관리 시스템은 클라우드 기반으로 출석 확인부터 학습 콘텐츠 업로드, 관리, 평가에 이르기까지 학습 전 과정을 관리하는 솔루션이다. 대표적인 학습관리 시스템에는 구글 클래스룸이 있다. 구글 클래스룸은 2015년 출시되었는데, 개발 초기부터 10억 명 사용자를 가진 Gmail, 유튜브 등을 잇는 차세대 슈퍼앱으로 기획됐다. 다수의 사용자를 염두에 둔 설계 덕분에 느려지거나 끊기지 않고 용량 제한 없이 강의 동영상과 자료를 올릴 수 있다는 장점이 있다. 이러한 장점 덕분에 코로나 이후 약 1억 명으로 증가한 전체 사용자 수에도 불구하고 시스템이 안정적으로 운영됐다. 한국에서는 EBS 온라인클래스, KERIS(한국교육학술정보원)의 e학습터, 네이버 밴드 등이 대표적으로 많이 활용되는 학습관리 시스템이다. 이외에도 에듀테크 스타트업이 개발한 클래스팅은 한국 학교의 수업 특징에 맞춰 알림장, 가정통신문 등의 특화된 기능이 있어 초등학교에서 많이 이용되고 있다.

코로나 사태 이후 영국에서는 에듀테크 기업 외에 미디어 기업들까지 가상 학습과 홈스쿨링을 지원하고 있다. BBC는 2020년 4월 20일부터 학생들을 위해 영국 전역에 14주 분량의 홈스쿨링 강의인 Bitesize Daily 시리즈를 제공하고 있다. Bitesize Daily는 영국 프로축구 프리미어리그EPL의 맨체스터 시티 소속 유명 축구선수 세르지오 아구에로가 나와 스페인어 강의를 진행하고, 유명 물리학자 브라이언 콕스가 태양계에 대해 강의를 진행하는 등 유명인들이 각자의 전문분야나 관련 분야의 교사로 나와 온라인 교육을 지원하여 화제가 되었다.

코로나가 촉발한 일자리 변화, 평생학습으로 대비하라

첨단 기술이 우리 사회를 바꾸고 있다. 코로나 사태로 인해 기술 발전의 속도는 더 빨라져 기업이 필요로 하는 구성원의 역량도 달라지고 있다. 코로나 바이러스 확산에 따른 비대면의 수요가 높아지면서 무인 키오스크와 같은 AI 자동화 시스템이 사람을 대체하기 시작했다. 새로운 역할을 수행하기 위해 새로운 기술을 배우는 리스킬과 기존 업무 역량을 높이는 업스킬이 기업의 화두로 부각되고 있다. 보스턴컨설팅그룹

BCG은 디지털 트랜스포메이션을 하면 업무의 60%는 기존과 같은 수준의 업무이고, 15%는 새롭게 생겨난 업무이며, 25%는 더 이상 필요 없는 업무가 된다고 하면서 기존 업무는 스킬을 높이고Upskill, 새로운 업무는 새로 익히고, 없어지는 업무는 새 업무로 바꾸는Reskill 노력이 필요하다고 주장했다.

세계 최대 이커머스 기업 아마존도 직원 재교육 대상에서 예외일 수는 없다. 아마존은 2019년부터 7억 달러(약 8,000억 원)가 넘는 예산을 투입해 미국 내 직원 10만 명을 재교육하기 시작했다. 아마존 전체 직원 3명 중 1명꼴이며, 민간 기업이 실시하는 재교육 프로그램으로는 사상 최대 규모다. 아마존 소비자 부문 CEO 제프 윌키는 아마존의 재교육을 AI와 로봇으로 인한 일자리 충격을 보여주는 사례라 말하며, AI와 로봇이 대체할 가능성이 높은 물류센터, 상품 배송 등의 인력을 사내 데이터 분석 업무 등의 고급 일자리로 옮기거나 회사 밖의 다른 직업을 찾도록 지원하는 것이 이번 재교육의 목표라고 밝혔다.

컨설팅 업체 맥킨지는 기업 입장에서 직원들의 리스킬과 업스킬에 관심을 가져야 경영 환경 변화에 발 빠르게 대처할 수 있는 유연하면서 애자일Agile한 조직을 구현할 수 있게 된다고 분석했다. 또한 HR 관점에서 불확실한 시대에 진행되는 리스킬과 업스킬은 직원들에게 고용 안정성을 제공해 직원들의 직장 만족도를 높여주는 역할을 하며, 이러한 기업의 재교육 시스템 확립은 기존 인력의 유지뿐 아니라 우수 인재 확보에도 기여할 수 있다고 주장했다.

맥킨지는 코로나 사태 이후를 대비하기 위해 기업들이 리스킬을 실행할 때 지켜야 할 6가지 고려 사항을 제안했다. 첫 번째, 기업의 비즈니스 모델 수행에 필요한 스킬셋을 식별해야 한다. 두 번째, 새로운 비즈니스 모델 수행에 필요한 직원들의 역량을 진단해야 한다. 세 번째, 직원의 현재 역량과 필요한 스킬 사이의 스킬갭Skill Gap을 극복하기 위한 개인별 학습 과정을 기획해야 한다. 네 번째, 교육 설계 후 실제 현장에서 테스트를 빨리 시작해 부족한 부분을 수정한 후 다시 테스트하는 과정을 반복해야 한다. 다섯 번째, 작은 기업처럼 교육을 빠르게 실행하고 타깃 교육과정을 명확히 해야 한다. 여섯 번째, 교육 예산을 방어해야 한다. 큰 폭의 기술 변화가 예상되는 코로나 이후를 대비하기 위해서는 훈련 예산을 확보해 직원들을 준비시켜야 한다.

 IT 컨설팅 업체 가트너는 디지털 비즈니스로 전환을 진행하는 데는 회사 전체 자원들 사이에 불균형이 존재한다고 밝혔다. 가트너는 코로나로 인한 불황기에 조직 차원에서 업스킬이 필요하다고 지적하고 직원들의 업스킬을 지원하기 위해 다음 7가지 접근 방식을 제안했다. 첫 번째, 직원들에게 학습을 명시적으로 허가해 주어야 한다. 직원들은 종종 근무시간에 교육받는 것을 주저한다. 경영진 차원에서 새로운 기술을 배우는 교육을 명시적으로 허가하고 격려해야 한다. 두 번째, 학습자 중심으로 교육을 접근해야 한다. 직원들은 현재 많은 업무를 담당하고 있다. 이를 고려한 교육 일정을 계획해야 한다. 세 번째, 소규모 온디맨드형 교육 프로그램을 활용해야 한다. 많은 에듀테크 기업들이 온라인으로 디지털 기술 교육 프로그램을 제공하고 있는 중이다. 네 번째, 기존 사내 교육 프로그램을 점검해야 한다. 링크드인 러닝, 디그리드, 코세라와 같은 외부 학습 플랫폼은 미래 비즈니스에 필요한 디지털 기술에 중점을 둔 학습 프로그램을 제공하고 있다. 다섯 번째, 사내 교육 프로그램이 디지털 기술 교육에 적합한 커리큘럼을 운영 중인지 확인해야 한다. 여섯 번째, 학습 커뮤니티를 육성해야 한다. 직원들끼리 교육 경험을 공유하고 서로를 지원하는 커뮤니티를 형성해 학습을 심화시킬 수 있도록 지원해야 한다. 일곱 번째, 실제 업무 프로세스상에서 손쉽게 접할 수 있는 교육 프로그램을 구성해야 한다. 예를 들어, 업무를 쉬는 5분 동안 학습할 수 있는 온라인 비디오 콘텐츠를 제공하는 등 업무 중간중간에 직원들이 손쉽게 접할 수 있는 교육 기회를 제공해야 한다.

02
미래 교육 패러다임, ICT로 학습하라

미래 비즈니스를 위한 현장형 인재를 양성하라

코로나 팬데믹 시대 이전에도 교육 시스템의 변화에 대한 공감대는 점점 커지고 있었다. 혁신 기술의 전파, 증가하는 자동화, 인구 사회학적 변화 그리고 기후 변화 등은 현재의 직업 역량을 불필요한 것으로 만들고 있고, 일하는 방식의 변화를 유발하고 있다. 옥스포드대 칼 베네딕트 프레이 교수는 현재 존재하는 직업의 47%가 20년 내에 로봇에 의해 대체되면 이로 인해 사회 불안이 심화돼 경제 불안이 올 수 있다고 전망했다. 또한 그는 새로운 로봇 시대에 맞는 교육 분야의 개혁이 필요하다고 주장했다. OECD는 2019년 고용 통계 보고서OECD Employment Outlook 2019에서 필요한 역량을 학교에서 교육받은 후 직장에서 근무하는 동안 역량을 지속적으로 향상시키는 현장 중심의 교육 시스템이 필요하다고 강조했다.

코로나 사태로 인해 일자리 변화와 업무에 필요한 역량 조건은 빠르게 변화하고 있다. 이에 대응하기 위해서 기업들은 내부 시스템과 외부 학습 포털을 통한 교육 프로그램을 적극적으로 운영하고 있다. 에듀테크 업체인 디그리드는 기업들과 제휴를 맺고 온라인 교육 콘텐츠를 제공하고 있으며, 일부 대학들도 졸업생들을 대상으로 학습 자료를 무료로 제공하고 있다.

2013년 프랑스 이동통신사 프리 모바일Free Mobile 회장인 자비에르 니엘은 글로벌 IT 인재 사관학교 에콜 42Ecole 42를 설립했다. 그는 프랑스의 미래가 디지털 산업에 있다고 판단하고, 이를 이끌어 갈 스타트업 기업과 IT 인재 육성을 목적으로 학교를 설립했다. 에콜 42는 100% 무상으로 교육을 제공하고 있으며, 학력의 제한 없이 만 18~30세에 해당하는 누구나 입학이 가능하다. 에콜 42는 교수, 교재, 학비가 없는 3무 정책을 실행하고 있고, 실제 비즈니스 현장과 유사한 강도 높은 팀 프로젝트를 통해 코딩과 문제해결 능력, 커뮤니케이션 역량 등을 학생들에게 교육시킨다. 에콜 42에 입학하기 위해서는 라 피신La Piscine이라는 학생 선발 과정을 통과해야 한다. 라 피신에는 온라인 테스트를 통과한 약 3,000명의 지원자들이 참여하고, 4주 간의 평가 기간을 통해 1,000명의 학생이 최종 선발된다. 지원자들은 4주 기간 동안 강도 높은 코딩 과제를 수행해야 하고, 평가자들은 해당 지원자가 IT 인재로 거듭날 수 있는 역량을 확보하고 있는지 평가한다.

출처: VentureBeat

에콜 42는 4차 산업혁명 시대에 특화된 교육 시스템을 제공하고 현장에 즉시 투입이 가능한 현장형 인재를 양성한다는 점에서 주목받고 있다. 2018년 말 기준으로 에콜 42의 졸업생들이 창업한 스타트업은 150개에 달하며, 재학생의 30%는 스타트업에 근무하면서 동시에 학업을 진행하고 있다. 에콜 42의 혁신적인 교육 시스템은 많은 국가들의 벤치마킹 대상이 되고 있다. 과학기술정보통신부와 서울시는 2019년 업무 협약을 맺고 한국형 에콜 42를 표방하는 이노베이션 아카데미를 공동으로 운영하기 시작했다. 빠른 속도로 변화하는 기업 비즈니스 현장에서 즉시 활약할 수 있는 현장형 소프트웨어 인재 양성을 위해 2020년 2월 207명의 1기 교육생을 선발해 교육시키고 있다.

정부와 공공기관뿐만 아니라 민간 기업들도 현장에 필요한 인재를 직접 양성하기 시작했다. KT는 사내에서 AI 인재 육성을 위해 연령, 부서, 직급 등 모든 제한 없이 381명을 선발했다. 1년에 약 400명씩 AI 인재를 배출해 향후 3년 동안 중급 수준의 AI 전문가를 최소

1,000명 이상 양성할 계획이다. KT의 AI 인재 육성 프로그램은 크게 두 가지다. 첫 번째는 AI 개발 육성 코스로 6개월간 AI 학습에만 집중해서 교육이 끝나면 정보기술, 네트워크, 클라우드 등 AI 관련 부서에 배치시킨다. 두 번째는 현장 AI 인력 양성 코스로 현업과 병행하며 1년간 교육이 진행된다. AI 인력 양성 코스는 서로 다른 지식과 배경을 갖고 있는 직원들이 10명씩 프로젝트 팀을 구성해 학습하게 된다. 이론만 배워서는 기술을 활용하는 데 한계가 있다고 판단해 실제 프로젝트를 수행하면서 AI를 어떻게 적용할 수 있을지 경험을 통해 배울 수 있게 교육 프로그램을 운영하고 있다.

AI를 활용한 맞춤교육으로 학습 효과를 높여라

ICT 기술을 활용한 교육의 지능화 흐름은 미래 교육의 모습을 바꿀 것으로 전망된다. 교사는 학생 개인별 학습 상태를 빅데이터를 통해 파악하고, 인공지능을 활용해 수업 성취도를 고려한 맞춤 문제를 제공해 보다 효율적으로 학습을 진행할 수 있게 될 것이다. 또한 인공지능을 활용한 AI 교사가 등장해 수업을 진행하고, 선생님은 학습 과정을 관리만 하는 형태의 교육이 등장할 수 있다. 에듀테크 스타트업은 학습자의 성취도, 학습이력 등 빅데이터를 분석해 능력을 진단하고 맞춤형 학습을 제공하는 AI 기술 활용 서비스를 계속해서 개발해 나갈 것이다.

칸랩스쿨Kahn Lab School은 기술을 활용해 개인별로 맞춤형 학습을 제공하는 방식의 향후 교육 산업이 나아가야 할 길을 가늠해 볼 수 있

'칸랩스쿨'에서 학생들이 개인별 맞춤 수업을 진행하는 모습

출처: Business Insider

는 사례다. 미국 매사추세츠공대MIT를 졸업하고 애널리스트로 일했던 살만 칸이 2008년 설립한 칸랩스쿨은 학생 개인별 맞춤형 교육을 제공하여 학업 성취도를 극대화하기 위해 설립된 대안학교이다. 칸랩스쿨 학생들은 인공지능 기반으로 추천된 개인 맞춤형 교육을 이수한다. 학생들은 자신의 흥미와 수준에 맞춰서 수업을 들을 수 있으며, 단편적인 시험 점수로만 평가받지 않고, 프로젝트 형태로 수업을 받기 때문에 학습 효과를 극대화할 수 있다. 또한 스스로의 강점과 약점을 파악한 후 자율적으로 학습을 진행하면서 학업 능력과 사회적 역량 등을 효과적으로 키울 수 있다. 칸랩스쿨은 개인별 맞춤형 교육 방식을 현실화하기 위해 혁신 기술들을 적극 도입하고 있다.

한국에서는 에듀테크 스타트업들이 맞춤교육 확산을 주도하고 있다. 2020년 5월 한국무역협회가 발표한 에듀테크 보고서에 따르면 맞춤형 학습 서비스를 제공하는 국내 주요 에듀테크 스타트업에는 뤼이드, 노리, 매스프레소가 있다. 뤼이드는 딥러닝 기술로 학습자가 틀릴 수 있는 문제를 예측하고, 점수를 가장 빨리 올릴 수 있는 문제를 제공해 최단시간 내에 효율적으로 점수를 향상시켜주는 산타토익 서비스를 제공하고 있다. 노리는 딥러닝 수학 교육 기술 플랫폼을 활용해서 학습 능력을 진단하고 개인별 맞춤형 교육과정과 콘텐츠를 제공한다. 매스프레소는 질문과 답변, 풀이 검색이 가능한 플랫폼 콴다를 운영하고 있다. 매스프레소의 콴다는 AI 기반의 광학문자인식OCR 기술을 활용해 궁금한 수학 문제를 사진 촬영해서 올리면 5초 안에 해설을 제공하는 5초 풀이 검색 서비스를 제공하고 있다.

비싼 해외 유학이 필요 없어진다

한국은 코로나 팬데믹으로 인해 2020년 4월부터 한 달가량 온라인 개학이 진행되었다. 국내 한 언론사가 한국 교원단체 총연합회에 의뢰해 전국 초·중·고 교사 1,025명을 대상으로 온라인 수업 관련 설문을 실시한 결과 응답자 중 54.6%는 등교 이후에도 온라인 수업에서 사용한 학습 도구를 활용할 계획이라고 답했다. 물론 등교 전환 이후 기존의 오프라인 방식으로 돌아가겠다는 답변도 45.5%에 달했지만, 포스트 코로나 시대에는 온라인이나 디지털 교육 툴의 활용이 증대되고, 오프라인 수업과 온라인 학습을 혼합한 블렌디드Blended 학습 영역도 확대될 전망이다.

코로나로 인한 교육 산업의 변화는 초·중·고 의무교육에만 국한되는 것이 아니다. 대학, 대학원 등 고등 교육에도 큰 변화가 예상된다. 코로나 팬데믹 이후 교육부는 대학이 원격수업을 진행할 수 있는 학점 수를 전체 이수 학점의 20% 이내로 제한하는 규정을 한시적으로 적용하지 않았다. 그로 인해 대다수의 대학들은 사상 처음으로 대면 수업 없이 온라인으로만 수업을 진행하는 학기를 운영했다. 이처럼 대학들이 온라인 교육을 확대하자 사람들은 대형 캠퍼스를 갖고 있는 기존 대학의 존재 이유에 대해 다시 생각하는 기회를 얻었다. 미국 언론사 블룸버그는 포스트 코로나 시대에는 대학 진학 인원의 감소, 대학들의 부채 증가, 온라인 수업의 증가 추세가 더욱 강화되어 고등 교육을 근본적으로 변화시킬 가능성이 높다고 경고했다. 특히 해외 유학생에 의존했던 미국 대학들은 코로나 사태로 인한 유학생 감소로 큰 어려움을 겪게 될 것으로 전망된다.

영국의 유력 언론 파이낸셜 타임스는 코로나 사태가 대학교와 대학원 등의 고등 교육 분야에서 온라인 교육 시스템에 대한 수요를 전 세계적으로 증가시키고 있으며, 이로 인해 대학교와 대학원들의 신입생 확보가 불투명하게 되었다고 지적했다. 또한 전염병 확산을 막기 위해 시행된 전 세계적인 이동 제한 및 사회적 거리두기는 학부에 비해 외국 학생 의존도가 높은 MBA 스쿨에 더 큰 타격을 가했다고 한다. 세계 최고 수준으로 평가 받는 MBA 스쿨들도 코로나 사태로 인해 지원자가 감소하고 있다. 와튼 스쿨The Wharton School은 더 많은 지원자를 확보하기 위해 2020년 가을학기 입학 지원 마감일을 14일 연장한 4월 15일로, 시카고 대학교Booth School of Business는 59일 연장한 5월 31일로 변경하기도 했다. MBA 시장은 코로나 팬데믹 이전에도 어려움을 겪고 있었다. 2년간의 풀타임 학위에 대한 수요는 지난 5년 동안 매년 감소했다. 이에 따라, MBA 스쿨들은 비교적 저렴한 온라인 MBA 과정을 출시했고, 평생 학습을 모토로 한 교육 서비스를 제공하거나, 고가의 등록금을 선불로 지불하는 방식 대신 할부로 지불하는 등 변화를 모색하고 있다.

해외 유학을 나가는 사람들 중 많은 사람들이 졸업 후 현지에 취업하곤 했다. 하지만 코로나 사태로 졸업 후 현지 취업이 어려워지면서 해외 유학에 대한 매력이 떨어지고 있다. 2020년 5월에 발표된 월스트리트 저널 기사에 따르면 코로나 사태로 2020년 4월 미국의 실업률은 전월 대비 10.3% 포인트 증가한 14.7%로 급증했다. 이에 미국 트럼프 행정부는 자국인 대학 졸업자들을 보호하기 위해 해외 유학생들이 졸업 후 OPT 프로그램을 이용해 미국 내에서 취업하는 것을 제한하려 한다. 코로나로 인해 교육 대내외적인 환경이 급변하면서 비싼 학비를 지불해야만 하는 해외 유학이 더 이상 필요 없는 시대가 올 수 있다.

03

통신 ICT에 대한 적극적 투자가 에듀테크 강국을 만든다

옛날부터 교육은 백년지대계라고 했다. 교육은 아이들의 미래 더 나아가 국가의 미래를 결정한다. 포스트 코로나 시대에는 온라인 기반의 교육 인프라 구축이 중요해진다. 이번 코로나 사태를 통해 한국은 540만 명에 이르는 학생이 큰 문제없이 온라인 교육을 받으며, 온라인 개학 기간을 무사히 넘겼다. 그 이면에는 초고속 통신망, 클라우드 시스템, 스마트폰, 태블릿 PC 등 세계가 주목한 한국의 정보통신기술ICT이 있었다. KT는 국내 대학들의 온라인 교육 진행 도중의 트래픽 폭증과 다운 등에 대응해 서버 및 클라우드 증설에 나섰으며, 저소득층 가정을 위한 인터넷 회선과 IPTV 내부의 교육용 콘텐츠 전송 등을 지원했다.

통신 인프라 외에도 보안, 학습관리 솔루션 등의 고도화 역시 중요하다. 줌 유니버시티Zoom University라 불릴 만큼 코로나 확산으로 줌을 통한 원격강의를 진행하는 사례가 많아졌는데, 미국과 캐나다의 교육당국은 보안 이슈가 대두되자 교육 현장에서의 줌 사용을 금지했다. 줌이 보안 문제로 주춤하는 사이 마이크로소프트의 협업 솔루션 팀즈가 높은 수준의 보안을 강조하며 시장 점유율 확대를 시도하고 있다. 실제 팀즈를 활용한 화상회의는 2020년 3월 사용시간이 이전 2월보다 1,000% 급증하며 보름 만에 3배나 증가했다. 코로나 팬데믹 기간 동안 네이버 비즈니스 플랫폼, 시스코, 맑은 소프트웨어 등은 국내 대학에 학습관리 시스템LMS 솔루션을 일정 기간 동안 무료로 지원하기도 했다.

이번 코로나 사태로 입증된 것처럼 통신과 ICT에 대한 투자는 산업의 발전뿐 아니라 온라인 개학이라는 사상 초유의 사태에도 유연하게 대처할 수 있게 지원하면서 대한민국 교육에 기여해왔다. 뿐만 아니라 AI와 빅데이터 분석 기술 등을 활용한 맞춤형 학습과 적응형 학습으로 온라인 교육의 한계라고 평가되었던 학습에 대한 집중력 저하 문제 등을 해소할 수 있게 되었다. 1997년 IMF 위기 시기부터 진행해 온 인터넷과 ICT 인프라에 대한 대규모 투자로 대한민국 교육은 코로나로 인한 교육 파행 위기를 슬기롭게 극복할 수 있었다. 코로나가 촉발한 미래 변화를 준비하기 위해 대한민국은 다시 한번 통신과 ICT 인프라에 대한 적극적인 투자를 추진해야 할 것이다.

2부 포스트 코로나 시대, 새로운 트렌드가 온다

CORONA

4장

원격진료 본격화,
디지털 헬스케어 시장이 열린다

ECONOMICS

01

ICT는 코로나 팬데믹을 미리 알고 있었다

코로나 사태를 가장 처음으로 예측한 디지털 헬스케어 기업 '블루닷'

세계보건기구WHO나 미국 질병통제예방센터CDC보다 빠르게 코로나의 집단 감염을 예측한 기업이 있다. 바로 캐나다 토론토 의대 교수 캄란 칸Kamran Khan박사가 2008년 설립한 캐나다의 대표적인 디지털 헬스케어 스타트업 블루닷BlueDot이다. 블루닷은 자사 솔루션을 활용해 2019년 12월 31일 중국 우한에서 새로운 코로나바이러스가 발병한 뒤 서울과 도쿄, 홍콩, 마카오, 타이베이 등으로 확산될 확률이 높다는 알림을 고객사에 보냈다. 이후 2020년 1월 14일 분석 과정을 자세하게 설명한 내용을 여행의학 저널Journal of Travel Medicine을 통해 발표했다. 질병통제예상센터는 블루닷이 최초로 경보를 보낸 것보다 6일 늦은 2020년 1월 6일,

코로나 확산을 예측하는 '블루닷' 익스플로러 솔루션 화면

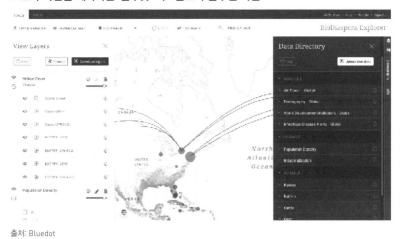

출처: Bluedot

세계보건기구는 2020년 1월 9일 확산을 경고했다.

블루닷이 제공하는 솔루션은 크게 인사이츠_{Insights}와 익스플로러 Explorer 두 가지다. 인사이츠는 실시간으로 전염병 관련 알림을 보내는 프로그램으로 세계 각 지역에서 어떤 전염병이 문제가 되고 있는지 알려주는 것은 물론 특정 질병이 진원지를 벗어나 다른 지역으로 확산될 가능성 정도, 각 질병별 감염 방식, 잠복기, 예방법 등을 보여준다. 이용자들의 현재 위치를 파악해 해당 지역에서 전염병이 발생할 가능성 정도를 계산해주는 기능도 있다. 익스플로러는 클라우드 기반 소프트웨어로 지역별 인구 밀도와 항공권 이용 정보, 동물·곤충 질병 현황, 기후 정보를 포함한 다양한 데이터를 보여준다. 특정 지역에서 전염병이 나타날 가능성이 얼마나 되는지 분석하는 기능도 갖췄다.

블루닷은 자연어 처리 기술_{NLP}과 머신러닝을 활용하여 데이터를

미국 '헬스맵', AI로 실시간 코로나19 확산 추적

미국 보스턴 어린이병원이 운영하는 실시간 세계보건지도 '헬스맵Healthmap'은 AI 를 사용하여 새로운 코로나의 확산을 지속적으로 추적하는 디지털 지도를 만들 었다. 다른 많은 코로나 맵은 하루에 한 번만 갱신되는 반면, 헬스맵은 AI를 기반 으로 전염병의 확산 속도와 발생 현황을 분석해 실시간으로 정보를 제공한다. 헬스맵은 2006년 설립된 이후 꾸준히 전염병을 추적해왔다. 온라인 뉴스, 소셜미 디어, 정부 보고서 등을 통해 독감이나 말라리아와 같은 전염병에 대한 언어 데 이터를 분석하기 위해 자연어 처리 기술을 활용하고, 머신러닝 시스템으로 텍스 트를 스캔하고 분석하여 온라인 맵에 발병 가능성이 높은 곳을 표시해준다. 헬스맵은 코로나 바이러스 환자를 진단할 때 우편번호와 같은 환자 정보를 이 용해 바이러스가 발병한 지역 또는 감염 범위를 식별할 수 있다. 모바일 앱 Outbreaks Near Me는 도서관, 지역 보건부, 정부 및 해외 여행자를 포함한 여러 유형의 사람들에게 광범위한 신종 감염병에 대한 실시간 정보를 제공하고 있다.

보스턴어린이병원이 개발한 코로나 발병 지역을 추적하는 '헬스맵'

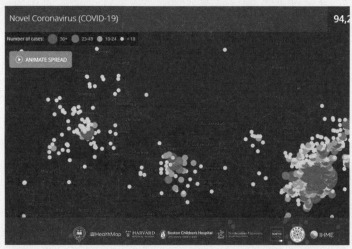

출처: Wall Street Journal

헬스맵은 온라인 전 세계 뉴스, 정부 보고서, 전문가가 논의한 토론, 세계보건기구와 국가별 질병 관리기관의 검증된 공식 보고서를 포함해 모든 이질적인 데이터 소스를 통합한 뒤 현재 코로나의 글로벌 현황과 인류의 건강에 끼치는 영향에 대해 통일되고 포괄적인 정보를 제공하고 있다. 이는 자동화된 프로세스를 통해 9개 언어로 서비스 중이다.

분석한다. 이를 통해 15분마다 100개 이상의 감염병 발생을 추적하고 확산 경로 및 범위를 예측할 수 있다. 블루닷의 역학자epidemiologists와 의사들은 수작업으로 데이터를 분류하고, 연관된 키워드들이 효율적으로 스캔될 수 있게 분류 체계taxonomy를 개발한 이후 머신러닝과 자연어 처리 기술을 활용해 알고리즘이 사람의 판단이나 분류법을 따라 수행하도록 훈련한다.

블루닷은 감염병 발생추적 데이터와 바이러스 발생 및 확산 패턴 예측 데이터로 감염병 발생부터 확산에 이르기까지 고려할 수 있는 거의 모든 요인들을 분석한다. 행정 정보(인구 수, 지리적 위치), 바이러스 특징(유전자 분석, 감염 방식, 잠복기), 기존 다른 감염병의 확산 양상 등을 종합적으로 분석한 다음, 비행 티켓 판매정보를 활용해 도시에 인접한 공항과 승객들이 어디로 향할지 등에 근거한 질병 확산 분산 그래프로 작성한다. 모든 여행객이 비행기를 이용하는 것이 아니기 때문에 모바일 디바이스로부터의 비식별화된 위치 정보를 수집해 질병 근원지로부터 전 세계로의 전파 경로를 추적한다. 하지만 블루닷 알고리즘은 소셜미디어 포스팅에는 사람들의 기분이 반영되어 문제가 과장되거나 축소될 수 있어 데이터 신뢰성 문제를 야기하기 때문에 활용하지 않는다.

　데이터 취합 및 선별이 완료되면 감염병 전문가들이 결과의 타당성을 엄격히 검증하고, 적절한 공개 시기와 범위를 결정해 공식적으로 발표한다. 1차적으로 의사, 프로그래머 등 40여 명의 직원들이 프로그램의 결과를 점검한 후, 2차적으로 감염병 역학조사 전문가가 이를 다시 점검하여 예측 결과를 확정한다. 최종 리포트는 감염 전파 속도를 모니터링하고 공개 시점을 내부 조율 후 미국과 캐나다를 포함한 12개국 항공사와 보건 조직, 관련 병원에 전송한다.

　불과 10년 전만 해도 빅데이터와 AI를 활용한 감염병 확산 예측에는 한계가 있었다. 2008년 구글의 독감 예측 서비스는 실제 질병 규모보다 과도하게 부풀려 예측하는 등 정확성에 문제점을 드러냈다. 블루닷 사례는 코로나 환자가 전 세계적으로 급증하고 있는 상황에서 향상된 ICT 기술을 통해 디지털 헬스케어가 감염병 예방과 확산을 발 빠르게 예측하고 방지하는 데 중요한 역할을 수행할 수 있음을 보여주었다.

02

코로나 위기 속에 활약하는 디지털 헬스케어

코로나 사태로 본격화된 원격의료 서비스

코로나 사태로 급증하고 있는 의료 서비스 수요에 효율적으로 대응하기 위한 대체 의료 서비스의 일환으로 원격의료 서비스가 부상하고 있다. 코로나 사태로 의료 분야에서도 비대면 접촉 선호도가 증가하고, 막대한 의료 비용과 의료진의 부족, 만성질환에 시달리고 있는 고령인구의 증가 등의 근본적인 헬스케어 시스템의 문제를 해결하기 위한 방안으로 원격의료 서비스가 주목받고 있다. 원격의료 서비스를 추진하기 위해 미국 정부는 코로나 대응 예산에서 원격의료 서비스를 보장하는 데 약 5억 달러의 예산을 배정했고, 미국 주요 보험사들도 코로나 관련 원격의료 비용을 보장하는 것을 검토하고 있다. 시장조사 기업 IBIS

World에 따르면 대표적인 헬스케어 리딩 국가인 미국의 원격의료 서비스 시장은 2019년 24억 달러에 도달했고, 향후 5년간 시장이 연평균 9.2%씩 성장해 2024년에는 37억 달러 규모로 성장할 것으로 전망된다.

원격의료 시장의 대표적인 제품과 서비스에는 원격의료용 기기와 원격의료 상담, 원격의료 소프트웨어 등이 있다. 먼저 의료기기는 원격의료 시장에서 가장 큰 비중을 차지해 전체 매출의 44.3%를 차지하고 있으며, 환자의 건강 정보를 의사에게 전송할 수 있는 인공심장 박동기와 당뇨 환자를 위한 혈당 모니터링 기기 등이 있다. 다음으로 원격의료 상담은 원격의료 시장 매출의 36.2%를 차지하고 있고, 스마트폰 보급으로 의사와 환자 간 의사소통이 수월해지면서 서비스 활용이 증가하고 있다. 마지막으로 원격의료 소프트웨어는 의료기관이나 환자가 사용하는 소프트웨어로 대다수의 스마트폰에 설치되어 있는 헬스 케어 앱(애플헬스, 삼성헬스)도 이에 포함된다. 원격의료 소프트웨어가 취급하는 데이터는 개인의 중요한 건강 정보를 담고 있기 때문에 해커들의 공격에도 안정적으로 운영할 수 있는 높은 수준의 보안이 요구된다.

코로나 사태로 가장 주목받고 있는 세부 원격의료 영역은 원격의료 상담 영역이다. 한국 정보통신산업진흥원이 2019년 12월 발표한 해외 디지털 헬스케어 보고서에 따르면, 원격의료 상담을 담당하는 대표적인 헬스케어 스타트업으로 영국의 바빌론 헬스Babylon Health가 있다. 바빌론 헬스는 챗봇을 활용해 원격으로 상담을 진행하고, AI를 기반으로 의료 데이터를 분석해 환자의 질병을 진단해주는 서비스를 제공한다. 바빌론은 2013년 설립된 후 2019년말 기준 기업가치가 약

챗팅으로 환자의 증상을 진단해주고 필요하면 의사들과 원격으로 연결해주는 '바빌론'

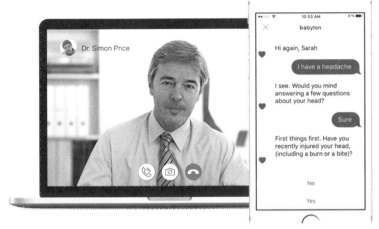

출처: Mobile Health News

20억 달러로 평가받고 있으며 연 매출은 900만 달러를 기록하고 있다. 바빌론은 코로나 사태로 의료 수요가 급증하면서 의료진의 수가 부족하고 대면진료가 지양되는 상황에 인공지능 챗봇을 활용해 환자의 병을 진단할 수 있게 지원하고 있다. 환자가 챗봇에 자신의 증상에 대해 입력하면 챗봇은 의료 데이터를 활용해 질병을 진단하고 병의 심각성 여부를 추론하여 진단 정보를 제공한다. 환자들은 챗봇을 통해 진단 결과를 확인할 수 있고 결과에 따라 의사들과 원격으로 1:1 상담을 받을 수 있도록 안내받는다.

프로테우스 디지털 헬스Proteus Digital Health는 복용 가능한 센서와 캡슐 의약품이 결합된 약품을 활용해 환자의 건강 상태를 모니터링하는 서비스를 제공한다. 프로테우스가 개발한 특수 캡슐은 환자 몸에 부착하는 웨어러블 디바이스의 통신 모듈을 통해 환자가 처방대로 약물을 복용하고 있는지의 여부를 모니터링한다. 프로테우스는 미국 캘리포니아에 위치한 헬스케어 기업으로 2001년 설립되어 약품의 투약 결과와 생체정보를 모니터링하고 있다. 기업가치는 약 15억 달러로 평가받고 있으며, 연 매출은 약 2,000만 달러 수준으로 추정된다. 미국에서는 환자들이 의사와 약사의 처방에 따라 약을 복용하지 않아 경제적으로 약 1,000억 달러 규모의 손실이 발생한다. 프로테우스는 환자들이 의료진이 가이드해준 투약 일정을 준수할 수 있도록 도움을 주어 개인적으로는 건강 상태가 개선되고, 사회 전체적으로는 질병 악화로 인한 사회적 손실을 절감할 수 있게 해줘 큰 주목을 받고 있다.

텔라닥Teladoc은 미국 원격의료 시장 점유율 1위를 차지하고 있는 대표적인 디지털 헬스케어 기업이다. 해외 언론 CNBC에 따르면, 텔라닥은 2019년 약 106만 명의 이용자를 확보했는데, 2020년 1분기 가입자 수가 크게 늘어 이용자가 약 204만 명을 돌파했다고 한다. 또한

'프로테우스'의 특수 캡슐, 웨어러블 디바이스, 스마트폰 앱 패키지

출처: Medgadget

2020년 4월말 텔라닥의 주가는 2019년 6월초 54달러에서 약 3.5배 상승한 194달러를 기록하며 비대면 의료 수요가 급증하고 있는 상황을 대표적으로 보여줬다. 텔라닥은 2002년 설립된 이후 2016년 미국 원격의료 시장의 70%를 점유했고, 코로나 이후에도 웹사이트 트래픽 기준으로 약 50% 이상의 점유율을 확보한 것으로 추정된다. 고객들은 웹사이트나 스마트폰 앱 등을 통해 원격으로 진료를 받을 수 있고, 진료과목도 일반 진료부터 피부과, 정신과, 소아과, 산부인과 등 다양하다. 환자가 텔라닥의 서비스를 신청하면 건강보험 가입 여부와 성별, 나이, 사용하는 언어 등을 고려해 적합한 의료진이 배정되고 10분 내에 의사의 진료를 받을 수 있다. 의사의 원격진료가 끝나면 처방전이 지정된 약국으로 전송되고 의약품 배달도 가능하다. 텔라닥은 기업들과 파트너십을 맺어 직원들에게 원격의료 솔루션을 제공하는데, 2020년 1월 기준으로 약 1만 2,000개의 고객사를 확보하고 있으며, 서비스 가입 고객 수는 4,300만 명에 이른다.

알리바바의 자회사 알리건강Ali Health은 코로나 사태 이후 중국에서 크게 활약하고 있다. 알리건강은 2014년 설립된 후 온라인으로 의료 서비스를 제공하고, 의약품을 판매하며, 의료정보를 제공해주는 종합 헬스케어 기업이다. 알리건강은 의약품 판매업을 시작으로 오프라인 약국 인수와 이커머스 유통망을 활용한 의약품 온라인 판매까지 사업을 지속적으로 확장해왔다. 온라인 헬스케어 영역을 빠르게 선점하면서 투자 비용이 늘어나 영업 적자를 벗어나지 못했었는데 코로나 사태를 기점으로 개선될 조짐을 보이고 있다. 알리건강은 코로나로 중국 우한이 정식 폐쇄된 직후인 2020년 1월 24일 후베이성 주민을 대상으로 비대면 의료 서비스를 무료로 개방한 후 4일만에 160만 명이 온라인 의료 서비스를 이용했다. 도시 폐쇄로 밖으로 나가기 힘든 고객들은 원격진료 후에 처방전이 앱에 업로드되면 알리건강대약방 배송을 통해 빠르면 30분 내에 약품을 받아볼 수 있다. 알리건강은 알리바바의 탄탄한 유통 인프라를 활용해 코로나 사태로 수요가 급증하고 있는 의약품을 필요로 하는 곳에 빠르게 배송하여 중국 소비자들의 긍정적인 평가를 받고 있다.

알리건강 외에도 중국에서는 2014년부터 테크 기업들을 중심으로 원격진료 서비스 개발이 활발하게 진행돼왔다. 중국의 테크 기업들은 코로나 이전에 디지털 헬스케어 분야에 부분적으로 기술을 제공해왔는데, 코로나 확산 이후에는 무료 플랫폼을 제공하고, AI를 활용해 바이러스 치료제를 개발하는 등 헬스케어 비즈니스 영역을 본격적으로 확장하고 있는 추세이다. 바이두는 AI 기술을 특화해 사업을 추진하고 있으며, AI 오픈 플랫폼인 바이두대뇌를 통해 AI 핵심기술을 공개했다. 또한 CT 영상을 통한 폐렴 진단 및 증세 예측 시스템을 개발하고 있으며, 짜이셴원이성 앱을 통해 무료로 진료를 제공하고, AI 진단 시스템 등을 개발하고 있다. 텐센트Tencent는 코로나 발생 이전부터 웨이이 등의 원격진료 앱에 꾸준히 투자해왔다. 코로나 확산 이후에는 AI 진단 시스템을 개발하고 있고, 위챗과 연동된 텐센트건강 앱을 통해 24시간 건강 상담을 제공하고, 지역 병원과도 연계해 온라인 진료 서비스를 제공하고 있다. 이뿐만 아니라 코로나 치료제와 백신 개발을 위해 전염병 전문 AI 연구소 등을 설립하는 등 코로나 퇴치에 적극적으로 투자하고 있다.

글로벌 통신사들도 코로나 사태로 주목받고 있는 원격의료 시장의 가능성을 보고 오랫동안 진출을 준비해왔다. 미국 통신사 AT&T는 10년 전부터 헬스케어 전담부서를 신설해 원격의료 사업을 준비해왔다. 헬스케어 솔루션 업체이자 데이터 수집 업체인 OneLife Technologies와 제휴를 맺어 LTE 네트워크를 활용한 원격진료용 스마트워치 OnePulse를 개발했다. 2019년 1월에는 시카고 러시 대학병원에 미국 최초로 원격진료를 위한 병원 내 5G 네트워크를 구축하며 원격의료 인프라를 확장하고 있다. AT&T는 코로나 사태 이후 건강 모니터링 기술 개발업체 VitalTech와 협력해 보안성이 뛰어난 네트워크와 데이터 분석 기능을 지원하는 원격진료 서비스를 60일간 무료로 제공했다. 캐나다 통신사 Telus도 캐나다 주 정부와 협력해 원격진료 사업을 진행하고 있으며, Telus 통신의 자회사 Telus Health는 영국의 AI 헬스케어 업체 바빌론Babylon과 협력해 2019년 3월부터 환자가 챗봇으로 언제나 진료받을 수 있고, 필요 시 15분 내에 의사와 화상으로 진료를 진행하는 서비스를 제공하고 있다. 해당 서비스는 출시 8개월 만에 캐나다 전역에서 수만 명의 이용자들이 앱을 다운로드 받으면서 캐나다 언론의 주목을 받았다.

웨어러블로 24시간 모니터링, 코로나를 초기에 잡는다

코로나 사태에 대처하기 위해 핏빗Fitbits과 애플워치Apple Watches 같은 웨어러블 디바이스로 실시간 건강 데이터를 수집해 질병의 경과를 추적하기 시작했다. 웨어러블 디바이스는 코로나 바이러스 감염 여부를 파악하는 데 도움을 주는 심박수 또는 체온 등을 측정하고 모니터링하는 데 도움을 준다. 의료진들이 직접 심박수와 체온의 변화를 지속적으로 모니터링하는 것은 힘든 일이지만 웨어러블 디바이스를 활용해 원격으로 측정하면 코로나 진단과 치료에 도움을 주는 건강 데이터를 실시간으로 확보할 수 있다.

코로나 사태로 사회적 거리두기와 도시 봉쇄 조치가 실행되고 있는 상황에서 웨어러블 디바이스를 활용한 연구는 질병의 확산을 억제하기 위한 새로운 솔루션으로 주목받고 있다. 영국보건서비스NHS는 웨어러블 디바이스를 활용한 코로나 진단 및 관리 시스템 개발을 위해 2020년 6월초에 헬스케어 스타트업 Huma와의 파트너십을 발표했다. 영국보건서비스는 코로나 감염으로 집에서 회복 중인 160명 이

NHS에서 활용할 'Huma'의 코로나 환자 모니터링 패키지

출처: PR News

상의 환자를 대상으로 Huma의 원격 건강 모니터링 기술을 사용해 건강 상태를 모니터링하는 연구를 진행할 계획이다. 영국보건서비스가 진행 중인 웨어러블 디바이스를 활용한 코로나 모니터링 프로그램은 Huma가 개발한 맥박 산소 농도계를 활용해 혈액의 산소 포화도 수준을 감지하고, 환자의 스마트폰 카메라로 피부 표면의 혈류를 포착하여 심박수를 감지한다. 수집한 데이터는 앱을 통해 환자의 건강 상태를 파악할 수 있도록 의료진들에게 제공된다. Huma의 CEO인 댄 바닷Dan Vahdat는 웨어러블 디바이스를 활용한 코로나 모니터링 시스템이 병을 예방하고 예측하는 데 도움을 주는 선제적인 헬스케어 프로그램이라고 이야기하고 있다. 또한 그는 웨어러블 디바이스를 사용해 질병 상태를 수치화하고 개인별로 맞춤형 디지털 건강 솔루션을 제공 할 수 있어 공공보건 증진에 도움을 준다고 했다.

유럽의 작은 국가인 리히텐슈타인에서는 코로나 사태에 국민들의 건강 상태를 실시간으로 모니터링하고 관리하기 위해 생체인식 팔찌를 보급하기 시작했다. 2020년 4월부터 20명당 1개씩 생체인식 팔찌를 순차적으로 나눠준 이후에 최종적으로 전체 국민 3만 8,000명 모두에게 나눠주는 것을 목표로 공급이 진행되고 있다. 이외에도 미국 스탠퍼드 대학의 유전학과 마이클 스나이더Michael Snyder 교수는 코로나 바이러스에 감염된 사람과 감염될 확률이 높은 사람들의 웨어러블 디바이스 데이터를 분석한 결과, 데이터 분석 사례의 75% 정도가 코로나 진단 직전과 진단 시점에 심박수가 급증하는 것을 발견했다.

핀란드 헬스케어 기업 오우라OURA는 웨어러블 디바이스인 스마트링을 생산하는데, 손가락에 끼는 스마트링에는 센서가 탑재되어 있어 착용자의 체온, 심장박동 수, 호흡 수, 수면 패턴 등을 지속적으로 측정하고, 확보한 건강 데이터는 코로나를 감지하는 데 활용하고 있다. 실제로 오우라 스마트링을 착용하던 한 사용자는 평소와 똑같이 아침에 일어났는데 오우라 앱에서 평소보다 체온이 1도 정도 올라가고 이날의 건강 컨디션 점수가 평소보다 많이 떨어진 것을 확인했다. 별다른 이상 증상은 없었지만 오우라 스마트링의 낮은 건강 컨디션 점수를 바탕으로 코로나 검사를 받으러 간 사용자는 코로나 확진 판정을 받았다. 웨어러블 디바이스를 통해 측정한 데이터를 기반으로 코로나를 조기에 진단하고 선제적으로 조치를 취한 것이다. 실제로 오우라 스마트링의 코로나 확진 예측 시스템은 테스트 결과 약 90% 이상의 정확도를 기록한 것으로 알려졌다. 이로 인해 2019-2020 시즌 재개를 선언한 NBA는 선수들의 오우라 스마트링 착용 의무화를 추진하고 있다. 오우라는 조기 진단에 머물지 않고 발병 24시간 전에서 최대 3일 전에 발병을 예측하기 위해 록펠러연구소와 뉴욕의 병원들과 제휴해 의료 인력의 건강 데이터를 분석하며 발병 예측 시스템을 개발하고 있다.

웨어러블 디바이스 우프Whoop는 피트니스 트래커다. 신체활동이나 외부자극 등에 대처하기 위한 반응으로 심장박동이 빨라지거나 느려지는 변화를 나타내는 심박변이도HRV 측정을 통하여, 코로나 바이러스 감염으로 인한 건강 데이터의 극적 변화 순간을 포착하여, 코로나 진단에 도움을 주고 있다. 우프는 코로나 진단의 정확도를 높이기 위해 호주 클리블랜드클리닉, 센트럴퀸즐랜드 대학과 함께 코로나 관련 연구를 진행하고 있다. 우프의 공동 연구팀은 코로나 확진 판정을 받

2부 포스트 코로나 시대, 새로운 트렌드가 온다

은 우프 사용자의 건강 데이터를 활용해 호흡률의 변화와 코로나 증상과의 연관성에 대해 조사하고 있다. 우프의 건강 데이터를 분석한 결과에 따르면 호흡기 증상의 급증이 코로나의 전조라 보기 때문에 웨어러블 디바이스를 활용한 건강 데이터 모니터링이 코로나 바이러스를 잠복기 동안 식별해내는 데 도움을 줄 수 있다고 언급했다.

웨어러블 디바이스를 활용한 원격 환자 모니터링 시스템은 코로나에만 국한되지 않고 다양한 질병 대응에도 활용될 수 있다. 헬스케어 기업 Huma는 중국 테크 기업 텐센트와 파킨슨병에 대한 임상 시험을 시작했으며, 환자의 손 움직임을 분석해 병의 상태를 추적하는 기술을 개발하고 있다. 질병 역학 전문가 재니퍼 라딘Jennifer Radin은 영국 유명 의학 저널인 Lancet에 논문을 게재해 핏빗 데이터를 사용해 바이러스 감염 여부를 파악하는 연구 방법을 소개했다. 그녀는 웨어러블 디바이스로 확보한 정보를 새로운 질병이 집중적으로 발생하고 있는 지역을 식별하고 개인별로 치료 방법을 개선하는 데 사용할 수 있다고 말했다. 현재 의료진들이 환자를 진단할 때 넓은 범위의 정상 범주에 속하면 정상으로 간주하는데, 웨어러블 디바이스를 활용하면 개인별로 정상 범주를 좀 더 정밀하게 설정하여 개인 건강을 정확히 파악할 수 있게 된다.

옥스퍼드 인터넷 연구소Oxford Internet Institute의 브렌트 미텔슈타트Brent Mittelstadt 연구원은 웨어러블 디바이스의 정확도 저하가 광범위한 원격 건강 시스템 구축에 여전히 큰 장애물이 되고 있다고 지적했다. 또한 웨어러블 디바이스 보급이 더딘 지역에서 인구 전체를 대상으로 코로나 바이러스와 같은 질병의 확산을 추적하는 데 문제가 될 수 있다고 지적했다. 데이터 관련 스타트업 Privitar의 CEO인 제이슨 프리즈 Jason du Preez 는 프라이버시가 웨어러블 디바이스를 활용한 원격 모니터링 프로그램의 중심에 있도록 하는 것이 중요하다고 말했다. 테크 기업들의 데이터 스캔들 이후 개인들은 데이터의 오남용에 대해 염려하고 있다. 다량의 건강 데이터를 실시간으로 측정하고 종합할 수 있다는 것은 매우 중요한 일이지만 데이터 주체인 개개인의 신뢰를 유지하는 방식으로 운영해야 한다고 조언했다.

테크 기업들이 코로나 사태 극복에 앞장서다

코로나 사태로 비대면 의료 서비스의 수요가 급증하면서 ICT를 활용한 테크 기업들의 디지털 헬스케어 서비스가 주목받고 있다. 마이크로소

MS의 헬스케어 봇을 기반으로 개발한 미국 CDC의 코로나 평가 봇의 대화 화면

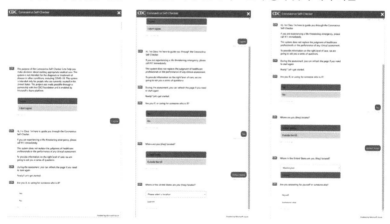

출처: Microsoft

프트는 코로나와 관련한 증상, 위험 요인, 행동 요령 등의 정보를 제공하는 헬스케어 봇Healthcare Bot을 공개했다. 이를 통해 코로나 감염 가능성이 있는 환자들을 식별하고 치료를 위한 정보를 제공함으로써 위급 상황에 신속히 대응할 수 있도록 지원해 의료 현장의 어려움을 해소하는 데 도움을 줄 것으로 기대된다.

헬스케어 봇은 의료 현장의 최전방에 있는 의료진들이 코로나와 관련된 질문에 효과적으로 대응할 수 있도록 개발됐다. AI 기반의 챗봇을 통해 기초적인 정보를 제공함으로써 의사, 간호사, 관리자 및 기타 의료 전문가들이 의료 활동에 집중할 수 있도록 지원한다. 헬스케어 봇은 서비스를 원하는 병원과 기관마다 조직 자체의 시나리오와 프로토콜에 맞춰 쉽고 빠르게 가져와 사용할 수 있다. 마이크로소프트의 클라우드 플랫폼 애저 기반으로 조직의 웹사이트나 애플리케이션에 신속히 구축 가능하며, 활용하는 병원과 기관의 니즈에 맞게 수정할 수 있도록 코로나 대응 템플릿 세트를 제공하고 있다.

실제로 미국 질병통제예방센터는 마이크로소프트의 헬스케어 봇 서비스를 이용해 감염 의심자의 증상을 판단하고 대처 방법을 안내하는 코로나 평가 봇COVID-19 Assessment Bot을 개발했다. 질병통제예방센터 웹사이트에서 사용 가능한 코로나 평가 봇은 증상과 위험 요인을 신속하게 분석하고 의료 기관에 직접 방문하거나 간접적인 의료 서비스를 통해 자가격리를 시행하는 데 필요한 정보와 절차들을 제공해준다.

IBM은 코로나로 어려움을 겪는 각국 정부와 의료, 학술 기관에 도움을 주고자 AI 챗봇 서비스인 IBM 왓슨 어시스턴트 포 시티즌Watson Assistant for Citizens을 무상 제공하고 있다. 한국어를 포함한 13개 언어로 지원되는 IBM 챗봇은 IBM 리서치의 자연어 처리 기능과 AI 검색 기능을 갖췄다. 또한 고객이 제공하는 정보를 활용해 코로나에 대해 자주 묻는 질문들을 파악하고 이에 적합한 답변과 기능들을 제공한다. 또한 챗봇은 정부와 지방자치단체, 의료 기관 등이 해당 지역과 연관 있는 특정 질문을 포함하도록 설정할 수도 있다.

IBM은 왓슨을 기반으로 코로나 관련 최신 정보를 제공하는 무료 앱도 제공하고 있다. 기업이나 일반 사용자들은 스마트폰이나 컴퓨터를 통해 정보에 접속할 수 있다. IBM 퍼블릭 클라우드에서 실행되는 무료 앱은 IBM 왓슨을 사용해 세계보건기구 및 여러 국가, 주 정부 및 지방 정부의 코로나 데이터를 분석해서 글로벌 트렌드를 시각화해 제공하고, 코로나를 추적할 수 있는 뉴스와 정보를 전달한다. 코로나와 관련된 시간별 데이터 및 최근 통계뿐만 아니라 날씨 채널의 편집팀이 제공하는 코로나 관련 최신 뉴스와 비디오도 확인 가능하다. 이용 가능한 공중보건 관련 정보, 환자 교육 자료, 테스트 센터 위치 등과 같은 세부 정보 역시 추가될 예정이다.

애플은 시리를 통해 코로나 감염 여부를 확인하고 대응법을 가르쳐주는 서비스를 제공하고 있다. 음성인식 솔루션 시리는 연령대, 증상, 확진자 접촉 여부 등을 확인하는 대화를 통해 감염 가능성을 추정한다. 개인별 감염 가능성을 바탕으로 관련 정보와 적절한 대응법도 추천해준다. 또한 필요할 경우 Doctor Visits 24/7, Teladoc, Sydney Care 등 제3의 원격의료 앱들에 연결해주고 있다. 애플은 코로나 대응 서비스의 기반이 되는 음성인식 솔루션의 성능 업그레이드를 위해 인수·합병을 적극 추진해왔다. 미국 언론사 블룸버그에 따르면 애플은 2020년 4월 아일랜드 AI 스타트업 보이시스Voysis를 인수했다. 보이시스는 디지털 음성 비서가 음성 명령에 보다 정확하게 반응할 수 있도록 하는 자연어 처리 기술을 중점적으로 개발하고 있는데, 이에 따라 애플의 음성인식 솔루션 시리의 정확도가 한층 높아지고 코로나 대응 서비스의 정확도도 높아질 것으로 전망된다.

빅데이터, 머신러닝, AI 등 ICT 기술의 발달로 사업 영역을 다방면으로 확장시켜온 글로벌 테크 기업들은 코로나 사태 이전에도 헬스케어 산업에 적극적으로 진출해왔다. 헬스케어 산업은 천문학적인 시장 규모로 인해 기회의 땅으로 인식되어 왔지만, 의료진들의 저항과 세계 각국의 규제로 인해 진출이 어려웠다. 글로벌 테크 기업들이 헬스케어 산업 진출에 성공하기 위해서는 산업 전반에 걸쳐 파트너십을 구축하면서 환자의 신뢰를 얻고 규제 기관을 만족시킬 수 있다는 것을 보여줘야 한다. 그 동안 테크 기업들은 의료 전문가들이 제안하는 일반적인 의학적 요구 조건들을 과소평가하고, 특정 의료 환경에 맞춘 서비스를 만들어내지 못했다. 빅데이터와 AI 기술의 강력한 기능이 기존 헬스케어 시스템의 프로세스와 함께 작동하도록 하기 위해서는 기존 이해관계자들과의 우호적인 관계 설정과 공존을 위한 노력이 필요하다.

ICT 기술로 코로나 치료제의 실마리를 찾다

코로나가 확산되면서 전 세계 연구자들은 전시 상황처럼 모든 자원을 동원해 치료제와 백신을 찾고 있다. 경제 전문지 포브스_{Forbes}에 따르면, 2020년 2월경 약 1만 3,000개 정도 발표되었던 코로나 관련 논문은 약 2개월 후에는 12만 8,000개 이상으로 늘어났다. 코로나 치료제와 백신을 개발하기 위해서는 엄청난 양의 관련 논문들을 검토하고 해당 데이터를 분석해야 한다. 전문가들은 코로나 관련 논문을 검토하고 데이터를 분석하는 데에도 수년이 소요될 것으로 전망했다. 세계경제포럼이 2020년 6월 발표한 기사에 따르면, AI 기술은 코로나 치료제와 백신 개발의 속도를 높이는 데 중요한 역할을 하고 있다. 자연어 처리 기술을 활용해 사람이 직접 분석하기 힘든 엄청난 양의 데이터를 분석하고, 머신러닝을 활용해 수십만 개의 새로운 코로나 관련 논문을 평가하고 요약하고 있다. AI 기술을 활용하면 코로나 치료제와 백신 개발 과정에서 2~3년이 걸릴 것으로 예상되었던 기초자료 분석 프로세스가 2~3개월로 단축될 것으로 전망된다. 이처럼 전 세계적으로 초미의 관심사인 코로나 치료제와 백신 개발에 ICT 기술이 활용되면서 사람이 직접 수행하면서 부딪쳤던 한계를 극복하며 치료제 개발의 실마리를 찾고 있다.

구글의 AI 자회사인 딥마인드는 코로나 백신 개발을 돕기 위해 AI를 활용한 데이터 분석에 나섰다. 딥마인드는 코로나를 일으키는 SARS-CoV-2 바이러스의 단백질 구조를 예측하여 공식 사이트를 통해 해당 이미지를 발표했다. 딥마인드가 바이러스의 단백질 구조를 분석하는 이유는 구조를 통해 그것이 어떻게 작동하는지 이해하는 데 중요한 단서를 확보할 수 있기 때문이다. 또한 작동 방식을 분석해 바이러스의 행동을 막을 수 있는 백신 개발 속도를 가속화할 수 있다. 이를 위해 딥마인드는 유전자 서열을 바탕으로 단백질의 3D 구조를 예측하는 최첨단 시스템 알파폴드를 도입했으며 프랜시스 크릭 연구소 등 주요 생물학, 화학 연구진과 협업 중이다. 또한 구글의 머신러닝 및 데이터사이언스 플랫폼인 캐글Kaggle은 코로나 리서치 챌린지를 진행하고 있다. 캐글은 AI 개발자들의 최대 온라인 커뮤니티로, 190여 개국 100만 명 이상의 AI 개발자가 다양한 AI 과제를 두고 다투는 경연장이다. 구글은 캐글을 통해 자연사, 바이러스에 대한 전송과 진단, 이전의 역학 연구에서 얻은 교훈 등 코로나에 대한 광범위한 연구를 수행하려 한다고 밝혔다.

03

디지털 헬스케어 시장의 활성화를 위한 의료 데이터의 통합과 표준화

헬스케어 산업 관계자들의 추정에 따르면 데이터 통합 부족으로 전 세계 헬스케어 산업은 매년 약 2,000억 달러의 사회적 비용을 지불하고 있다. 2019년 300명의 디지털 헬스케어 전문가들을 대상으로 한 설문조사 결과, 데이터 통합 움직임의 부족이 의료기관의 가장 큰 운영상 제한요인으로 작용하고 있어, 데이터 통합과 데이터 표준화에 대한 산업 전체의 수요가 높은 것으로 밝혀졌다. 이에 미국 정부는 병원과 헬스케어 기관별로 상이한 환자의 의료기록 데이터 형태를 통합하도록 유도하고 있다.

테크 기업인 구글, 애플, 마이크로소프트도 디지털 헬스케어 시장의 활성화를 위해 의료 데이터의 표준화 작업에 착수했다. 글로벌 테크 기업들이 참여하는 블루버튼 개발자 컨퍼런스Blue Button Developers

Conference 2019에서는 의료 데이터의 표준 규격을 정의한 의료 플랫폼 블루버튼 2.0의 상용화를 목표로 진행하는 테스트를 발표했다. 블루버튼 2.0은 다양한 기관과 개인이 생성하는 의료 데이터 양식을 표준화하여 효율적으로 활용하기 위한 데이터 표준화 작업이다. 이를 위해 공통으로 합의된 표준화 전자의무기록 작성을 유도하여 의료기관 간 정보 교류를 원활하게 하고, 공공보건 의료 빅데이터 구축을 가능케 할 계획이다.

테크 기업들은 헬스케어 데이터 표준화 작업 외에도 자체적으로 헬스케어 데이터 영역을 강화하고 있다. 구글은 디지털 헬스케어 사업을 강화하기 위해 데이터와 헬스케어 관련 분야 기업을 인수하고, 자회사 딥마인드를 통해 환자의 다양한 검사 결과를 모아 의료진의 스마트폰에 전송하고 급성 신장 손상이 의심되는 경우에는 경고 메시지를 표시해주는 스트림즈Streams 앱을 개발했다. 애플은 미국 의료기관이 보유한 전자의무기록을 통합한 모바일 앱을 출시하고 스타트업들의 건강 관련 앱 개발을 지원하고 있고, 의사와 환자의 원활한 의사소통을 돕기 위한 애플 헬스 레코드를 약 40개 병원에 제공하고 있다. 마이크로소프트는 자사 클라우드 서비스 애저를 이용해 미국 내 병원들의 의료 데이터 시스템 구축을 지원하고 있다. 시애틀 등 미국 내 7개 주에 체인을 운영 중인 세인트 조셉 병원과 파트너십을 맺고 임상 시험, 수술 경과, 치료 효과 등의 데이터를 효율적으로 관리할 시스템을 구축하고 있다.

글로벌 테크 기업들은 의료 데이터 표준화를 위해 협력을 강화하는 등 디지털 헬스케어 시장에서 경쟁우위 확보를 위해 끊임없이 노력하고 있다. 한국 정보통신 기획평가원에 따르면, 국내 기업들도 미래의 주요 수익원이 될 디지털 헬스케어 시장에서 글로벌 기업과의 경쟁에 대비하고 국내 시장을 선점하기 위해 적극적인 데이터 활용 방안을 고민해야 하며, 또한 한국 정부도 헬스케어 데이터를 수집하고 구축하여 사용할 수 있는 데이터 생태계 조성의 필요성을 인지하고 제도적인 지원책을 마련해야 한다.

CORONA

5장

영화관 대신 집, 공연장 대신
가상공간에서 즐기는 미디어

ECONOMICS

01
미디어 산업에 드리운
코로나19의 명과 암

Still on Air

코로나19로 전 세계 스포츠 리그가 중단되는 전대미문의 사태가 발생하면서 스포츠 엔터테인먼트 강국인 미국도 큰 타격을 받고 있다. MLBMajor League Baseball, NFLNational Football League 등 인기 스포츠 리그의 중계가 모두 중단되면서 미국 국민들이 한국 프로야구의 '빠던Bat Flip, 야구에서 타자가 공을 타격한 후 방망이를 던지는 행위'에 열광하는 진귀한 모습도 볼 수 있었다. 한편 미국 프로농구 NBANational Basketball Association에서는 코로나19의 역풍 속에서도 다른 스포츠 리그와는 사뭇 다른 분위기가 감지된다. 스포츠 전문 채널 ESPN이 제작하고 넷플릭스가 공개한 다큐멘터리 〈라스트 댄스The Last Dance〉가 미국을 중심으로 선풍적인 인기를 끌고 있기 때문이다.

넷플릭스가 공개한 스포츠 다큐멘터리 〈라스트 댄스〉

출처: 넷플릭스

  〈라스트 댄스〉는 1990년대 NBA를 넘어 전 세계 농구 팬들을 전율케 했던 불세출의 농구 황제 '마이클 조던Michael Jordan'과 그가 이끄는 영원한 왕조 '시카고 불스Chicago Bulls'의 이야기를 다룬 다큐멘터리다. 코로나19로 NBA가 휴지기에 접어든 시점에 넷플릭스에서 공개된 〈라스트 댄스〉는 역대 ESPN 스포츠 다큐멘터리 중 최고 시청률인 회당 평균 560만 명을 기록했으며, 코로나19 여파 속에서도 NBA의 열기를 이어가면서 마이클 조던 열풍을 재점화한 주역으로 평가받고 있다. (덤으로 마이클 조던을 '신발 장수'로만 알았던 일부 사람들은 그가 사실 전설적인 농구 선수였다는 사실에 큰 충격을 받았다고 한다) 〈라스트 댄스〉는 오프라인 활동을 향한 열망과 관심을 온라인 미디어로 흡수하여 큰 성공을 거둔 사례로 볼 수 있다.

코로나19로 멈춰버린 콘텐츠 거인들의 진격

코로나19로 인한 사회적 거리두기로 야외 활동에 큰 제약이 생기고 집안에 체류하는 시간이 길어지면서 미디어 소비 또한 급증하는 양상이다. 이러한 현상은 실제 조사 데이터로도 증명되고 있다. 시청률 조사업체 닐슨Nielsen은 WHO가 코로나19 팬데믹을 선언한 이후인 2020년 3월 30일부터 4월 5일까지의 OTT 서비스 시청 데이터 분석 결과를 발표했다. 그 결과, 넷플릭스, 유튜브, 아마존 프라임Amazon Prime, 훌루Hulu 등 주요 OTT 서비스들의 총 시청 시간은 1,614억 분으로 전년도 같은 기간의 기록인 698억 분에서 2배 이상 증가한 것으로 나타났다.

그러나 OTT 서비스 이용 증가라는 고무적인 성과 이면에 코로나19로 인한 피해도 적지 않다. 코로나19 확산 직전인 2019년 11월에 '애플TV+'와 '디즈니+'가 출시되고, 코로나19 대유행 이후 '워너미디어Warner Media'의 'HBO Max', NBC 유니버설의 '피콕Peacock' 등 쟁쟁한 OTT 서비스들이 대거 출시되었지만 정작 신규 가입자 확보의 핵심적인 역할을 할 오리지널 콘텐츠 제작에는 큰 난항을 겪고 있기 때문이다.

실제로 2020년 3월, 넷플릭스는 영화, TV 시리즈 등 오리지널 콘텐츠들의 제작 중단 조치를 단행했다. 넷플릭스는 미국 정부가 공표한 코로나19 확산 금지 조치를 준수하고, 제작 현장의 안전을 위해 미국과 캐나다에서 2주간 콘텐츠 제작을 중단한다고 밝혔다. 이번 조치로 인해 많은 팬들이 손꼽아 기다리던 넷플릭스의 인기 오리지널 콘텐츠 〈기묘한 이야기Stranger Things〉를 비롯해 〈더 프롬The PROM〉, 〈그레이스

앤 프랭키ⒼⓇace and Frankie〉등의 제작이 중단되었다.

디즈니의 경우에는 전체 매출의 약 40%에 달하는 콘텐츠 자산이 사실상 동면에 접어든 상태다. 영화 감독들이 자가 격리에 들어가면서 제작에 차질이 빚어지고 있는가 하면, 전 세계 디즈니 테마마크 운영도 중단했다. 또한 2020년 3월부터 유럽을 시작으로 본격화될 예정이었던 OTT 서비스 디즈니+의 해외 시장 진출도 지연되었다. 코로나19가 유럽 전역에 무서운 속도로 확산되기 시작하면서, 3월 24일로 예정되어 있던 디즈니+의 프랑스 출시가 4월 7일로 연기된 것이다. 글로벌 시장 진출로 매출 상승의 발판을 마련했던 넷플릭스의 선례를 보았을 때, 디즈니로서는 막대한 손해가 아닐 수 없었다.

OTT 사업자들의 어려움은 이 뿐만이 아니다. 코로나19로 인한 콘텐츠 제작 차질과 서비스 출시 연기 외에도, 동영상 전송률bit rate 조정으로 인한 서비스 품질 저하도 감수하고 있다. 코로나19로 사람들이 집에 머무는 시간이 증가하는 상황에서, OTT 서비스 이용으로 인한 데이터 트래픽 증가를 우려해 OTT 서비스 전송률을 낮춰 달라는 주요국 통신 규제기관의 요청을 수용하고 있는 것이다.

주요 OTT 사업자의 EU 시장 데이터 트래픽 대응 방안

넷플릭스	30일간 유럽의 모든 영상 스트리밍 전송률을 낮춰 서비스
디즈니	디즈니+ 전체 대역폭 활용률을 최소 25% 낮추는 방안 검토
구글	유튜브 동영상 스트리밍 기본 화질을 고화질에서 표준 화질로 하향
애플	애플TV+의 서비스 화질 하향
페이스북	인스타그램 등을 포함한 미디어 서비스의 스트리밍 전송률 하향
소니	'플레이스테이션 네트워크' 게임 다운로드 속도를 하향하는 방안 검토

가장 먼저 움직인 것은 넷플릭스였다. 넷플릭스는 2020년 3월말 EU유럽연합의 요청에 따라 30일간 임시로 스트리밍 동영상 전송률을 낮추기로 했다. 넷플릭스는 스트리밍 동영상을 기존의 고화질HD: High Definition 이상에서 표준 화질SD: Standard Definition 수준으로 전환해 달라는 EU 집행위원회의 요구를 수용하여, 이후 30일간 유럽 지역에서 발생하는 네트워크 트래픽을 약 25% 감소시키는 조치를 단행할 것이라고 밝혔다. 다행히도 이는 유럽 시장에만 적용되는 조치이다.

디즈니 역시 프랑스에서의 디즈니+ 출시를 연기함과 아울러, 스트리밍 동영상 전송률을 낮추기로 했는데, 이를 두고 디즈니의 고객 사업 부문 대표 케빈 메이어Kevin Mayer는 "2020년 디즈니+가 출시되는 모든 유럽 시장에서 스트리밍 동영상 전송률을 최소 25% 수준으로 낮출 예정"이라고 언급하기도 했다.

넷플릭스와 아마존이 유럽에서 전송률 조정에 나선 것에 이어, 유튜브도 2020년 3월 유럽 시장의 스트리밍 동영상 화질을 SD급으로 조정하고, 4월부터는 전 세계 모든 지역의 스트리밍 동영상 전송 기본 화질을 SD로 설정하기 시작했다.

한국의 경우 우수한 네트워크 인프라를 보유하고 있어 아직 전송률 하향이나 끊김 현상 등이 발생하고 있지는 않다. 하지만 코로나19 장기화로 미디어를 포함한 네트워크 기반 서비스들의 트래픽이 증가하고 있어 유럽과 같은 상황을 맞이할 가능성도 여전히 존재한다. 또 다른 문제는 동영상 트래픽 폭증에도 OTT 사업자들의 망 사용료는 제자리 걸음에 머물고 있다는 점이다. 망 중립성 이슈에 대한 새로운 시각 정립이 필요한 시점이다.

02
집에서 개봉하는 신작 영화,
집에서 촬영하는 TV쇼

VOD와 OTT에 내걸린 'Coming Soon'

코로나19 확산으로 영화관, 공연장 등 사람이 몰리는 장소에 방문자가 급감하기 시작하고, 엎친 데 덮친 격으로 이동 제한 조치까지 강화되어 영화관 방문 자체가 불가능해지면서 일부 영화의 영화관 개봉이 연기 혹은 취소되는 사례가 속출하고 있다. 고심하던 미디어 콘텐츠 사업자들은 OTT 서비스 이용이 늘어나는 현 상황을 반영해 영화관 대신 OTT 서비스를 통한 개봉으로 전략을 선회하고 있다. 영화관에서 VOD 서비스, OTT 서비스 그리고 지상파 방송사 순서로 이어지는 전통적인 미디어 콘텐츠 윈도잉windowing을 우회 또는 단축하려는 시도들이 등장하고 있는 것이다.

코로나19로 인해 2020년 개봉 예정이던 블록버스터 영화들이 잇따라 개봉을 연기하고 있는 가운데, 디즈니가 OTT 서비스를 활용한 신작 개봉 의사를 내비쳤다. 2020년 1분기 실적을 발표하면서 개봉이 연기된 일부 신작 영화들을 OTT 서비스를 통해 개봉하는 방안도 검토 중이라고 밝힌 것이다. 이와 관련해 디즈니의 경영진들은 코로나19로 인해 영화관 신작 개봉 지연, 테마파크 폐쇄, ESPN을 통해 방송되는 실시간 스포츠 행사 취소 등의 피해를 입고 있으며, 이로 인해 2분기 실적에 반영될 피해 규모가 최대 14억 달러에 달할 것이라고 전망했다.

또한 투자자들과의 Q&A에서는 〈블랙 위도우Black Widow〉, 〈더 이터널스The Eternals〉, 〈뮬란Mulan〉과 같은 블록버스터 기대작들을 VOD나 스트리밍 형태로 개봉할 것인지에 대한 투자자 질문이 등장했다. NBC 유니버설이 〈트롤: 월드 투어Trolls World Tour〉를 영화관에서 개봉하지 않고 온라인으로 먼저 개봉한 사례를 뒤따를 것인지에 대해 질문한 것이다. 이에 대해 CEO 밥 차펙Bob Chapek은 기본적으로 블록버스터 영화의 영화관 개봉 기조를 이어갈 것임을 전제로 "그럴 수 있다Maybe"라고 답했다. 또한 "단순히 영화관 개봉이 불가능하다는 점 때문만이 아니라, 코로나19와 같은 예상치 못한 외부 변수나 영화 이용자들의 행태 변화 등에 부합할 수 있는 영화 개봉 전략의 변화가 시도되어야 한다"고 밝혔다.

실제로 디즈니는 2020년 8월 9일 개봉 예정이던 SF 판타지 영화 〈아르테미스 파울Artemis Fowl〉을 영화관 대신 6월 12일 디즈니+를 통해 개봉했다. 다만 이와 관련해 CEO 밥 차펙은 매우 신중한 입장임을 강

다양한 OTT 서비스로 개봉된 〈트롤: 월드 투어〉

출처: Fox Business

조했다. "현재 코로나 사태 여파로 어떤 전략 변화가 필요한지에 대해서는 개봉을 앞둔 모든 영화들에 대한 개별적인 검토가 필요하다"고 강조한 것이다.

반면 NBC 유니버설은 디즈니에 비해 VOD와 OTT 서비스 활용에 적극적인 모습이다. 2020년 4월 NBC 유니버설의 신작 애니메이션 〈트롤: 월드 투어〉는 일반 VOD보다 비싼 19.99달러의 가격이 책정되어 유료 방송 VOD와 OTT 서비스를 통해 개봉되었다. CNBC에 의하면, 〈트롤: 월드 투어〉는 개봉 3주 만에 약 1억 달러의 매출을 달성했다고 한다. 이는 영화관을 통해 개봉된 이후 VOD로 공개된 트롤 1편의 매출에 비해서는 적지만, NBC 유니버설이 실제로 얻는 수익은 영화관에서 개봉한 1편과 VOD로 개봉한 2편이 거의 비슷한 수준으로 알려졌다.

한편 OTT 서비스를 통한 신작 영화 개봉은 지역별 시차 없이도 글로벌 개봉이 가능하다는 장점이 있다. 이는 OTT 서비스를 활용한 신작 영화 개봉이 특정 국가나 지역 내에서 영화관, 유료 방송 VOD, OTT 서비스로 이어지며 홀드백hold back되는 유통의 시간적 제약뿐만 아니라, 지역별로 시차를 두고 진행되던 글로벌 영화 배급 시스템의 공간적 제약에도 영향을 미칠 것임을 의미한다. 가령 NBC 유니버설이 OTT 서비스를 통해 〈트롤: 월드 투어〉를 개봉한다는 것은 곧 해당 서비스가 진출한 전 세계 모든 국가에서 동시 개봉이 가능함을 뜻하는 것이다.

온라인 채널을 통한 영화 개봉이 증가하고 있는 지금의 현상은 코로나19라는 특수한 상황에만 한정되지 않고 다가올 포스트 코로나 시대의 주류가 될 가능성도 있다. 기존의 온라인 채널 유통이 코로나19를 만나 변화의 속도와 범위가 달라졌을 뿐, 영화관을 벗어난 미디어 콘텐츠 유통 채널의 다원화는 이미 코로나19 이전부터 진행되고

영상통화 서비스를 모아 제작한 드라마 〈올 라이즈〉

출처: Deadline

있었기 때문이다. 더욱이 지금의 변화가 미봉책에 그치지 않고 상당한 시청자를 끌어들이고 있으며, 그 결과가 수익 창출로까지 이어지면서 OTT 서비스를 통한 직개봉 방식도 영화관 개봉과 대비해 그리 나쁘지 않다는 인식이 점차 확산되고 있는 추세다.

온라인 제작에 도전하는 방송사들

코로나19로 가장 큰 변화를 겪고 있는 분야는 유통이지만 제작 분야에서도 유의미한 변화의 조짐이 나타나고 있다. 최근 일부 방송사와 제작사가 시도 중인 온라인 플랫폼 기반 콘텐츠 제작이 그것이다. 온라인을 통한 제작은 분야별 전문가들이 한 장소에 모이고 전문 장비를 활용하여 명확한 역할 분담 하에 진행되어 왔던 기존 미디어 업계의 콘텐츠 제작 방식과는 완전히 다르다는 점에서 주목할만하다.

현재 미국 지상파 방송사 CBS는 영상통화 서비스를 통해 드라마를 제작하는 독특한 방식을 도입 중이다. 2020년 4월, CBS는 TV 드라마 시리즈인 〈올 라이즈All Rise〉의 제작을 위해 출연 배우들이 각자의 집에서 페이스타임FaceTime, 줌, 웹EXWebEX 등 영상통화 서비스로 자신의 분량을 촬영하고 제작진이 이를 모아 편집하는 방식을 도입할 계획이다. 가정에서 촬영된 실내 영상들은 배경 추가를 위해 시각효과VFX 기술을 활용한 후처리post production 과정을 거치고, 야외 영상은 촬영감독이 차량에서 촬영한 배경 영상을 활용하게 된다.

전 세계적으로 알려진 미국 NBC의 인기 코미디쇼 〈SNLSaturday Night

Live〉도 코로나19 여파로 새로운 제작 방식을 시도했다. 이동 제한과 사회적 거리두기를 위해 방송국 스튜디오 제작이 중단된 상황에서, 2020년 4월 11일 방송분을 원격으로 제작하여 방송한 것이다. SNL 방송 사상 최초로 시도된 원격 방송은 별도의 호스트 없이(기존 SNL은 유명 연예인이 호스트로 출연해 한 회 방송을 진행하는 형식), 여러 명의 게스트들이 줌을 통해 화상 회의에 참석하는 방식으로 진행되었고, 특별 게스트로는 코로나19에 감염되었다가 완치 판정을 받은 인기 배우 톰 행크스Tom Hanks가 출연했다. 하지만 향후 추가적인 원격 방송 시도 가능성에 대해서는 아직 공식적으로 알려진 바가 없다.

OTT 다크호스 '퀴비'의 위기

한편 코로나19로 인해 기존의 핵심 전략을 대대적으로 수정해야 할 위기에 놓인 서비스도 있다. 대표적인 사례가 바로 '퀴비Quibi'다. 퀴비는 영화사 드림웍스DreamWorks의 설립자 제프리 카젠버그Jeffrey Katzenberg가 출시한 OTT 서비스로, 모바일에 특화mobile only된 10분 이내의 숏폼 동영상을 지향하며 기존 OTT 서비스와의 차별화를 선언해왔다. 퀴비는 출시 전에 이미 18억 달러의 대규모 투자를 유치하고 스티븐 스필버그Steven Spielberg 등 유명 감독들과의 협력을 성사시키는 등 단숨에 OTT 시장의 기대주로 떠올랐다.

그랬던 퀴비도 코로나19의 여파를 피해갈 수는 없었다. 코로나 사태가 극에 달했던 2020년 4월 초에 정식 서비스를 시작한 퀴비는 첫 주 동안 170만 건의 다운로드를 기록하며 준수한 출발을 보이는 듯했다. 문제는 액티브 유저였다. 출시 후 한 달간 총 350만 건의 다운로드를 기록했음에도 실제로 퀴비를 이용하는 가입자는 130만 명에 불과한 저조한 실적에 그친 것이다. 퀴비 출시를 앞두고 진행한 대대적인 마케팅과 콘텐츠 제휴 등

유튜브에서 시청할 수 있는 퀴비의 오리지널 영화

출처: 유튜브

을 감안하면 기대 이하의 실적으로 평가받고 있다.

퀴비의 초반 부진은 다양한 각도에서 해석해 볼 수 있지만, 가장 큰 원인은 코로나19라는 지금의 상황과 퀴비가 내세우고 있는 차별화 전략이 근본적으로 상충한다는 점에 있다. 코로나19로 사람들의 이동이 제한되어 대부분의 동영상 시청이 가정 내에서 이뤄지면서 많은 이용자들이 스마트폰의 작은 스크린보다 TV나 모니터와 같은 큰 스크린을 선택하게 되었다. 또한 긴 동영상을 편안한 '린백lean back' 상태로 시청할 시간적 여유가 생기면서 숏폼 동영상이 가진 매력이 반감된 것도 주요 원인 중 하나라 볼 수 있다.

예상 밖의 고전을 벗어나기 위해 퀴비 또한 많은 노력을 기울이고 있다. 기존의 핵심 전략인 모바일 특화를 고집하지 않고 스마트폰의 영상을 TV로 캐스트cast하는 기능을 개발하는 한편, 숏폼 동영상에

익숙치 않은 이용자들을 사로잡기 위해 유튜브, 게임 등 다양한 플랫폼으로 퀴비의 콘텐츠를 확장하고 있다.

퀴비는 서비스 출시가 채 10일도 지나지 않은 시점부터 유튜브에 〈모스트 데인져러스 게임Most Dangerous Game〉, 〈더미Dummy〉, 〈더 스트레인저The Stranger〉 등 퀴비 오리지널 영화의 1화를 무료 제공하기 시작했다. 물론 퀴비의 콘텐츠들이 편당 10분 이내의 숏폼이기 때문에 무료로 제공되는 영상의 분량은 매우 짧다. 또한 유튜브에서 1회를 무료 시청하고 후속편들을 이어서 보기 위해서는 퀴비에 가입해야 하는 불편함도 있다.

코로나19로 출시 초부터 어려움을 겪고 있는 퀴비이지만 시류에 맞는 자사 핵심 전략의 수정과 경쟁 플랫폼과의 협력 등 유연한 대처로 코로나19 이후 OTT 시장의 다크호스임을 증명한 점은 긍정적으로 평가된다. 여기에 누적의 힘을 통해 숏폼 동영상의 주 소비층인 Z세대향 콘텐츠 차별화까지 더해진다면 퀴비가 신흥 강자가 될 가능성도 높아 보인다.

03

콘서트장보다 뜨거워진 가상 공연 시장의 열기

온라인에서 더 '핫'해진 그들의 콘서트

코로나19 사태의 여파로 온라인 중심의 콘텐츠 유통을 시도하는 것이 비단 영화 업계만은 아니다. 콘서트 개최가 어려워진 가운데, 티켓 판매 수입이 사라지고 오프라인을 통한 팬과의 접점 형성에도 난항을 겪고 있는 음악 업계 또한 온라인 플랫폼을 적극 활용 중이다.

대표적인 사례로 방탄소년단BTS의 소속사 빅히트 엔터테인먼트(이 하 빅히트)가 개최한 온라인 라이브 공연 '방방콘 The Live'를 꼽을 수 있다. 2020년 6월 14일 열린 방방콘 The Live는 조회수 5,059만 건, 최대 동시 접속자 224만 명에 육박하며 세계 최대의 온라인 유료 공연으로 기록되었다. 빅히트는 이에 앞서 2020년 4월 18일부터 19일까

BTS의 온라인 라이브 공연 '방방콘 The Live'의 성과

공연 총
스트리밍 시간
23시간 **12**분 **52**초

공연 총
조회수
5,059만 건

공연 최대
동시 접속자 수
224만 명

위버스로 연결된
전 세계 아미밤
50만 개

아미밤 빛으로
연결된 지역
162개 지역

실시간 공연 감상
해시태그 수
646만 건

출처: 빅히트엔터테인먼트

지 BTS의 유튜브 채널로 기존 콘서트와 팬미팅 영상을 무료로 제공하는 '방에서 즐기는 방탄소년단 콘서트_{BTS Online Concert Weekend}'를 공개하기도 했다.

최근에는 혼자만 시청할 수 있는 온라인 공연의 한계를 넘어 다른 사람과 함께 즐길 수 있는 '게임 내 가상 공연'도 주목받고 있다. 마치 오프라인 공연처럼 많은 이용자들이 한 공간에 모일 수 있다는 점은 온라인 게임 플랫폼만이 가지는 차별점으로, 현재 이 분야의 선도 사업자는 온라인 게임 〈포트나이트_{Fortnite}〉의 개발사 에픽게임즈_{Epic Games}다.

포트나이트는 에픽게임즈가 2017년 7월 출시한 게임으로 PC와 콘솔(플레이스테이션, 엑스박스), 닌텐도 스위치 그리고 모바일(ios, 안드로이드) 버전이 모두 제공된다. 이용자 수는 물론 매출에서도 글로벌 시장

게임 포트나이트에서 열린 '트래비스 스캇'의 가상 콘서트

출처: Forbes

에서 압도적 1위(2018년 매출은 약 24억 달러)를 기록하고 있으며, 게임 방송 서비스 트위치Twitch 시청률도 누적 2억 시간으로 1위를 차지하는 등 세계에서 가장 인기 있는 게임이라 해도 과언이 아니다. 포트나이트는 이렇듯 방대한 이용자 규모를 바탕으로 2019년부터 게임 내에서 가상 공연을 개최하는 등 게임과 음악, 공연을 결합한 '크로스 플랫폼Cross Platform'형태의 콘텐츠를 제공하고 있다.

첫 시도는 2019년 2월에 진행된 미국의 인기 DJ이자 EDMElectronic Dance Music 프로듀서인 마시멜로Marshmello의 가상 콘서트이다. 마시멜로의 콘서트는 게임 내의 '플레전트 파크Pleasant Park'에서 10분간 개최되었으며, 에픽게임즈는 콘서트가 진행되는 동안 각 플레이어의 싸움을 불가능하게 하고 여러 특수 효과를 제공함으로써 콘서트에 집중할 수 있게 했다.

마시멜로의 콘서트를 시청한 유저는 1,070만 명에 달했을 뿐 아니라, 마시멜로에게도 긍정적인 효과를 가져왔다. 가상 콘서트 다음 날 그의 유튜브 채널은 약 70만 명의 구독자를 확보했으며, 유튜브 조회 수는 약 500% 증가했다. 또한 마시멜로의 트위터 팔로워 수는 2,000% 증가했으며, 그를 언급한 트윗은 10배 이상 늘어났다. 포트나이트를 통해 진행된 가상 공연이 에픽게임즈뿐 아니라 음악을 제공하고 콘서트를 개최한 아티스트 입장에서도 상당한 효과를 볼 수 있음을 입증한 것이다.

코로나19 이후인 2020년 4월 23일에는 힙합 아티스트 트래비스 스캇Travis Scott, 현재 전 세계적으로 가장 큰 인기를 누리고 있는 미국의 힙합 아티스트로 3번의 빌보드 차트 1위를 기록한 바 있다의 콘서트 'Astronomical'이 포트나이트에서 진행되었다. 마시멜로의 콘서트에 비해 비약적으로 향상된 조명과 특수 효과로 이목을 집중시켰고, 공연을 통해 신곡을 공개하기도 했다. 또한 공연에 참여한 게이머들에게는 특수한 아이템을 제공하는 형태로 참여를 유도

하우스파티가 개최한 실시간 스트리밍 이벤트 '인 더 하우스'

출처: Houesparty

했다. 그 결과 트래비스 스캇의 가상 콘서트는 게임 역사상 최대의 동시 접속 기록인 1,230만 명을 기록했다.

에픽게임즈는 게임을 크로스 플랫폼으로 만들어 가는 전략을 추진함과 동시에 2019년 6월 동영상 채팅 앱인 '하우스파티'를 인수하는 등 게임 이외의 분야로 플랫폼을 확장하고 있다. 특히 하우스파티는 코로나19 이후 평상시의 70배가 넘는 이용자가 유입된 것으로 알려져 유명세를 탔으며, 최근에는 에픽게임즈의 크로스 플랫폼 전략과 유사한 실시간 스트리밍 이벤트를 개최하면서 더 큰 주목을 받았다. 하우스파티는 2020년 5월 15일부터 17일까지 약 40명이 넘는 유명 셀럽들과 연예인들이 참여하는 실시간 스트리밍 이벤트 '인 더 하우스In the House'를 개최했다. 이 행사에서는 케이티 페리Katy Perry와 존 레전드John Legend, 도자캣Doja Cat, 앨리샤 키스Alicia Keys, 이디나 멘젤Idina Menzel 등 유명 팝스타들의 공연이 실시간으로 스트리밍되었다.

또한 이 행사가 진행되는 동안 이용자들은 자신들의 그룹 채팅목록에 실시간 동영상을 추가하는 방식으로, 멀리 떨어진 친구 및 지인들과 함께 시청할 수 있었다. 하우스파티의 창업자 겸 CEO인 시마 시스타니Sima Sistani는 코로나19로 인해 많은 공연이 온라인으로 이동하고 있는 상황에서, 이번 실시간 스트리밍 행사가 단순한 공연을 넘어 연예인들과 셀럽들의 삶을 들여다볼 수 있는 기회가 될 것이라고 언급했다.

이제는 영화가 아닌 현실, '소셜 VR'

포트나이트의 게임 속 가상 공연, 하우스파티의 실시간 스트리밍 이벤트와 같이 온라인상에서 함께 같은 콘텐츠를 시청하고 상호작용 하는 서비스를 '소셜 뷰잉Social Viewing'이라 한다. 소셜 뷰잉은 이미 2010년대 초반부터 등장한 개념으로 같은 프로그램을 시청 중인 사람들이 페이스북이나 트위터 등 소셜미디어를 통해 시청 소감이나 TV 프로그램에 대한 의견을 공유하는 초창기 형태에서 시작해 최근에는 VRVirtual Reality과 결합한 '소셜 VR'이라는 새로운 서비스로 진화했다. 영화 〈레디 플레이어 원Ready Player One〉에서 봤던 미래상이 현실로 다가온 것이다.

현재 소셜 VR 분야를 개척하고 있는 대표 주자는 페이스북이다. 페이스북은 'VR 인구 10억 명 확보'를 목표로 다양한 소셜 VR 서비스를 출시했는데 그 대표적인 예가 바로 '오큘러스 Rooms'와 '오큘러스 Venues'다. 오큘러스 Rooms에서는 최대 4명이 하나의 VR 공간에 모여 아바타로 소통하거나 게임, 영상 등을 즐길 수 있으며, 오큘러스 Venues를 통해서는 공연, 스포츠 등 현장감이 요구되는 이벤트를 함께 관람할 수 있다.

페이스북은 여기에서 그치지 않고 스마트폰에서 즐기던 광대한 소셜미디어의 세계를 VR 공간에 옮긴 VR 소셜미디어 '호라이즌Horizon' 개발에 나섰다. 〈레디 플레이어 원〉처럼 사실적인 세계는 아니지만 플레이어는 아기자기한 카툰 디자인의 VR 세계 속에서 자신만의 세계관을 구축해 게임을 즐기거나 아바타를 통해 친구와 교류를 나눌 수 있다.

페이스북이 개발 중인 VR 소셜미디어 '호라이즌'

출처: 페이스북

　호라이즌은 기존 소셜미디어의 재미 요소를 극대화한 많은 기능들을 제공할 전망이다. 플레이어가 직접 자신의 아바타가 입을 바지와 신발을 선택하는 등 꾸미기가 가능하고, 마을 광장에서 친구들과 만남을 가지거나 이벤트를 열 수 있으며, 가상 포털을 통해 다른 장소나 다른 플레이어의 세계로 이동할 수 있다. 그 뿐만이 아니다. 친구와 함께 페이스북이 개발한 다양한 게임에 참여할 수도 있고, 코딩 지식이 필요 없는 개발 도구를 이용해 직접 게임을 만들거나 프로그래밍을 할 수도 있다.

　소셜 VR은 코로나19로 인한 이동 제한과 격리 상황 속에서 사실상 문자, 음성, 영상으로 제한된 현재의 커뮤니케이션 방식을 진일보시켜 우수한 현장감까지 줄 수 있다는 장점이 있다. 가상공간에서 콘텐츠를 함께 시청하고 이를 공유하면서, 장기간의 사회적 격리로 인한 유대감을 회복하고, 소외감을 극복하는 데 효과가 있을 것으로 보인다.

앞서 언급한 다양한 사례들은 이제 한 장르의 콘텐츠가 반드시 해당 콘텐츠의 전통적 유통 채널만 고집할 필요는 없으며, 새로운 플랫폼에서도 시너지를 낼 수 있는 방안들이 등장했음을 의미한다. 포트나이트와 호라이즌으로 대표되는 최근의 현상들은 코로나19 이후 각 장르의 콘텐츠 플랫폼들이 무한 경쟁을 넘어 협력과 상호보완적 관계로 발전해 가고 있음을 보여주고 있다.

04
We 'Knew'
the 'New' Normal

2020년 5월 24일 세계경제포럼은 코로나19 이후 영화 시장의 현황에 대한 블로그 포스트를 게재했다. 코로나19로 제작 현장과 스튜디오가 폐쇄되고, 배우와 제작진이 격리되어 다수의 영화가 제작을 중단한 상태라는 점에 주목하는 한편, 영화관들이 문을 닫고, 영화제마저 취소되거나 온라인으로 무대를 옮기는 등 영화 시장이 불확실한 미래에 직면하고 있다는 사실을 강조하기도 했다.

세계경제포럼이 영화 시장의 불황으로 표현한 미디어 산업의 백척간두 같은 상황 속에서 '뉴노멀'로 확산되고 있는 것이 바로 온라인 중심의 미디어 엔터테인먼트다. 물론 온라인이라는 개념이 완전히 새로운 것은 아니다. 하지만 코로나19 이후 소비자들은 지금까지 온라인과 오프라인을 오가며 이용했던 영화, 음악, 게임, 커뮤니케이션 등 다양한 미디어 엔터테인먼트 서비스의 대부분을 온라인으로 대체하고 있으며 그 과정에서 온라인의 중요성이 과거에 비할 수 없이 커졌다는 것이 자명해졌다.

현재 미디어 산업의 관심사는, 온라인 중심으로 재편되고 있는 미디어 이용 행태 변화가 코로나19 종식 이후에도 계속 유지 또는 가속화될 것인가에 쏠려 있다. 이에 시장조사 업체 콘비바Conviva는 글로벌 OTT 서비스 트래픽 데이터를 토대로 다음과 같이 전망했다. "코로나19 팬데믹 상황 속에서도 OTT 서비스에 대한 소비자 의존도는 계속 높아지고 있으며, OTT 외에 다양하고 유연한 미디어 플랫폼 수요 또한 증가하고 있는 상황이다."

콘비바의 전망이 의미하는 바는 명확하다. OTT 서비스로 대표되는 현재의 온라인 중심 미디어 이용 증가 현상은 어느 날 갑자기 시작된 것이 아니며 코로나19로 인해 기존의 성장세가 더욱 가속화된 것이라는 점이다. 더욱이 코로나19 상황에서 온라인 기반 미디어 서비스에 대한 학습 효과가 배가되면서, 향후 VR/AR, 클라우드 게임 등 다양한 차세대 온라인 미디어 엔터테인먼트의 수요가 지속해서 증가할 것이라는 예측도 가능하다.

한편 서비스 이용자들뿐 아니라 제작사, 배급사, 방송사 등 미디어 콘텐츠 시장의 플레이어들이 온라인 커뮤니케이션 수단을 활용한 콘텐츠 유통과 제작에 뛰어들고 있는 점도 눈길을 끈다. 당장은 많은 선택지가 없는 코로나19 상황에서의 대안적 시도에 불과하지만, 향후 차별화된 콘텐츠 제작을 목표로 본격적인 시도가 이뤄질 가능성도 충분하기 때문이다.

이미 우리 삶의 많은 부분을 뒤바꿔 놓은 코로나19로 인해 미디어 산업도 다른 산업 분야와 마찬가지로 뉴노멀이 안착하게 될 것으로 보인다. OTT 서비스 중심의 유통 채널 재편, 온라인 커뮤니케이션 기반의 콘텐츠 제작, 이종 콘텐츠 분야와의 크로스 플랫폼 전략, 게임과 VR/AR에서 이뤄지는 가상 공연 등 코로나19 이후 등장한 새로운 트렌드들이 기존 미디어 산업이 입은 타격을 극복할 뉴노멀이 될 수 있을 지 귀추가 주목되는 시점이다.

CORONA

6장

코로나가 두렵지 않다,
인간을 대신하는 로봇

ECONOMICS

01
코로나 사태 속
재조명 받는 로봇

코로나 현장에서 종횡무진 활약하는 로봇

사람들의 목숨을 위협하는 코로나가 기승을 부리는 현장에 로봇이 맹활약을 하고 있다. 전문가들은 두 가지 이유에서 로봇이 코로나 대응에 효과적이라고 말한다. 먼저 로봇은 부족한 인력을 보완할 수 있다. 코로나 확진자 수가 급증하는 상황에서 확진자를 격리시키는 것도 중요하지만 높은 전염성을 갖고 있는 잠재적 확진자를 찾아내는 일도 중요하다. 로봇은 배터리만 충분하다면 계속해서 돌아다니며 감염 의심 환자를 찾아낼 수 있다. 다음으로 로봇을 위험 지역에 투입할 수 있다. 감염률이 높은 지역에는 의료진의 안전을 위해 로봇을 대신 투입할 수 있다. 현재 코로나는 대면 접촉과 비말을 통해 주로 감염되는 것으로 알려져

코로나 감염 의심자를 색출하기 위해 열 감지 카메라를 장착한 드론을 운행하는 모습

출처: WEF

있다. 이러한 상황에서 로봇을 활용해 확진자와 접촉을 최대한 줄이는 것이 코로나를 예방하는 최선의 방법이다.

코로나 사태 초기에 확진자 수가 가장 많이 발생했던 중국은 의료 진 부족으로 큰 어려움을 겪었다. 이에 중국은 로봇을 적극 활용하 기 시작했다. 홍콩의 유력 언론인 사우스차이나 모닝포스트South China Morning Post는 코로나 발생 지역에서 활약하고 있는 소독 로봇, 음식 로 봇, 간호 로봇, 순찰 로봇을 소개했다. 먼저 소독 로봇인 토르원Thor-1은 사람이 직접 코로나 발병 지역에 방문하기보다 원격 조종할 수 있 는 로봇이 투입돼 감염 위험을 줄이면서 소독 방역을 수행하기 위해 개발됐다. 토르원은 2시간 반 정도 운영할 수 있는 배터리를 장착하 면 인간 10명이 방역하는 것과 유사한 작업량을 소화할 수 있다. 두 번째 로봇은 리틀피넛Little Peanut이라는 음식 전달 로봇이다. 리틀피넛 은 코로나 환자를 격리 수용하고 있는 병원에서 사람 대신 식사를 전 달하는 일을 한다. 상하이에 본사를 둔 로봇 회사 키넌로보틱스Keenon

거리에서 사람들이 사회적 거리두기를 지키고 있는지 확인하고 있는 '스팟'

출처: CNN

Robotics가 개발한 리틀피넛은 항저우 병원에만 16대가 투입되었고, 저장성과 광둥성 등지에도 투입돼 사람 간 접촉을 최대한 줄이면서 음식을 전달하는 역할을 수행하고 있다.

세 번째 로봇은 리틀피넛과 유사해 보이지만 환자와의 소통 기능이 강화된 간호 로봇 샤오보Xiao Bao이다. 샤오보는 병원에서 간호사가 하는 업무 중 일부를 대신한다. 베이징 하이디안 병원에 투입된 샤오보는 처방약을 전달하거나 병실의 실내 온도를 높이고, 환자에게 각종 예방 수칙을 알려주는 등 의료진이 원격으로 조정하면서 환자와 직접 영상 대화를 나누며 대면 소통을 대체하고 있다. 네 번째 로봇은 감염 의심자를 가려내는 순찰 드론이다. 열 감지 카메라를 장착한 순찰 드론은 거리를 지나가는 사람들을 관찰하고 발열 증상이 있는 사람을 식별한다. 순찰 드론은 중국 전역에 약 100대가 투입된 것으로 밝혀졌다. 순찰 드론이 파악한 정보를 실시간으로 모니터링 하는

2부 포스트 코로나 시대, 새로운 트렌드가 온다

지휘소에는 약 200명에 가까운 직원들이 파견돼 근무하고 있다.

세계적으로 우수 방역 국가로 선정되었던 싱가포르도 코로나 바이러스 환자들을 대규모로 격리 수용하는 시설에서 대면 접촉을 최소화하기 위해 로봇을 적극 활용하고 있다. 환자들에게 식사를 배달하는 로봇, 원격으로 화상 상담하는 로봇, 약을 전달하는 로봇 등을 활용하고 있으며, 이외에도 미국의 로봇 전문 업체인 보스턴 다이내믹스Boston Dynamics가 개발한 스팟Spot으로 사람들이 사회적 거리 두기 방침을 지키고 있는지 확인하고, 코로나 중증 환자들에게 약을 배달하거나 그들의 체온을 측정하는 용도 등으로 활용하고 있다. 스팟은 한 번의 충전으로 최대 15kg의 물품을 싣고 1시간 반 동안 작업할 수 있으며 장애물을 피하는 능력이 있어 높이 차가 있는 지면도 문제없이 이동할 수 있는 것으로 밝혀졌다.

포스트 코로나 시대의 주역이 될 로봇, 어디까지 왔나

코로나 사태로 세계 각국에서 로봇 기술을 활용한 비대면 서비스의 수요가 증가하고 있다. 시장조사 업체 Statista는 전 세계 로봇 시장이 매년 26%씩 성장해 2025년에는 약 340조 원 규모에 이를 것으로 예측했다. 특히 코로나 사태로 그 동안 일부 영역에 적용되어 개념적으로만 증명되었던 로봇을 활용한 비대면 일 처리의 효율성이 광범위한 현장에서 증명되면서 제조업부터 서비스업까지 다양한 분야에서 로봇 사용이 증가할 것으로 전망된다. 한국무역협회는 코로나 이후 국경 폐쇄와 교역

구글 로보틱스가 개발중인 물리법칙을 이해하는 '토싱봇'이 바나나를 던지는 모습

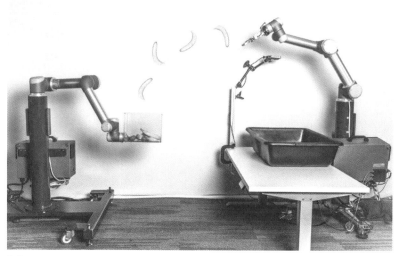

출처: ZDNet

중단으로 발생하는 위험을 겪게 된 기업들이 글로벌 공급망에 대한 의존도를 줄이기 위해 리쇼어링을 늘리고 있는데, 높은 인건비를 절감하기 위해 로봇 활용을 확대할 것이라고 전망했다.

코로나로 인해 중요성이 더욱 강조되고 있는 로봇이 세상에 본격적으로 모습을 드러낸 것은 1960년대 미국 GM 공장에서다. 사람이 수행하기에는 위험한 금형 업무를 대신 처리하는 용도로 로봇이 산업에 활용되기 시작했다. 이후 로봇은 점점 정교함과 기술 수준이 높아지면서 신뢰할 수 있는 수준에 도달했다. 그 결과 로봇은 공장에서 금형이나 용접, 부품 운반 작업뿐 아니라 우리 실생활에서 청소와 교육을 담당하는 등 다양한 영역에서 활용되기 시작했다.

우리 실생활에 널리 활용되기 시작한 로봇은 하드웨어 측면과 소

프트웨어 측면에서 놀라운 발전을 이루고 있다. 먼저 하드웨어 측면에서 주목할 만한 성과는 로봇이 물리법칙을 이해하기 시작했다는 점이다. 전문가들은 향후 2년 이내에 대부분의 로봇이 물리법칙을 이해해 힘 조절을 할 수 있게 될 것이라고 전망했다. 구글 로보틱스가 개발 중인 토싱봇Tossing Bot은 사물을 움켜쥐고 정확한 위치에 사물을 던지는 기술을 공개했다. 토싱봇은 기본적인 물리학과 딥러닝 기술을 사용해 물건을 던지는 법을 배우고 배운 것을 일반화해 새로운 시나리오에도 적용할 수 있다. 예를 들어, 토싱봇은 새로운 환경에서 던지기를 할 때 이전 경험을 기반으로 어느 정도의 속도로 던져야 할지를 예측한다. 이는 로봇이 물리법칙을 이해하고 스스로 배우며 진화한다는 의미다.

다음으로 로봇은 2012년 딥러닝 기술 수준의 발전으로 소프트웨어가 지능화되면서 활용도가 높아지기 시작했다. 지금까지의 로봇은 프로그래밍에 기반하여 사전에 정해진 동작을 재현하는 형태로 정해진 위치에서 정해진 업무만을 처리했다. 정형화되지 않은 대상을 구분하고, 분류한 뒤, 피킹하는 작업은 대상의 형태가 너무나 다양해서 모든 시나리오별로 프로그래밍할 수 없었다. 하지만 딥러닝 기술이 활용되면서 인간처럼 사물을 인식한 후 다음 동작을 판단하는 단계까지 로봇이 발전하면서 다양한 영역에서 활용될 수 있게 되었다. 실제로 구글의 연구개발 조직 알파벳 엑스는 딥러닝 기반의 AI 이미지 분석을 통해 정확하게 분리수거 등의 업무를 수행하는 로봇을 공개했다. 아직 초기 형태에 불과한 로봇이지만 95% 정확도와 20% 실수율로 분리수거 업무를 인간보다 더 정확하게 수행할 수 있다고 한다.

여시재 미래산업 연구팀은 컴퓨터와 스마트폰의 중심이 하드웨어에서 소프트웨어로 이동했듯이 로봇도 하드웨어에서 소프트웨어로 중심이 점차 이동하게 될 것으로 전망했다. 로봇 운영체제는 현재 오픈소스인 공개 솔루션에 기반하고 있다. 하지만 코로나 사태로 로봇 산업이 급성장하고 대중화되기 시작하면서 로봇 운영체제가 제2의 윈도우와 안드로이드 같은 소프트웨어 플랫폼으로 자리 잡아갈 것이다. 이에 따라 로봇 운영체제를 누가 주도하는지가 미래 로봇 산업의 핵심 아젠다가 될 전망이다.

02
로봇 도입으로
안전과 생산성을 동시에 잡다

코로나발 리테일의 변화, 물류센터 로봇으로 대처하라

코로나 팬데믹으로 온라인 리테일 주문이 폭발적으로 증가하고 있다. 미국 상무부 자료에 따르면 2020년 4월 리테일 업계의 매출은 전년 대비 15.4% 하락했지만 온라인 리테일 매출은 지난해 같은 기간보다 21% 이상 증가했다. 컨설팅 업체 맥킨지가 4월 발송한 뉴스레터 자료에 따르면 온라인을 통한 식료품 주문은 전년 동기 대비 약 700% 상승했다. 매주 슈퍼마켓을 방문했던 소비자들이 집에서 온라인으로 주문하면서 수요가 급증한 것이다. 증가하는 온라인 주문에 대응해 리테일 업체들은 상품 진열 공간을 배송 창고로 전환하거나 소비자들과 좀 더 가까운 곳에 로봇 물류센터를 구축하려는 움직임이 확산될 전망이다.

IT 전문매체 MIT Technology Review에 따르면, 코로나 팬데믹으로 세계 여러 도시들이 봉쇄 조치에 들어가면서 생존 위기에 몰린 오프라인 리테일 업체들이 로봇을 활용한 자동화 물류센터 구축에 적극적으로 나서고 있다.

온라인 여성 란제리 리테일 업체 어도어 미Adore Me는 2011년 창업한 이후 제3자 물류 시스템에 의존하며 미국 최대 란제리 회사인 빅토리아 시크릿과 경쟁해왔다. 어도어 미는 마이크로 물류센터 구축 업체인 오토스토어AutoStore 시스템을 활용해 미국 뉴저지 주에 자사 로봇 물류센터를 구축했다. 어도어 미가 구축한 마이크로 물류센터는 총 73대의 로봇들이 창고를 이동하면서 상품을 운반해 하루에 2만 건의 온라인 주문을 처리한다. 코로나 사태 이후 고객 주문을 빠

'오카도 테크놀로지'가 개발한 로봇으로 자동화된 물류센터의 모습

출처: Ocado Technology

르고 정확하게 처리하는 역량이 생존에 필수요소가 되면서 많은 리테일 업체들이 어도어 미와 같은 자동화된 소규모 물류 창고인 마이크로 물류센터 도입을 추진하고 있다.

대다수의 영국 대형 슈퍼마켓들은 오카도 테크놀로지Ocado Technology의 물류 로봇 창고 기술을 활용하고 있다. 오카도 테크놀로지가 구축한 대형 물류 창고는 인공지능의 관리 하에 3,000대 이상의 물류 로봇이 작업하고 있다. 인공지능은 사람이 제어하기 힘든 복잡한 물류 시스템이 원활하게 돌아가도록 수천 개의 변수 값을 계속해서 조정한다. 인공지능은 물류센터 공간의 모든 움직임을 가상 시뮬레이션 환경에 그대로 구현하여 로봇 창고의 운영 효율성을 실시간으로 확인한다. 상품이 떨어지거나 로봇이 불안정해져서 디지털 공간에서 물리적인 공간을 구현하는 데 실패하면 인공지능이 현장 관리자에게 경고를 보내기도 하고, 온라인 주문 변화에 맞춰 설정을 변경하도록 가이드를 주기도 한다. 오카도 테크놀로지는 코로나 사태로 소규모 리테일 업체들의 온라인 주문 처리량이 증가함에 따라 자동화된 물류센터에 대한 수요가 급증하고 있는 것을 발견하고, 소규모 업체들도 온라인 주문에 신속하게 제품을 배송할 수 있는 오카도 줌Ocado Zoom 서비스를 제공하고 있다. 런던에서 운영되고 있는 오카도 줌은 소형 물류 창고에서 소형 리테일 업체들의 상품을 고객에게 1시간 내에 배송하기 위해 시작된 물류 서비스이다.

소형 리테일 업체들을 대상으로 로봇 물류 시스템을 공급하고 있는 캐나다 애타보틱스Attabotics는 자동화된 소형 로봇 물류센터를 공급하고 있다. 소형 리테일 업체들은 애타보틱스의 물류 시스템을 활용해 저장 공간이나 매장 공간을 로봇 물류센터로 전환할 수 있다. 애타보틱스 물류 시스템은 머신러닝을 활용해 변화하는 고객들의 주문에 신속히 대응할 수 있도록 상품 재고 위치를 결정한다. 기존 물류 로봇들이 세탁기 크기인데 반해 애타보틱스의 물류 로봇은 그보다 작은 소형 로봇으로 소규모 물류 창고를 상하 좌우로 이동하면서 물건을 운반할 수 있다. 에타보틱스는 최소 330평방미터부터 56만 평방미터까지 고객의 니즈에 맞춰 로봇 물류센터를 구축할 수 있다. 미국의 유명 백화점 노드스트롬Nordstrom도 애타보틱스의 물류 시스템을 활용해 물류센터를 구축했다.

한국에서도 ICT 기업들을 중심으로 로봇 기반의 물류 자동화에 대한 논의가 가속화되고 있다. KT는 5G 자율주행 운반 카트인 나르고와 따르고를 개발해 2020년 4월부터 KT 서부물류센터에 적용하고 있다. 국내 로봇 전문기업 트위니와 공동 개발한 5G 자율주행 운반 카트는 주로 대량 화물 운반과 화물 분류 업무에 쓰일 전망이다. KT는 자체 물류센터에서 시범 운영을 거친 후 병원이나 도서관 등 다양한 산업 현장의 소형 물류센터를 대상으로 서비스를 확대해 나갈 계획이다.

코로나 시대의 언택트 배송을 책임지는 로봇과 드론

코로나 팬데믹으로 사람 간의 대면 접촉이 지양되는 상황에서 자율주행 로봇을 활용한 언택트 배송이 주목받고 있다. 아마존은 2019년부터 시애틀 일부 지역과 캘리포니아 얼바인 지역에서 자율주행 로봇 스카우트Scout를 도입해 테스트하고 있다. 스카우트는 평일 낮 시간에만 배송을 담당하고 아마존 프라임 회원 전용의 당일 배송 서비스 등 다양한 배송에 투입되고 있다. 아마존은 스스로 배송 루트를 따라 운행하는 스카우트 도입 초기에는 소수의 로봇만 현장에 투입하고 사람이 옆에서 동행하며 성능을 확인하고 관찰할 계획이다. 스카우트는 바퀴가 6개 달린 자율주행 로봇으로 소형 냉장고 크기다. 스카우트가 고객 집 앞에 도착하면 아마존 앱을 통해 도착 알림이 보내진다. 고객이 주문 인증을 완료하면 자동으로 잠금을 해제한 뒤 물건을 찾아가고 배송지에 고객이 없을 경우에는 동행하는 아마존 직원이 스카우트에서 상품을 꺼내 배송을 완료한다.

도미노 피자는 2017년부터 독일에서 자율주행 물류 로봇을 활용한 피자 배달 서비스를 정식으로 도입했다. 스타십 테크놀로지Starship Technologies가 개발한 자율주행 물류 로봇은 신선도 유지를 위해 온도 조절 기능과 함께 센서를 통해 장애물과 보행자를 감지해 이동한다. 2019년부터는 로봇 회사 누로Nuro가 개발한 자율주행 배달 로봇 R2를 이용해 텍사스 휴스턴 지역의 고객들을 대상으로 피자를 배달하기 시작했다. 도미노 피자는 자율주행 피자 배달 서비스를 시범 운영한 이후 미국 전체로 서비스 지역을 점차 확대할 계획이다. 고객들은 도미노 앱을 통해 배달 진행 상황을 확인할 수 있으며, 피자가 도착하면 전송된 비밀번호를 입력해 로봇의 잠금 장치를 해제한 후 피자를 받을 수 있다.

한국에서는 로봇 솔루션 기업인 로보티즈가 2020년 4월부터 국내

누로가 개발한 도미노 피자의 자율주행 배달 로봇 'R2'

출처: Robotics Research

최초로 자율주행 로봇을 이용한 음식 배달 서비스를 시범 운영하기 시작했다. 로보티즈가 자체 개발한 자율주행 로봇과 벤디스의 식권대장 앱을 연동해 서울 마곡 연구단지 내 포장 배달을 지원하기 시작했다. 고객들이 오전에 식권대장 앱을 통해 음식을 주문하고 결제하면 점심시간에 맞춰 배송 로봇이 회사로 음식을 배달해주는 방식이다. 해당 서비스는 2019년 12월 산업부로부터 규제 샌드박스 특례를 적용받아 로봇이 공공 도로를 합법적으로 주행하고 있다. 로보티즈 관계자들은 코로나 확산으로 비대면 배달 서비스에 대한 니즈가 증가함에 따라 로보티즈의 자율주행 음식 배달 서비스 범위가 점차 확대될 것으로 전망했다.

하지만 한국에서는 당분간 자율주행 로봇을 활용한 배달 서비스의 대규모 확산이 쉽지 않을 것으로 보인다. 한국전자통신연구원ETRI 이 2019년 발표한 물류 및 배송 로봇 보고서에 따르면 GPS 기반의 접근 방법은 아파트가 많은 국내 환경에서 정확히 위치를 추정하기 힘들어 자율주행이 쉽지 않다. 또한 자율주행차에 사용하는 3D 고밀도 지도를 활용하는 것이 대안이 될 수 있는데, 최종 목적지까지 가기 위한 작은 길까지 반영한 고정밀 지도 제작이 쉽지 않다. 카메라를 활용한 방법은 현재 비전 기술이 시간과 날씨에 의한 조도 변화에 민감해 추가 연구가 필요한 상황이라, 한국의 도심 환경에서 자율주행 로봇을 이용한 배송 서비스를 운영하기 위해서는 앞으로 풀어야 할 과제가 많다.

코로나 사태 이전에도 실생활에 밀접한 다양한 드론 택배 시범 프로젝트들이 진행돼왔다. 포스트 코로나 시대에는 이러한 드론을 활용한 배송이 더욱 빠른 속도로 확산될 것으로 전망된다. 아마존은 2016년 아마존 프라임 에어라는 드론 배달 서비스를 시범적으로 시행했다. 영국 케임브리지 인근에 사는 고객에게 2kg이 넘는 무게의 상품을 드론에 담아 13분 만에 배송을 완료했다. 기존 아마존 프라임의 배송 시간은 약 2시간이었는데, 드론을 활용한 배송 서비스는 시간을 크게 단축시켜 13분 만에 완료했다. 배송 업계에서는 빠른 배송 시간으로 인해 수요가 증가하여 향후 5년 안에는 드론을 통한 배송이 상품 배송의 80% 이상을 차지할 것으로 전망하고 있다.

드론 전문 기업들도 드론 배송에 주목하고 있다. 구글의 계열사 윙Wing은 미국 연방 항공국FAA으로부터 무인 항공 배송업에 대한 인증을 받아 2019년 버지니아 주에서 드론 배송 서비스를 상용화했다. 윙

구글의 드론 개발 계열사 '윙'이 드론 배송 서비스를 진행하는 장면

출처: dezeen

은 배송 서비스 상용화 전에 약 8만 회 이상의 테스트를 진행하여 드론 배송의 안정성을 위해 노력해왔다. 윙의 배송용 드론은 한 번에 최대 1.5kg 이내의 화물을 최대 120km/h의 속도로 10km 범위 내에서 배송할 수 있다. 드론이 지정된 장소에 도착하면 주문자가 드론이 내려 보내는 상품을 받아 약 10분 안에 모든 배송이 완료된다.

중국 기업들도 드론 배송 서비스를 시행하기 위해 노력하고 있다. 중국의 드론 개발업체 이항은 DHL과 협업해 중국 광저우 지역에서 드론 배송 업무를 시작했다. 이항과 DHL이 진행하고 있는 드론 배송은 상품을 DHL의 드론 배송 전용 캐비닛에 넣으면 드론이 해당 상품을 담아 가까운 DHL 센터로 운반하는 형태로 진행되고, 최대 5kg의 상품을 8km 내 범위에서 배송할 수 있다. 아직 고객에게 직접 상품을 배송하고 있지 않지만, 배송 중간 단계에 드론을 도입해 기존에 40분 정도 걸리던 중간 배송 단계를 8분으로 단축해 전체적인 배송 시간이 단축될 것으로 기대된다.

코로나 시대의 리테일 매장은 로봇이 관리한다

코로나 팬데믹으로 미국 리테일 업체들을 중심으로 다양한 종류의 로봇 활용이 본격화되고 있다. 로봇 전문매체인 로보틱스 비즈니스 리뷰 Robotics Business Review는 리테일 매장 내 로봇 도입이 아직 초기 단계이지만 미래 혁신을 주도할 잠재력이 높은 로봇들을 소개했다. 특히 매장 관리 분야에서 활용되는 로봇에는 매장에 진열된 상품을 살균 소독하는 로봇, 판매대에 놓인 상품의 재고를 확인해주는 로봇, 매장 바닥에 쏟아진 위험물을 찾아 직원들에게 알려주는 로봇 등이 대표적으로 관심을 받고 있다.

아마존의 홀푸드마켓은 매장과 창고에서 활용할 목적으로 자외선 살균 소독 로봇을 개발하고 있다. 연구 결과에 따르면 자외선은 바이러스와 세균을 죽이는 데 어느 정도 효과가 있는 것으로 밝혀졌다. 이에 아마존은 홀푸드마켓 매장 내 코로나 바이러스 확산을 방지하기 위해 자외선을 활용한 살균 소독 로봇을 개발하고 있다. 아마존이 개발 중인 살균 소독 로봇은 호텔에서 사용하는 고객용 짐 카트와 유사한 모양으로 밑에는 4개의 바퀴가 달려 있고 프레임 한쪽에는 10개 이상의 긴 형광등 모양으로 된 자외선 조명기기가 부착되어 있다. 이 로봇은 홀푸드마켓 매장의 복도를 돌아다니며 고객의 손이 닿은 냉장고 손잡이와 식료품 표면의 바이러스를 자외선으로 살균한다. 아마존의 대변인은 2020년 5월 기준으로 아마존과 홀푸드마켓에서 살균 소독 로봇을 사용하고 있지 않지만 테스트를 거친 후 미국 매장 내 도입 여부를 결정하겠다고 밝혔다.

아마존이 홀푸드마켓에 도입 준비 중인 UV 살균 소독 로봇

출처: Business Insider

    심비 로보틱스Simbe Robotics는 슈퍼마켓용 재고 관리 로봇 탤리Tally를 개발했다. 탤리는 매장을 돌아다니면서 판매대에 상품이 제대로 진열되었는지, 제품별로 가격표는 제대로 붙어 있는지 확인하고 고객이 찾는 제품이 없으면 종업원에게 제품을 진열하라고 알려준다. 탤리는 미국 중소 슈퍼마켓 체인 업체인 자이언트 이글Giant Eagle과 슈넉스Schnucks 등이 도입했다. 자이언트 이글은 3개 매장에 탤리를 설치해 운영하는데, 종업원들은 30분마다 탤리가 제공하는 매장 정보를 전달받는다. 슈넉스는 15개 매장에서 탤리를 운영하고 있으며, 탤리가 확보한 판매대 데이터를 모바일 앱과 연동하여 소비자들에게 실시간 제품 진열 정보를 제공하고 있다.

    배저 테크놀로지스Badger Technologies는 매장의 안전 관리용 로봇 마티

Marty를 개발했다. 마티는 매장에서 발생할 수 있는 미끄러짐 사고를 방지하기 위해 매장 바닥에 쏟아져 있는 물이나 위험물을 발견해 고객과 직원들에게 알리는 역할을 수행한다. 마티는 고객들과 영어와 스페인어로 매장 내 위험을 알리고 소통할 수 있다. 2020년 4월 기준으로 미국 식료품점 자이언트 스토어Giant Store의 172개 매장과 스톱앤숍Stop & Shop 325개 매장에서 마티를 활용하고 있으며, 스톱앤숍의 경우 각 매장에서 매일 약 40개의 위험물질을 발견해 직원들에게 경고해주고 있다.

03
인간을 위한
따뜻한 로봇의 등장

사회적 거리두기로 인한 외로움을 달래주는 소셜 로봇

코로나 확산을 방지하기 위해 세계 각국은 강도 높은 사회적 거리두기를 실시했다. 뉴질랜드의 경우 7주 동안 도시를 봉쇄하고 시민들의 외출을 자제하도록 했을 정도로 세계 각국의 코로나 확산 저지를 위한 노력은 절실했다. 강력한 사회적 거리두기를 통해 코로나 확산세는 어느정도 진정시킬 수 있었지만 고립감과 외로움이라는 새로운 복병이 사람들을 괴롭히기 시작했다. 이에 따라 코로나 시대에 사람들과 정서적으로 교감할 수 있는 소셜 로봇Social Robot이 주목받고 있다. 소셜 로봇은 인지 능력과 사회적 교감 능력을 바탕으로 인간과 상호작용하는 로봇이다. 소셜 로봇은 사용자와 환경을 인식하고 주어진 상황에 맞춰서 적절한 행동을 수행하고 학습해 인간과 같은 사회적으로 적합한 행동을 표현하는 특징을 가진다. 교육, 의료, 가정, 엔터테인먼트 등 다양한 분야에서 사용자와 양방향으로 소통하면서 맞춤형 서비스를 제공할 수 있어 외로움과 고독감 등의 정서적 어려움을 호소하는 사람들에게 도움이 될 것으로 전망된다.

과학기술정보통신부와 한국과학기술평가원이 2020년 4월 발표한 《소셜 로봇의 미래》라는 책자를 살펴보면 소셜 로봇 기술은 경제, 사회, 문화 등 다양한 분야에 많은 변화를 가져올 것으로 전망된다. 경제 분야에서는 소셜 로봇 기술의 확산에 따라 센서, 인공지능 등 관련 산업의 활성화와 신규 산업 창출이 예상되며, 소셜 로봇이 수집하는 개인의 감정과 생활 습관 등의 상세한 개인 데이터를 이용해 개인 맞춤형 서비스 제공이 가능해질 것으로 기대된다. 사회 분야에서는 소셜 로봇이 제공하는 돌봄, 교육, 의료 등의 서비스를 통해 사회적 약자를 관리하고 그들의 사회 진출을 촉진할 것이다. 또한 정서적 소외 등 사회 문제 해결과 고령층의 건강 관리까지 지원 가능할 것으로 예상된다. 문화 분야에서는 소셜 로봇을 매개로 하는 신규 콘텐츠들이 등장하면서 새로운 창작 주체로서 소셜 로봇이 활용될 가능성이 높다. 소셜 로봇을 활용한 높은 수준의 맞춤형 교육 제공이 가능해지고, 소셜 로봇의 대중화로 로봇에 대한 심리적 거부감도 점차 줄어들 것이다.

미국 스타트업 임바디드Embodied는 2020년 4월 코로나 바이러스로 학교에 갈 수 없는 아이들을 위한 어린이들의 사회적, 정서적, 인지적 발달을 돕는 소셜 로봇 막시Moxie를 시범 출시했다. 임바디드는 아동

미국 스타트업 임바디드가 개발중인 소셜 로봇 '막시'가 아이들과 소통하는 장면

출처: Wired

발달, 엔지니어링, 게임 디자인, 엔터테인먼트 등 다양한 분야의 전문
가들과 협업하여 막시를 개발했다. 막시는 심리학과 신경학, 머신러닝
을 기반으로 사람, 장소, 사물 등을 인식하고 이를 기억할 수 있고, 인
간과 로봇 사이의 유대감 형성을 위해 사람의 감정을 이해한 후 사람
처럼 자연스럽게 말하고 이에 적절한 표정을 지을 수 있다. 몸을 구부
릴 수도 있고 스피커와 마이크를 장착해 말을 하면 반응도 한다. 막시
는 키 38cm 정도에 몸체는 부드러운 감촉의 소재로 감싸여 있다. 임
바디드는 소셜XTMSocial XTM이라는 교육 플랫폼을 제작해 어린이와 막
시가 깊은 유대 관계를 맺으면서 그림 그리기, 명상, 책 읽기, 새로운
단어와 개념 공부하기 등 연령에 맞춘 다양한 정보를 습득할 수 있게
했다. IT 전문매체 테크크런치에 따르면, 임바디드는 소셜 로봇 막시

　　　　　　　　　　　　　　　2부 포스트 코로나 시대, 새로운 트렌드가 온다

를 약 1,500달러의 가격에 2020년 10월경 정식 출시할 계획이다.

미국에 본사를 둔 국내 스타트업인 아카에이아이AKA AI는 2016년 인공지능 소셜 로봇 뮤지오Musio를 개발했다. 뮤지오는 딥러닝 알고리즘을 기반으로 개발한 AI 엔진 뮤즈를 탑재한 소셜 로봇으로 영어 교육을 위해 개발됐다. 뮤지오는 대화의 문맥과 상황을 이해하고 사용자와의 대화 내용을 기억할 수 있어 사람과 자연스럽게 소통할 수 있다. 뮤지오는 자체적인 감정 체계를 갖고 있어 감정 상태를 표정과 대화로 표현할 수 있다. 아카에이아이는 뮤지오의 활용 분야를 영어 교육 외에 다양한 분야로 확대하기 위해 노력하고 있다. 2020년 5월 일본 와코 시립 야마토 중학교의 특수 학급에서 뮤지오를 활용해 학습 동기 향상 및 학습 효과를 검증한 테스트 결과를 발표했다. 테스트를 통해 특수 교육을 필요로 하는 학생들에게 소셜 로봇이 어떤 효과와 영향을 줄 수 있는지 파악되었는데, 학습에 소극적이었던 특수 학생들의 교육에 대한 관심이 향상되었다. 특히 선택적 함묵증 학생들이 지속적으로 말을 걸 수 있는 연습 상대로 뮤지오를 사용하는 등 특수 교육 영역에서 활용 가능성이 확인되었다.

3부

디지털 뉴딜이 만드는
코로나 이코노믹스

CORONA

1장

디지털로 코로나 위기를
극복하는 한국형 뉴딜

ECONOMICS

01
경제 위기의 구원투수,
뉴딜 정책

1932년 7월, 프랭클린 루스벨트는 민주당 대통령 후보 수락 연설에서 "저는 여러분과 저 자신에게 미국 국민들people을 위한 뉴딜new deal을 약속합니다"라고 선언한다. 여기에서 처음 등장한 '뉴딜'은 루스벨트 대통령이 추진한 일련의 경제 정책들을 통칭하는 말로, 오늘날에도 어느 나라를 막론하고 경제가 곤경에 처하면 정치인들이 필요하다고 언급하는 말이 되었다.

1918년 제1차 세계대전이 끝난 후 시작된 1920년대는 미국의 첫 번째 황금기였다. 미국의 생산력은 폭발적으로 늘어났고, 한 가구당 자동차 한 대라는 '마이카my car 시대'가 열렸다. 당시 미국 시민들은 세계 최고 수준의 풍요를 누렸고, 미국 역사에서는 이 시대를 '광란의 20년대Roaring Twenties'라고 부르기까지 했다. 1929년 9월 3일의 다우존스 산업평균지수는 381.17포인트라는 신기록을 세우며 9년 만에 약 10배가 상승했다.

그러나 1929년 10월 24일 검은 목요일Black Thursday에 시작된 주가 폭락 사태를 기점으로 대공황이 시작되었다. 이런 총체적 난국 속에서 미 합중국 제32대 대통령이 된 프랭클린 루스벨트는 뉴딜 정책을 추진해 대공황 속에서 침몰해가는 미국을 일으켜 세우고자 했다. 뉴딜 정책의 핵심은 일자리를 창출하여 실업자들을 구하고 그들의 구매력을 되살려 소비를 진작시켜 산업을 다시 부흥시킨다는 것이었다. 루스벨트는 테네시강 유역 개발 사업 등 대규모 토목공사를 일으켜 실업자들에게 일거리를 제공하고, 농산물과 상품의 과잉 생산을 막기 위해 보조금을 주거나 산업별 최대 생산량을 정한 산업부흥법을 제정해 수급을 조절했다.

뉴딜은 글자 그대로 해석하면 카드 게임에서 "새로운 게임을 하기 위하여 패를 다시 돌린다"라는 의미를 가지고 있다. 이 용어를 최초로 사용한 사람은 《톰소여의 모험》으로 유명한 미국의 소설가 마크 트웨인Mark Twain이다. 미국은 남북전쟁 이후 약 30여 년간 경제가 획기적으로 발전했지만 거대 기업의 탄생으로 독점자본주의의 폐해가 극에 달했는데, 마크 트웨인은 당시 미국 자본주의의 맹점을 지적하는 글에서 절대 다수인 경제적 약자를 위하여 '새 판new deal'을 짜는 것이 필요하다고 주장했다. 경제적 약자들이 어려움을 헤어나지 못하는 구조적 문제점을 근본적으로 고쳐야 한다는 의미에서 '뉴딜'이란 용어를 사용했던 것이다. 그리고 이러한 의미가 점차 확대되어 지금은 경제운영 체계의 전면적 개편 등과 같은 강력한 정책을 뜻하게 되었다.

더 넓게 보면 광범위한 복지 정책을 뉴딜이라는 말로 표현하기도 한다. 뉴욕 타임스의 칼럼니스트 골드버그Goldberg는 "(코로나 사태로) 새로운 유형의 대공황이 올지도 모르기 때문에 새로운 뉴딜이 필요하다.The New Great Depression Is Coming. Will There Be a New New Deal?, (NYT, May 2, 2020)"라고 언급한 바 있다. 여기에서 말한 뉴딜에는 어린이 돌봄 등에 대한 국고 지원, 유급 병가제도의 도입, 기본소득 보장 등 복지 정책까지 포함되어 있다.

뉴딜 정책의 구체적인 내용은 3R로 요약된다. 경제 질서의 개혁과 변경reform, 경제적 약자에 대한 배려와 지원relief 그리고 경제 부흥recovery을 위한 정책 등으로 분류할 수 있다. 경제 부흥을 위해서는 경제 안정과 일자리 창출 그리고 빈민 구제 등을 동시에 추구했다. 국가 기초를 개조하는 부문에서는 개입형 국가 모드로 전환, 정부 조직의 개편, 정책 영역 확대 등을 꼽을 수 있다. 이러한 일환으로 새로운 사업을 국가가 직접 시행하여 공공사업 등을 추진하고 관련 기구를 확충했다. 이와 함께 문제 산업이었던 은행 등 금융 부문과 농업 부문에 대해서는 구조조정 정책을 시행했다.

뉴딜 정책의 일환으로 도입된 여러 제도들은 현재까지도 유지되면서 그 효력을 발휘함으로써 현대 자본주의의 기틀을 다졌다고 볼 수 있다. 중앙은행 제도의 정비, 금융감독 체계 확립, 노사 관계의 정립, 사회보장제도의 도입 등이 그것이다. 정부가 시장에 개입하거나 직접 사업을 영위하는 등 정부가 경제적 역할을 적극적으로 수행해야 할 필요성도 증명했다.

종합하면 뉴딜이라는 말은 경제적 난국의 상황을 벗어나기 위한

미국 뉴딜 정책의 각종 개발 사업에 고용된 많은 인부들

출처: History 12 'the New Deal'

혁신적 정책의 과감한 시도나 정책 기조의 확고한 변경 등으로 요약할 수 있겠다. 사실 대공황과 같은 경제위기가 발생했다는 것은 경제 시스템이 제대로 작동하지 못하고 있음을 의미한다. 기존의 대응법이나 관점에 의한 정책으로는 위기 상황을 극복하는 것이 불가능하다. 따라서 뉴딜 정책은 고질적인 문제의 해결이 지연되는 상황에서 새로운 접근법을 통해 혁신적인 정책을 택함으로써 그 문제를 해결하고자 하는 일련의 시도라고 정의할 수 있다.

02
ICT 강국이 추구하는 디지털 뉴딜

한국 정부는 2020년 5월 5차 비상경제회의에서 포스트 코로나 시대에 대비하기 위해 5G 이동통신망과 AI 등 디지털 인프라 구축, 비대면 산업 육성, 사회간접자본soc 디지털화의 3대 혁신 분야를 골자로 한 '한국판 뉴딜' 추진 방향을 발표했다.

당시 5차 비상경제회의에서 발표된 뉴딜 정책은 한국 경제의 디지털화 가속 및 비대면화 촉진 등에 중점을 둔 디지털 기반 일자리 창출 및 경제 혁신 가속화 프로젝트였다. 앞에서 설명했듯이 뉴딜의 핵심은 일자리를 창출하여 실업자들을 구제하고 그들의 구매력을 되살려 소비를 늘리는 데 있다. 과거에는 그 방법이 주로 토목, 건설, 제조 등이었다. 그런데 한국판 뉴딜에서는 '디지털'을 방법론으로 제시했다. 왜 디지털일까?

하나는 이번 코로나 사태에서도 보여주었듯이 우리나라가 ICT 강국이라는 명성에 걸맞은 우수한 ICT 인프라를 보유하고 있기 때문이다. 최고 품질의 유무선 네트워크와 높은 인터넷/스마트폰 보급률을 토대로 4차 산업혁명을 촉발시킨다면 토목, 건설, 제조보다 더 높은 일자리 창출이 가능할 것으로 예상된다.

또 다른 이유는 ICT 분야에서의 디지털 인재 부족 때문이다. 4차 산업혁명의 핵심 기술인 AI만 보더라도 수요 대비 60% 이상의 인력이 부족하다고 한다. 기업에서 필요한 인력 10명 중 4명밖에 충당되고 있지 못하다는 것이다. 소프트웨어 정책 연구소에 따르면 2022년까지 국내 AI 개발 인력은 현장 수요보다 약 1만 명 정도가 부족할 것이라고 한다. 그렇기 때문에 디지털 인재를 발굴, 육성해 산업 현장에 하루빨리 투입하는 일이 그 어느 때보다 시급하다. 또한, 코로나 사태로 전 세계가 멈춰 서면서 전통적 산업들이 부진을 면치 못하고 있는 가운데, ICT 산업은 언택트 서비스 확산으로 인해 선방하고 있다는 점도 디지털 기반의 뉴딜을 추진하는 이유 중 하나이다.

디지털 인프라 구축

디지털 인프라 구축은 세부적으로 ▲데이터 수집·활용 기반 구축 ▲5G로 대표되는 네트워크 고도화 ▲인공지능 인프라 확충 및 융합 확산 등으로 구성된다. 이를 위해 데이터 수집-결합-거래-활용으로 이어지는 데이터 라이프사이클 인프라를 강화하고, 금융·의료·교통·공공·산업·소상공인 등 6대 중점 분야에서 데이터 활용을 촉진할 계획이다. 또한 네트워크 측면에서는 5G 인프라를 조기 구축하고 도시와 주요 산업 현장에 5G+ 융복합 산업을 촉진한다. 끝으로 AI 측면에서는 AI 대중화를 위한 인프라와 서비스가 발 빠르게 등장할 수 있도록 계획을 수립하고, 학습용 데이터셋 구축과 전문인력 양성 등을 지원한다. 또한 기업들이 RPA_{Robotic Process Automation, 로봇 프로세스 자동화}를 통해 AI 기반의 업무 프로세스 자동화·효율화를 이룩해 지능형 생산 공정을 도입할 수 있도록 돕는다.

비대면 산업 육성

비대면 산업 육성은 포스트 코로나 시대의 핵심 목표 중 하나다. 화상회의·원격 제어 등 비대면 업무 비즈니스의 정립이나 온라인 개학으로 대표되는 미래형 교육 환경 마련 등이 포함된다. 또한 디지털 헬스케어 기술을 활용해 비대면 의료 시범 사업을 마련하고, 블록체인 등 보안성이 높은 첨단기술을 활용해 비대면 환경에 필수적인 사용자 인증 등의 문제도 해결할 계획이다.

SOC 디지털화

국민의 안전 등을 위해 도로, 철도 등 노후 시설물에 스마트 관리 체계

디지털 뉴딜 추진 방향

사업 영역		중점 과제
디지털 인프라 구축	데이터 수집 · 활용 기반 구축	데이터 수집–개방 · 결합–거래–활용 전 주기의 인프라 강화
		국민 체감 핵심 6대 분야* 데이터 수집 · 활용 확대 * 금융, 의료, 교통, 공공, 산업, 소상공인
	5G 등 네트워크 고도화	혁신기반 마련을 위한 5G 인프라 조기 구축
		도시, 산업 현장 등에 5G+ 융복합 사업 촉진
	AI 인프라 확충 및 융합 확산	AI 본격 활용 촉진을 위한 AI 데이터 · 인프라 확충
		전 산업으로 AI 융합 확산
비대면 산업 육성		비대면 서비스 확산 기반 조성: 원격교육, 비대면 의료 시범 사업
		클라우드 및 사이버 안전망 강화
SOC 디지털화		국민 안전 등을 위한 노후 국가 기반시설 디지털화
		디지털 물류 서비스 체계 구축

출처: '제2차 비상경제 중앙대책본부 회의' 보도자료(기획재정부, 2020.5.7.)

를 도입하고 국가 기반시설 관련 데이터의 수집 · 가공 · 공유를 확대한다. 또 도심 인근 유휴 부지에 스마트 물류센터 등 첨단 물류시설을 확충하고 로봇, 사물인터넷 등 첨단 물류 기술 실증을 위한 테스트 베드를 구축한다.

03

한국형 뉴딜의 키워드 '디지털'과 '친환경'

한국판 뉴딜의 양대 축 '디지털 뉴딜'과 '그린 뉴딜'

한국 정부가 코로나로 침체에 빠진 국내 경제를 살리기 위해 내놓은 '한국판 뉴딜'은 경제 대공황 당시 미국에서 진행한 '뉴딜'에 버금가는 정책으로, 포스트 코로나 시대에서 글로벌 경제를 선도하기 위한 대규모 국가 발전 전략이다.

한국판 뉴딜의 양대 축은 디지털 뉴딜과 그린 뉴딜이다. 코로나 사태 이후 급변한 경제 환경에 맞춰 고용 안전망 강화를 토대로 첨단산업 및 데이터·인공지능 생태계를 키우고 비대면 의료·교육을 육성하는 디지털 뉴딜과 공공시설을 친환경적으로 바꾸는 그린 뉴딜이 한국판 뉴딜의 핵심이다. 한국판 뉴딜에는 2025년까지 160조 원이 투입되고, 이를 통해 2022년까지 새로운 일자리를 89만 개, 2025년까지 190만 개를 만들겠다는 목표를 제시했다.

　디지털 뉴딜에서는 우선 데이터를 기업이 여러 용도로 활용할 수 있게 각 분야에서 데이터를 가공·거래·활용해 안전하게 잘 쓸 수 있는 데이터 댐을 구축한다는 계획이다. 이를 위해 공공 데이터 14만 개를 순차적으로 개방하고, 민간 데이터거래소 KDX_{한국데이터거래소} 등을 기반으로 다양한 데이터 비즈니스가 생성될 것으로 전망된다. 또한 전국 모든 초등학교·중학교·고등학교 교실에 와이파이를 구축해 디지털 기반 교육 인프라스트럭처를 보완하며, AI 핵심 인재도 양성한다. 환자가 의사를 직접 만나지 않고 처방을 받을 수 있는 비대면 의료도 확대할 방침이다. 영상 진료 인프라를 마련해 의사가 영상을 보며 처방할 수 있게 하는 원격진료 방안이 거론되고 있다. 교통과 수자원 분야 디지털 관리 시스템도 구축하고, 이와 연계해 도시·산업단지에 스마트 물류 체계를 만든다.

　정부는 디지털 뉴딜을 통해 블록체인·5G 등 디지털 기술에 기반한 국민 맞춤형 행정 서비스 구현을 기대하고 있다. 국토 공간의 디지털화 가상 공간을 구현함으로써 다양한 신산업을 창출하는 한편, ICT 홈서비스를 통해 안전하고 편리한 삶을 추구한다. 비대면 인프라 구축을 통해 감염병 등 외부 충격에 안심할 수 있는 안정적 의료 서비스·근무 환경을 제공할 수 있는 시스템도 기대할 수 있다.

　한국판 뉴딜에서 디지털과 더불어 중요한 한 축인 그린 뉴딜은 글로벌 환경규제 강화 추세 속에서 산업과 국가 인프라를 전환하지 않으면 경쟁력을 잃을 수 있다는 위기의식에서 출발한다. 이미 구글, 페이스북 등 글로벌 기업은 2050년까지 사용하는 전력의 100%를 재생에너지로 대체하자는 'RE100' 프로젝트를 실시하고 있다. 이를 위해 정부는 친환경 기술을 보유한 기업 100곳을 선정해 2022년까지 연구개발부터 사업화 작업까지 지원하는 방안을 마련한다. 또 태양광·풍력·수소 등 3대 신재생에너지 기반을 만들기 위해 융자를 제공하고 건물·주택·농촌에 태양광발전 시설을 설치한다. 국민 생활과 밀접한 공공시설의 제로 에너지 전환으로 효율 향상과 함께 쾌적한 공간을 조성하여 자연과 더불어 사는 도시를 만들고 태양광, 풍력 등 신재생 발전을 확대해 저탄소 경제 구조로 전환하겠다는 목표이다.

한국판 뉴딜은 코로나 사태로 인한 극심한 경기 침체 극복과 함께 이를 계기로 구조적 대전환 대응이라는 이중 과제를 해결하는 데 중점을 두고 있다. 코로나뿐만 아니라 사회 기저에 깔려 있는 저성장·양극화 심화라는 사회 문제까지 대응하기 위해 경제 패러다임 대전환을 추진하겠다는 것이 한국판 뉴딜의 궁극적 목표이다.

한국판 뉴딜은 '버티기', '일어서기', '개혁' 등 세 단계에 거쳐 추진될 계획이다. '버티기'는 일자리 창출 등을 통해 경제적 충격을 최소화하는 데 중점을 둔다. 단순 저숙련 공공 일자리를 넘어 디지털·그린 경제 등 구조적 전환을 뒷받침하는 양질의 일자리 창출이 목표다. '일어서기' 단계에서는 다른 나라보다 빠르게 정상 성장경로를 회복하는 데 집중한다. 디지털·그린 경제의 필수 인프라를 구축해 투자 회복과 일자리 창출을 기대할 수 있다. '개혁'은 구조적 변화에 적응하고 선도하기 위한 토대로 구성될 예정이다. 디지털·그린 경제 활성화를 위한 법령 제·개정 및 전국민 고용보험, 탄소중립 기반 등을 마련하는 방향이다.

한국판 뉴딜에서는 10대 대표과제(디지털 뉴딜 3개, 그린 뉴딜 3개, 융합 과제 4개)가 다섯 가지 기준에 따라 선정되었다. 다섯 가지 기준은 경제 활력 제고 등 파급력이 큰 사업, 지역 균형 발전 및 활성화 촉진 효과가 큰 사업, 단기 일자리뿐 아니라 지속 가능한 대규모 일자리 창출 사업, 국민이 변화를 가시적으로 체감할 수 있는 사업, 신산업 비즈니스 활성화 등 민간 투자 파급력·확장성이 있는 사업이다.

그렇게 선정된 10대 과제는 데이터 댐, 지능형 정부, 스마트 의료 인프라, 그린 스마트 스쿨, 디지털 트윈, 국민 안전 SOC 디지털화, 스마트 그린 산업단지, 그린 리모델링, 그린 에너지, 친환경 미래 모빌리티 등이다.

데이터 댐은 데이터의 수집·가공·거래·활용 기반을 강화해 데이터 경제를 가속화하는 것이 목표다. 5G 전국망을 통한 신산업을 통해 5G와 AI 융합 확산에 나선다. 빅데이터 플랫폼 30개까지 확대, 공공 데이터 14만 2,000개 개방, AI 학습용 데이터 1,300종 구축 등을 진행한다. 또한 5G망 조기 구축을 통해 등록 면허세 감면·투자 세액을 공제하는 등 세제 지원도 추진한다. 증강현실AR ·가상현실VR 등 실감 기술을 적용한 교육·관광·문화 등 디지털 콘텐츠 및 자율차 주행 기술 등 5G 융합 기술도 개발한다. 스마트 공장 1만 2,000개를 만들고 미세먼지 실내 정화 등 AI 홈 서비스 17종을 보급하는 한편 생활 밀접 분야의 'AI+X 7개 프로젝트'도 추진한다. 분산된 도서관 DB, 교육 콘텐츠, 박물관·미술관 실감 콘텐츠를 연계해 통합 검색·활용 서비스를 제공하는 디지털 집현전도 추진한다.

지능형 정부 과제에서는 모바일 신분증 등에 기반한 디지털 민원 처리, 국가 보조금·연금 맞춤형 안내 등 비대면 공공서비스를 제공한다. 복지 급여 중복 수급 관리, 부동산 거래, 온라인 투표 등 국민 체감도가 높은 분야에 블록체인 기술도 적용한다. 모든 정부청사에 5G 국가망을 구축하는 한편 공공정보시스템을 민간·공공 클라우드센터로 이전 및 전환한다. 국회·중앙도서관 소장 학술지 및 도서 125만 건을 디지털화하고 오는 2025년까지 국제학술저널 구독을 81개로 확대할 방침이다.

코로나 이후 또다시 닥칠지 모르는 전염병 유행에 대응하기 위해 마련된 스마트 의료 인프라 정책에서는 입원환자 실시간 모니터링, 의료기관 협진이 가능한 5G·사물인터넷 등 디지털 기반 스마트병원을 18개까지 구축할 계획이다. 호흡기·발열 증상을 사전 확인·조치하고 내원 시 안전진료가 가능한 호흡기 전담 클리닉도 2021년까지 1,000개 소를 설치하는 방안이 마련됐다. 간질환, 폐암, 당뇨 등 12개 질환별 AI 정밀 진단이 가능한 소프트웨어 개발·실증도 추진한다.

자율차·드론 등 신산업 기반을 마련하고 안전한 국토·시설 관리를 위해 도로·지하공간·항만·댐을 대상으로 한 디지털 트윈도 구축한다. 도심지 등 주요 지역의 높이값을 표현한 수치표고 모형을 구축하는 한편, 고해상도 영상지도를 작성한다. 국도·4차로 이상 지방도의 정밀 도로 지도도 만든다. 노후 지하공동구 계측기 설치 등 지능형 관리 시스템과 국가 관리 댐 37곳의 실시간 안전 감시체계도 마련하고 디지털 트윈 기반 항만 자동화 테스트베드, 실시간 모니터링 디지털 플랫폼을 구축하며 스타트 시티 국가 시범도시를 세종과 부산

한국판 뉴딜 정책 개요

비전	선도국가로 도약하는 대한민국으로 대전환 추격형 경제에서 선도형 경제로, 탄소의존 경제에서 저탄소 경제로, 불평등 사회에서 포용 사회로 도약

2+1 정책 방향

디지털 뉴딜 경제 전반의 디지털 혁신 및 역동성 촉진·확산	산업·기술 융복합·혁신	그린 뉴딜 경제 기반의 친환경· 저탄소 전환 가속화

사람투자 강화
일자리 창출　　　　　　　　사람투자 강화
일자리 창출

안전망 강화
사람중심 포용국가 기반

재정 투자 新시장·수요 창출 마중물	제도 개선 민간의 혁신과 투자의 촉매제

추진과제

10대 대표 과제

디지털 뉴딜 ① 데이터 댐 ② 지능형 정부 ③ 스마트 의료 　인프라	디지털·그린 융복합 ④ 그린 스마트 스쿨 ⑤ 디지털 트윈 ⑥ 국민안전 SOC 　디지털화 ⑦ 스마트 그린산단	그린 뉴딜 ⑧ 그린 리모델링 ⑨ 그린 에너지 ⑩ 친환경 미래 　모빌리티

전체 28개 과제

디지털 뉴딜 [총12개]	그린 뉴딜 [총8개]

안전망 강화 [총8개]

출처: 기획재정부

디지털 뉴딜과 그린 뉴딜의 주요 내용

	분야	사업 내용
디지털 뉴딜	데이터 · 5G · 인공지능(AI) 시스템 구축 및 확산	안전 · 보건 · 국방 등 전 산업의 5G · AI 융합 중앙부처 · 지방자치단체 업무망 5G 전환 생활 분야 빅데이터 플랫폼 구축 및 공공 데이터 14만 개 개방
	디지털 접근성 · 보안 강화	1,300개 농어촌 마을에 초고속 인터넷망 보급 노인 등 정보 소외계층 대상 디지털 교육센터 3,000개 운영 2,500개 중소기업 보안 시스템 고도화 등 'K사이버 보안' 구축
	비대면 산업 육성	전국 초 · 중 · 고등학교 전체 교실에 와이파이 설치 건강취약계층 '보건소 모바일 건강관리' 등 디지털 돌봄 구축 중소기업 16만 개에 원격근무 인프라 보급
	사회간접자본 (SOC) 디지털화	교통 · 수자원 · 재난대응 등 4대 핵심시설 디지털 관리 체계 구축 도시 · 산업단지 디지털 혁신 및 스마트 물류 체계 구축
	분야	사업 내용
그린 뉴딜	도시 · 생활 인프라 녹색전환	어린이집 · 보건소 · 의료기관 · 공공임대주택 노후시설 그린 리모델링 국민 생활권역에 도시 숲 200개 조성 48개 전체 광역 상수도 및 161개 지자체 지방상수도 관리 스마트화
	녹색 산업 생태계 구축	친환경 기술 보유 100개 회사 선정해 사업 모든 단계 지원 청정 대가 · 생물 소재 · 수열 에너지 · 미래 폐자원 · 자원 순환 등 녹색 산업 5대 선도 분야 '녹색 융합 클러스터' 조성
	저탄소 · 분산형 에너지 확산	아파트 500만 호에 스마트전력망 구축 등 에너지 관리 효율화 태양광 · 풍력 · 수소 등 3대 신재생에너지 확산 기반 구축 노후 경유차 15만 대 친환경차 전환 및 전기 이륜차 5만 5,000대 보급

출처: 기획재정부 및 언론 종합

에 각각 조성할 계획이다.

친환경 미래 모빌리티 정책에서는 온실가스·미세먼지 감축 및 글로벌 미래차 시장 선점을 위해 전기·수소차 보급을 늘리고 노후 경유차나 선박의 친환경 전환을 가속화한다. 전기차의 경우 승용·버스·화물 등 전기자동차 누적 113만 대를 보급하고 급속 충전기 1만 5,000대와 완속 충전기 3만 대를 확보할 계획이다.

이번 코로나 사태로 그 중요성이 더욱 부각된 인터넷 네트워크에 대해서도 전국적 확대를 추진한다. 2022년까지 농어촌 마을 초고속 인터넷망을 구축해 2025년에는 70세 이상 모바일 인터넷 이용률을 70% 수준으로 끌어올릴 계획이다. 지역·계층·소득 등 격차 없이 누구나 디지털 선도국가의 혜택을 누릴 수 있는 포용 사회를 구현하는 것이 한국판 뉴딜에서 그리는 미래상이다.

정부는 전 국민의 디지털 적응력 향상 및 디지털 역량 강화를 위해 직업훈련 체계도 미래 적응형으로 개편할 계획이다. 우선 디지털 직무 역량 향상 프로젝트인 'K-디지털 플러스'를 추진해 온라인 중심으로 연간 60만 명에게 AI와 소프트웨어 디지털 융합 교육 프로그램 등 디지털 기초 직무 역량 훈련을 제공한다. 미래형 핵심 실무 인력 18만명 양성 훈련인 'K-디지털 트레이닝'도 병행하는데, 혁신 훈련 기관과 기업·대학이 교육을 담당하고 AI 기반 온·오프라인 연계 교육이 가능하다. 공동 훈련센터를 중소기업에 개방하는 K-디지털 플랫폼, 대학생 대상 신기술 융합 전공을 지원하는 K-디지털 플러스 등도 추진할 예정이다.

한편 한국형 뉴딜이 성공적으로 실행되기 위해서는 과감한 규제 완화도 필요조건 중 하나이다. 코로나로 침체된 경제 위기를 극복하고 경제 활력을 높이는 디지털 기반 산업, 원격진료, 스마트 교육 등 비대면 서비스 분야의 규제 혁신과 함께 자율주행차, 로봇 등 미래 신산업과 빅데이터에 대한 규제 완화가 필요하다. 특히 허들이 되는 기존 규제를 없애는 방안과 함께 새로운 규제가 만들어지는 것에 대해서도 기업 입장에서 면밀히 살펴볼 필요가 있다. 또한 디지털 뉴딜 추진에서 ICT 투자를 위한 세제 혜택 구체화 및 규제 혁신도 요구된다. 특히 한국판 뉴딜 10대 대표 과제는 대부분 공공 사업 성격으로 AI, 빅데이터, 클라우드, 블록체인, 5G 등 ICT 기술이 대거 포함되어 있다. 한국판 뉴딜의 성공적 수행을 위해서는 ICT 분야의 경쟁력을 가진 대기업과 중소기업이 서로 협력할 수 있도록 법과 제도의 정비가 이루어져야 할 것이다.

ICT 핵심역량으로 한국판 뉴딜을 지원

KT는 정부가 추진하는 한국판 뉴딜 사업의 빠른 실행을 지원하기 위해 '한국판 뉴딜 협력 TF' 조직을 신설하고, 특히 B2B, AI, 5G, 클라우드, 네트워크, 신사업, 연구·개발 등 각 분야에서 200여 명 이상의 ICT 핵심역량이 참여해 사업 협력 방안을 마련하는 등 디지털 뉴딜 정책을 적극 지원할 계획이다.

디지털 인프라 구축을 통한 경제 활성화 측면에서는 5G 전국 커버리지 확보, 5G SA와 28㎓ 상용화 추진, 인빌딩 중계기 구축 등으로 망 투자를 확대해 정부 정책에 동참한다. KT는 2019년에 2018년 대비 약 두 배인 2조 1,000억 원을 가입자망에 투자한 바 있는데, 2020년에도 시장 활성화를 위해 5G와 기가인터넷 등 통신 인프라에 전년 수준의 투자를 유지한다.

비대면 산업 육성 측면에서는 언택트 기술 적용을 위해 다양한 기업 및 기관들과 협업하고 있다. 서울 아산병원과는 비대면 영상 솔루션과 사물인터넷 기기, 로봇 등을 활용한 언택트 진료 환경 개발을 진행한다. 현대중공업그룹과는 현대로보틱스에 500억 원 지분 투자를 통한 지능형 서비스 로봇 개발에 나선다. 또한 화상 솔루션을 활용한 비대면 결혼식과 대학 응원전, VR 교육 등 포스트 코로나 시대에 대비한 다양한 비대면 사업 경험과 역량을 축적 중이다.

재난 대응 관련 시설에 디지털 안전관리 체계를 구축하는 SOC 디지털화에서는 AI와 빅데이터 기술을 기반으로 인프라 관리 혁신 기술을 개발했다. 5G·AI 기반의 화재 감지, 침수 감지 등 차세대 OSP(Out Side Plant, 외부 통신시설) 관리 시스템을 통해 통신 인프라 설계, 운용, 관제, 장애복구 영역의 효율성 및 안정성을 동시에 확보한다.

한국판 뉴딜 협력 TF는 사업 추진 준비 외에도 스마트화를 통한 협력사/소상공인 상생 방안 도출, 4차 산업혁명 시대의 미래 인재와 시니어 ICT 전문가 육성 교육 프로그램을 통한 고용 안정 지원 방안 마련, 세계 최고 수준의 K방역 모델 개발 및 글로벌 확장 등 산업 활성화와 고용 창출에 기여할 수 있는 프로젝트를 지속 추진할 계획이다.

CORONA

ECONOMICS

2장

ICT 기반
뉴 인프라 구축의 필요성

01
디지털 전략 자산의 중요성

코로나 사태를 겪으면서 위기 극복의 수단으로 대활약한 5G, AI, 클라우드 등의 디지털 전략 자산은 포스트 코로나 시대의 핵심 인프라 관점에서 국가적으로 더욱 중요해졌다. 구글의 전 CEO 에릭 슈미트_{Eric Schmidt}도 "정부의 전 분야를 클라우드, 모바일 및 웹 기반 소프트웨어로 이동하고 데이터를 전략적 자산으로 취급하기 시작해야 한다. 국가 디지털 인프라를 클라우드 기반 플랫폼으로 전환하고 이를 5G 네트워크와 연결하기 위한 대규모 투자 추진이 필요하다"라고 강조했다.

이는 비대면 서비스의 확산을 수용할 수 있는 물리적 네트워크 기반 확충과 함께 원격의료, 원격교육 활성화에 필요한 AI나 클라우드 등 상위 등급의 인프라까지 전략적으로 육성할 필요가 있다는 의미

포스트 코로나 시대 뉴 인프라 구축 관련 방안 및 정부 정책 방향

뉴 인프라 구축 관련 방안	2020년 하반기 경제정책 방향 (2020.6.1)	제3차 추가경정예산안 (2020.6.3)
• 공공 부문 클라우드 도입 확대 – 국내 기술과 인력으로 공공 부문 클라우드 구축 확대	• 5G 국가망 확산 및 클라우드 전환 – 15개 중앙부처·지자체 업무망 5G 전환 시범 사업 추진 – 행정정보 시스템(중앙부 처, 시도)의 15%를 클라우 드 서버 기반으로 전환 및 15개 핵심 클라우드 서비 스 플랫폼 구축* * (예) 제조 분야 매출–재 고 관리–창고–항만물류 연계, 중소형 병원 대상 병원 행정서비스	• 5G 국가망 확산 및 클라우드 전환 – 2021년까지 15개 기관 시 범 사업 실시(추경 5개, 신 규 100억 원) → 시범 사업 결과를 토대로 2022년부 터 5G로 단계적 전환 – 공공 부문 정보자원 관리 를 클라우드 기반으로 전 환 – 매년 5대 핵심 서비스·산 업에 대한 공동 클라우드 플랫폼* 구축
• 공공 데이터 정제사업으로 고품질 데이터 확보 – 청년 IT 일자리 지원 사업 과 연계해 대규모 공공 데 이터 정비사업 추진 – 민관 협력 데이터 정비 표 준 체계 개발 및 품질 관 리 협력 네트워크 가속화 – 공공–민간 데이터 결합 데 이터셋 구축 및 활용 제고	• 국민 생활과 밀접한 분야의 데이터 구축·개방·활용 – 15개 분야 빅데이터 플랫 폼 구축 및 14만 개 공공 데이터 개방 – AI 학습용 데이터 700종 추가 구축	• 국민 생활과 밀접한 분야의 데이터 구축·개방·활용 – 빅데이터 플랫폼 확대*, 공공 데이터(14만 개) 순차 개방 * (예) 금융, 환경, 문화, 교 통, 헬스케어, 유통, 산림, 중소기업, 주력 산업 등 (10→15개 분야) – AI 학습용 데이터를 2022년까지 700종 구축
• 국가 광(fiber) 인프라 고도화 사업 추진 – 영국 정책을 벤치마킹하여 정부 주도의 광(fiber) 인프 라 고도화 정책을 추진	• 농어촌 초고속 인터넷망 및 공공시설 WiFi 구축 – 도서·벽지 등 농어촌 마 을 1,300개에 초고속 인터 넷망 보급 – 주민센터·보건소 등 공 공장소 4.1만 개에 고성능 WiFi 신규 설치 및 기설 치 노후 WiFi 1.8만 개 교 체·고도화 – 노인 등 정보 소외계층 을 위한 디지털 교육센터 3,000개 소 운영	• 농어촌 초고속 인터넷망 및 공공시설 WiFi 구축 – 2021년까지 도서·벽지 등 인터넷 미설치 마을 1,300곳에 초고속 인터넷 망 구축 – 2022년까지 공공장소 4.1만 개에 고성능 WiFi를 신규 설치하고, 기설치된 노후 WiFi 1.8만 개 교체 – 노인·저소득층 등 정보 소외계층의 디지털 역량 강화를 위해 매년 1,000개 소(주민센터 등)의 디지털교 육센터 운영

출처: 기획재정부, KT 경제경영연구소 재작성

이다. 구체적인 방안으로는 공공 클라우드의 도입 확대나 공공 데이터 품질 제고, 유선망 광인프라 고도화 등을 들 수 있다.

02
공공 부문
클라우드 도입

공공 부문 클라우드 도입 방안은 국내 사업자 육성 차원에서 정부·지자체·공공기관 내부에 민간 클라우드를 임차, 구축해 클라우드 인프라, 서비스 구축 및 운영을 민간이 제공하고 기관은 이용료를 납부하는 방식이다.

이번 코로나 사태에서 1등 공신 역할을 했던 클라우드는 데이터 저장 인프라를 넘어 교육, 의료 솔루션을 제공하는 포스트 코로나 시대의 핵심 국가 인프라로 그 중요성이 커졌다. 해외에서는 코로나 사태 이전부터 국방/안보 등 민감한 분야에서도 민간 클라우드 사용을 확대했는데, 미 국방부는 2019년 11월에 자체 IT 시스템을 민간 클라우드로 전환하는 100억 달러 규모의 프로젝트 사업자로 마이크로소프트를 선정했고, CIA도 아마존의 AWS 클라우드를 이용하고 있다.

미국은 2010년부터 정부 기관의 IT 비용을 낮추기 위해 클라우드 퍼스트Cloud First 정책을 추진해 기존 인프라를 클라우드 컴퓨팅 환경으로 전환했다. 이후 2017년 트럼프 대통령은 모든 정보화 시스템을 클라우드 기반으로 전환하는 '클라우드 온리Cloud Only' 정책을 강력하게 추진했고, 민간 사업자인 아마존, 마이크로소프트, 구글 등이 정부의 클라우드 파트너로서 주요 기관의 데이터를 관리하고 있다.

국내에서는 정부의 민간 클라우드 이용 제약이 완화되었지만 실제 활용은 아직 미흡한 편이다. 2019년 10월 발표된 '디지털 정부 혁신 추진계획'에 따르면, 안보/수사, 내부 시스템을 제외한 시스템은 민간 클라우드 이용이 가능하고 내부 업무 시스템 등도 관계부처 협의를 거쳐 허용 가능하도록 했다. 이번 디지털 뉴딜을 계기로 공공 부문의 클라우드 전환에 속도가 붙을 것으로 보인다.

특히 한국판 뉴딜의 원동력이라 할 수 있는 디지털 경제 역량을 강화하려면 국내 기술과 인력을 중심으로 클라우드를 구축할 필요가 있다. 해외 사업자의 클라우드 이용 시, 클라우드에 수용된 중요 정보가 유출될 우려가 있기 때문이다. EU의 경우, 2020년 2월에 클라우드를 디지털 경제의 핵심 인프라로 인식, 해외 사업자 대신 유럽 사업자 중심의 독자적 인프라 구축 전략을 추진 중에 있다.

03
공공 데이터
정제사업

"디지털 뉴딜은 '데이터 댐'을 만드는 것입니다. 데이터를 활용해 인공지능을 만들어내고, 그 인공지능이 공장을 스마트화하고, 언택트 서비스도 만들어내고, 그렇게 경제를 살리면 포스트 코로나 시대에 한국 선도형 경제로 나아갈 수 있는 기반이 되는 것입니다."

문재인 대통령은 뉴딜 정책의 상징인 '후버 댐'에 빗대어 디지털 뉴딜은 후버 댐처럼 '데이터 댐'을 만드는 것이라고 설명했다. 디지털 경제의 기반이 되는 데이터 활용을 최대한 활성화하기 위한 이른바 '데이터 댐'을 만들고, 5G망을 통해 데이터 댐에 저장된 각종 데이터는 AI로 분석돼 환경, 의료, 치안, 에너지 절감 등 다양한 분야에서 활용된다. 그리고 후버 댐 건설에 수만 명의 인력이 동원됐던 것처럼 데이터 댐을 구축하는 과정에도 수많은 일자리가 창출될 것이다.

댐을 잘 활용하기 위해서는 댐을 잘 만드는 것도 중요하지만 댐에 고인 물이 깨끗해야 식수로든 생활용수로든 이용할 수 있다. 데이터 댐도 마찬가지다. 사용 가능한 정제된 형태의 데이터들이 가득 모여야만 데이터 댐을 구축한 의미가 있다.

공공 데이터 정제사업은 다양한 공공 데이터를 민간이 활용하기 위해 데이터를 사전 정비해 고품질 데이터를 확보하는 것을 의미한다. 공공 데이터는 AI 개발 및 활용의 핵심요소이나 호환, 표준화 미비로 민간 사업자들이 활용하기에 어려움이 있다. 공공 영역 각 분야에서는 자체 목적에 맞게 데이터를 생산하여 사용하기 때문에 표준화되어 있지 않아 데이터 분석·활용·결합이 쉽지 않다.

예를 들어 의료 분야에 축적된 데이터는 방대하지만 측정 절차나 결과에 대한 표준화 미비로 활용 가능한 데이터는 매우 적다. 특히 진단/검사/판독 등에 있어서 데이터를 정량화·표준화하기 위해서는 국가 측정 표준과 연결하는 작업이 필요하다.

공공 데이터 정비사업을 청년 IT 일자리 지원사업과 연계해 대규모로 추진하면 일자리 창출에도 기여할 수 있다. 빅데이터 분석 전문 교육 기회를 제공한 후, 데이터 정비 업무 수행을 통해 인력 양성의 기회로 활용할 수 있다.

AI 데이터 수집·표준화·가공·결합은 사람의 작업에 의해 이뤄져야 해서 많은 인력이 필요해 일자리 창출에도 기여할 수 있다. 실제로 행정안전부는 '데이터 댐' 구축을 위해, 공공데이터를 수집·가공·활용하는 작업에 만 19세 이상부터 34세 이하 청년 8,000명이 인턴으로

AI 기반 데이터 댐의 개념도

출처: 헬로티.com

참여하는 '공공데이터 청년 인턴십' 프로그램을 시행 중에 있다. 참가자는 2주간의 데이터 관련 교육을 이수한 뒤 약 4개월 동안 공공기관 등에 배치되어 데이터 개방·품질진단 등의 일을 하게 되는데, 프로그램 종료 후에는 공공데이터 관련 업무 경험을 통해 데이터 전문인력으로도 활약할 수 있다.

전문가 포럼(민간 요구 정책 제안), 모니터링단(사용자 참여 기반 오류 발굴), 개발자 커뮤니티 등을 활용하여 산업적 활용 가치가 높은 비정형 데이터(이미지, 영상, 센서) 품질 관리를 민관이 함께 추진할 수 있다. 한편, 민감한 정보에 대해서는 가명 처리를 통해 정보 공개 수준을 최대한 낮은 수준Raw Level으로 낮추어 민간 활용 범위를 확대한다.

04
광 인프라
고도화 정책 추진

코로나로 비대면 서비스 이용이 증가하면서 유선망의 중요성이 부각됨에 따라 이에 대비한 광 인프라 고도화 정책 추진이 요구된다. 코로나 확산으로 유럽은 동영상, 화상회의, 원격강의 등 트래픽이 약 50% 이상 폭증했고, 이를 감당하지 못해 넷플릭스, 유튜브 등은 저품질 전송으로 트래픽을 떨어뜨렸다. 이에 해외 주요국들은 국가 차원에서 광 인프라 확보를 위한 정책에 역량을 집중하고 있다.

미국은 매년 18억 달러(약 2.2조 원)의 보편기금CAF으로 초고속망 고도화를 지원하고 있고, 중국은 코로나 사태 이후 5G, 산업 인터넷망 등 7대 신 인프라에 약 5,800조 원을 투자할 계획이다. 영국도 2025년 전국 기가화를 위해 농촌 지역에 약 7.5조 원의 광 투자 지원을 결정했다.

특히 유선 인프라 투자는 직접적 고용뿐만 아니라, 타 산업 분야에 간접적 고용 효과도 유발시키기 때문에 일자리 창출 효과가 크다. 미국은 오바마 정부 시절, IT 인프라 투자가 인터넷, 헬스, 스마트그리드 등 연관 산업에서 새로운 형태의 일자리 창출을 유도한다고 보고 'IT 뉴딜'을 추진한 바 있다.

한국은 상대적으로 안정적인 네트워크 환경을 갖추었지만, 가입자의 약 60%는 아직 '완전한 광케이블Full fiber' 기반의 서비스를 제공받지 못하고 있다. 각 가구 단위까지 광케이블로 연결하는 '완전한 광케이블'은 향후 10Gbps, 테라 등 유선 인터넷 서비스 고도화는 물론, 5G 전국망 확보를 위해 필수적이다. 또한 코로나 이후, 비대면 서비스의 안정적인 제공을 위해서도 완전한 광케이블 인프라를 확보하기 위한 정책 추진이 절실하다.

영국의 광 기반 유선 인프라 고도화 정책Building Digital UK

광 인프라 구축 추진 이유(Ofcom/Openreach, '19)

① 사회 경제 구조 변화
- (국가생산성 향상) 총부가가치Gross Value Added, GVA 약 90조 원 효과 발생
- (공간 재조정) 원격·재택근무 확산으로 지역 격차, 인구 과밀화 해소, 혼잡비용 감소 효과
- * 원격·재택 40만, 지방 이주 27만, 통근량 감소 연 3억 회
- (고용 창출) 재택/원격근무로 노약자/고령층(15만), 육아 경력단절 여성(12.5만) 등 약 50만 명 고용 시장 유입으로 매년 약 23조 원의 부가가치 발생
- * 또한 광 구축을 위한 엔지니어 채용 및 훈련 수요(Openreach, '18~'19년

6,500명 고용)

② 네트워크 진화 수용

- (비용 효율) 설치 후, 100년간 특별한 매설 또는 교체작업 없이 업그레이드 가능
- (시장 수요) 트래픽 이용량 폭증, IoT/E-sports 등 신규 서비스 확산 기반 확보를 위해 안정성, 속도/용량이 우수한 광케이블 필요
- (5G와의 상호보완성) 5G가 진화하고 있으나 커버리지/안정성은 아직 불안정, 강력하고 안정적인 광 기반 유선회선에 대한 시장 니즈는 여전히 존재(ITU Network 2030 Vision)

Ofcom, 광케이블 투자 유인 제고 및 규제 개편 시행(Flexible regulation)

① 투자 수익성 고려, 경쟁 상황에 맞춰 지역별 차등 정책 적용('20.1)

- 투자 유인이 높은 도심 지역은 요금 규제를 완화하여 투자 수익성 보장
- 투자 유인이 낮은 농촌 지역(전국 20%)은 정부가 직접 광케이블 투자 (Outside-in 전략)

* 약 7.5조 원 광 투자 정부 지원 결정('20.3)

② 구축 비용 절감을 위한 규제 허들 제거

- 신축 건물에 광케이블 통신설비 구축 의무 부여('20.3, 건축법 개정)
- 광케이블 구축 지역에서는 기존 PSTN 규제 철회('19.6)
- 이용자의 자발적 광 전환 유도를 위해 동선 기반 서비스 요금 조정 허용 ('19.6)

CORONA

ECONOMICS

3장

AI 활용을 통한
새로운 일자리 창출

01

코로나로 빼앗긴 일자리,
교육으로 되찾는다

오늘날 미국이 세계 최강대국으로 군림할 수 있는 데에는 여러 가지 이유가 있겠지만, 무엇보다도 전 국민을 대상으로 한 교육 시스템이 큰 역할을 했다. 미국은 대대적으로 미국에 거주하는 모든 사람들을 대상으로 한 공교육을 세계 최초로 도입했고, 그 결과 산업시대 100년을 누릴 수 있었다. 그 어떤 국가보다도 빠르고 체계적인 교육 혁신이 있었기 때문에 그 시대에 필요한 일자리에 맞는 인력이 양성될 수 있었고, 이를 통해 다양한 산업들이 혁신과 성장을 거듭하게 되었다

19세기 초, 프랑스 귀족 토크빌Alexis de Tocqueville은 교도소 행정 실태를 조사하기 위해 미국에 오게 되었는데, 대부분의 미국인이 읽고 쓸 줄 아는 교육 수준을 갖추고 있어 깜짝 놀랐다고 한다. 당시 유럽

은 엘리트층 위주의 교육을 하고 있었기에, 미국의 보편적 교육_{universal} _{education} 제도는 상당한 충격이었다. 미국에서는 1830년경부터 과학과 기술의 발전이 미국을 근대화시키고 문명화한다는 인식이 보급되면서 수학과 과학의 학습을 요구하는 사회적 현상이 일기 시작했다. 과학 지식의 습득이 졸업 후 구직하는 데 도움을 주어 개인에게 경제적 안정과 복지 증진을 가져다주었기 때문이다. 그래서 당시 대학의 섭정관들은 사립 고등학교에 수학과 과학, 사회 수업을 받도록 허용했다. 미국은 19세기 들어서 뉴욕 주를 필두로 1830년부터 1880년까지 과학과 수학을 강조하는 공립 초·중·고등학교 체제를 세웠고, 이는 산업혁명 초기에 급성장한 기술 발전을 뒤따라잡는 데 큰 공헌을 했다.*

20세기를 맞아 경제가 급성장한 미국은 고등 교육 확장을 주도했는데, 1900년에 10.6%에 불과했던 고등학교 입학률이 1930년에는 51.1%, 1960년에는 86.9%까지 상승했다. 1968년 이전만 해도 17세 중 70% 정도가 고등학교를 졸업했는데, 1970년대에 접어들면서 고등학교 졸업자 수가 94% 수준까지 크게 확대되었다. 1940년대에는 읽고 쓰지 못하는 사람이 20만 명 정도였다면 1970년도에는 90% 이상의 국민 대부분이 읽고 쓰는 능력을 갖추었다. 대학 진학률에 있어서도 1880년대에 5%만 대학에 진학한 반면, 1960년대에는 약 60%가 대학에 진학했다. 또한, 제2차 세계대전 참전 용사들에게 대학 포함의 고등교육을 지원한 '제대군인 원호법_{G.I. Bill}'은 노동자들의 교육 수준을 한 단계 높이고, 이를 통해 미국의 생산성이 올라가면서 경제적

* 출처: 박은정, 〈미국의 교육제도와 수업 현황〉, 영미연구소, 2004. 8.

호황을 누리는 데 큰 기여를 하였다. 이러한 대중교육 시스템을 바탕으로 양질의 인력을 양성할 수 있었던 미국은 기술 혁신으로 대체된 단순반복 업무 대신 창의적이고 감성적인 업무에 인력을 투입하여 더 많은 일자리를 창출하게 되었다.

사실 새로운 기술의 등장으로 일자리가 사라지는 이른바 '기술적 실업'은 코로나 사태 이전부터 꾸준히 제기되어 왔던 사회적 이슈였다. 특히 AI의 등장은 단기적으로 인간을 대체해 노동 수요 감소를 야기시킬 수 있다고 지적되고 있다. 세계경제포럼은 2018년 발간한 〈직업의 미래 2018〉 보고서에서 "오는 2025년에는 기계가 인간의 일자리를 대체하는 비율이 전체 일자리의 약 52%에 해당할 것"이라고 전망했다. 옥스퍼드 마틴스쿨 칼 베네딕트 프레이 교수도 2015년 발표한 '고용의 미래'라는 논문에서 미국 노동시장 일자리의 47%가 10~20년 후에는 AI에 의해 무인화될 수 있다고 우려했다.

기술 혁신에 따른 일자리 대체 효과는 분명히 존재하지만 중장기적으로는 생산성 효과와 새로운 업무의 등장으로 일자리가 늘어날 것이라는 전망도 있다. 1970년대 미국 은행들은 ATM을 대거 도입해 입출금 업무를 대체했는데, 그 결과 은행 직원들의 단순 업무는 줄었지만 대신 대출, 보험 상담 등의 전문 업무가 증가했다. 지점당 직원 수는 3분의 1로 줄었으나, 지점 수가 40% 증가해 직원 수도 1970년대 25만 명에서 2015년 50만 명으로 2배나 늘어났다. 역사적으로 봐도 높은 강도의 자동화는 새로운 일자리와 활동, 직무를 만들어냈다. 20세기의 기계화로 농업 인구가 대폭 감소했지만 제조업 일자리는 크게 늘어났다. 1980년에서 2010년 사이의 취업자 수 증가 중 50%가

공공교육의 효과 및 재교육의 필요성을 강조한 교육과 기술 간의 레이스

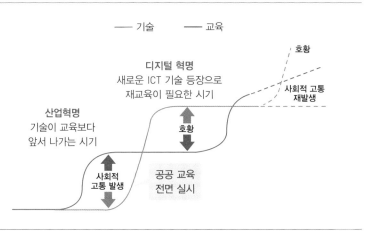

출처: The Race Between Education and Technology, Goldin, Claudia & Katz, Lawrence, 2008

신규 직무라는 점은 기술 혁신으로 끊임없이 새로운 업무가 등장하고 있음을 보여주고 있다.

이처럼 기술 발전으로 기존의 일자리가 사라지고 새로운 일자리가 등장하는 상황을 슬기롭게 대처하기 위해서는 교육 강화가 필수적이다. 하버드대 경제학 교수 클라우디아 골딘Claudia Goldin은 "산업혁명 초기에 교육 수준이 기술에 뒤처져 사회적 고통이 발생했으나, 공공 교육을 전면적으로 실시한 이후 이를 따라잡았다. 그리고 ICT 기술 발전과 함께 찾아온 디지털 혁명으로 기술이 교육을 다시 앞서기 시작하면서 새로운 교육 강화가 필요하다"라고 저서인《교육과 기술 간의 레이스The Race between Education and Technology》에서 교육의 중요성을 강조했다.

코로나 사태는 4차 산업혁명 이후 진행되어 오던 이 기술적 실업 현상을 더욱 빠르게 그리고 전방위적으로 확산 가속화시켰다. 무인화, 자동화 도입을 차일피일 미루던 기업들은 코로나 확산으로 사회적 거리두기 및 언택트 서비스를 위해 앞 다투어 ICT 도입을 서둘렀다. 코로나 확산 방지를 위해 비대면 문화가 사회 깊숙이 자리 잡으면서 매장 직원과 고객 간 접촉을 최소화할 수 있는 무인 점포의 도입도 증가하고 있다. AI 기술을 적용한 로봇이 커피 등 음료를 판매하는 무인 카페나 무인 편의점 등이 대표적이다. 이제 오프라인 매장도 무인 점포로 운영되는 시대가 도래할 것이다. 안면인식, AI, 클라우드 기술 등을 도입한 무인 매장에서는 키오스크로 제품을 구매할 수 있으며, 무인 매장 이용에 어려움을 겪는 고객은 온라인 화상 시스템을 통해 상담사와 비대면 상담 서비스도 가능해질 것이다.

정부도 '한국판 뉴딜'을 국가 프로젝트로 추진하면서 2025년까지 디지털 뉴딜에 58조 2,000억 원을 투자해 90만 개의 일자리를 창출하겠다고 발표했다. 코로나로 인한 고용 충격으로 2020년 4월 실업급여 지급액은 9,933억 원, 수급자 수도 65.1만 명으로 역대 최대 규모를 기록했다(고용노동부 2020년 5월 기준). 통계청이 발표한 2020년 3월 고용 동향에서도 취업자 수는 전년 동월 대비 글로벌 금융위기 이후 최대인 19.5만 명이 감소했고, 일시 휴직자도 126만 명이 증가해 역대 최대 폭을 기록했다. 대통령은 특별 기자회견을 통해 코로나 사태로 인한 경제위기로 고용 충격이 확대되면서 이를 '경제 전시 상황'이라고 평가했다.

컨설팅 기관인 맥킨지에서는 코로나 사태 이후 배송, 공공/보안 등 일부 업종에서만 신규 인력 수요가 발생하고 타 산업에서는 인력 감축이 현실화됨에 따라 고용 확대를 위한 재교육과 전환교육이 필수적이라고 강조했다. 실제로 호주의 사례를 보면, 문화/예술, 숙박/요식업, 소매업, 운송/물류, 렌탈/부동산, 교육 등 20개 산업, 8개 직군 중에서 유통과 공공을 제외한 전 영역에서 코로나 사태 이후 일자리가 감소한 것으로 나타났다.

또한 저출산 및 고령화에 따른 100세 시대 도래로 직업 전환을 위한 재교육의 필요성도 증대되고 있다. 인구보건복지협회가 유엔인구기금UNFPA과 함께 발간한 〈2020세계 인구 현황 보고서〉에 따르면 여성 1명이 출산할 것으로 예상되는 출생아 수를 뜻하는 '합계 출산율' 조사에서 한국은 1.1명으로 198개국 중 세계 최하위를 기록했다. 전체 인구에서 0~14세가 차지하는 비율 역시 세계 최하위권인 반면, 65세 이상 노인이 차지하는 비율은 세계 평균보다 높아 저출산·고령화가 빠르게 진행되고 있다는 사실이 수치로 확인되었다.

코로나 사태로 인한 대량 실업과 디지털 전환에 따른 일자리 문제는 단기 일자리 창출만으로는 한계가 있다. 결국 AI, 빅데이터 등 ICT를 활용한 디지털 일자리로의 대전환을 통해 근본적인 변화를 추진해야만 한다.

디지털 뉴딜 정책에서 추진하는 일은 디지털 기술, ICT와 관련된 일이다. 디지털을 알아야만 거기에 맞는 일을 할 수 있다. 디지털 일자리로의 전환을 위해서는 4차 산업혁명 시대에 맞는 재교육(리스킬링)과 전환교육(업스킬링) 외에는 답이 없다. 기업은 변화하는 업무 성격에 맞게 직원들을 재교육시키고 역량을 향상시킬 수 있는 교육 프로그램을 마련해야 한다. 또한 역량이 강화된 직원들은 AI 기반의 잡

ICT를 활용한 일자리 창출 방안 및 관련 경제정책 방향 주요 내용

일자리 창출 방안	2020년 하반기 경제정책 방향 (2020.6.1)	제3회 추가경정예산안 (2020.6.3)
• AI를 활용한 재교육/전환교육 플랫폼 구축 　- AI를 활용한 개인화된(AI personalized) 재교육/전환교육 제공 　- 에듀테크, AI 기술기업과 생태계를 구축하고 재교육/전환교육 사업화 　- 정부는 재교육/전환교육 유인 제공(재교육 바우처, 세제 지원 등) • AI를 활용한 잡매칭(Job matching) 플랫폼 구축 　- 민관 협력으로 'AI를 활용한 공공 잡매칭 플랫폼'을 구축 　- AI 교육 프로그램과 연계해 AI 전문인력 매칭 플랫폼 운영, 생태계 주도	• AI · SW 핵심인재 10만명 양성 　* AI 대학원 등 확대, 기업 맞춤형 인재 양성/ 한국형 AI 혁신교육 모델 마련을 위한 이노베이션 스퀘어/ 아카데미 확대, 산업 전문인력 AI 교육 강화 등 • 온 · 오프라인을 연계한 이공계 교육 혁신모델을 정립하여 영재 학교 및 과기원에 시범 도입 후 일반 학교 확산 추진 　* VR 등 ICT를 활용한 학습 도구 도입, STEM 생각교실을 통한 학교 내 전문가 연계 수 · 과학 교육 내실화, 실습 · 체험 중심 프로그램 운영 등 • 40대 맞춤형 실무 친화적 훈련 · 교육과정 확대 • 40대 구직자(중위소득 100% 이하)를 중심으로 인력 부족 분야에 훈련-체험-채용 연계 일자리 패키지* 신설	• AI · SW 분야 고급두뇌, 현장 실전형 전문인력 양성 　* 이노베이션 스퀘어 및 이노베이션 아카데미 교육생 확대 등 • 산업별 전문가의 AI 활용 역량 교육 등 융합인재 양성 • 공공 LMS 플랫폼(EBS 온라인 클래스, e-학습터) 기능 개선 및 K-에듀테크* 통합 플랫폼 구축 　* 원격교육에 필요한 민관의 다양한 콘텐츠 · 학습 관리 시스템을 공교육 내에서 활용 • (신기술 · 맞춤형 훈련) 첨단소재, 스마트 제조 등 신기술 분야, 재학-구직-재직-재취업 생애주기별 직업훈련 확대 • (고용진입 · 전환) 청 · 장년층 대상 신사업 분야의 재취업 및 맞춤형 창업 지원

출처: 기획재정부 , KT경제경영연구소 재작성

매칭을 통해 제 기량을 발휘할 수 있는 업무에 적재적소 배치시켜 업무 효율을 극대화시켜야 한다.

　정부는 4차 산업혁명 시대에 맞는 인재 양성을 위한 대중교육 시스템을 재정비해야 할 것이다. 미국이 구글, 아마존, 애플, 페이스북 등 글로벌 ICT 기업을 양산할 수 있었던 배경에는 오바마 정부 시절부터 추진해온 STEM 교육 정책이 있었다. STEM은 과학Science, 기술

Technology, 공학Engineering, 수학Mathematics의 약자로 4차 산업혁명에 필수적인 교육 분야들이다. 미국은 오바마 정부 시절, STEM 교육을 시행하기 위해 '교육 혁신'에 국가적인 지원을 아끼지 않으며 그 중요성을 강조해왔다. 현재의 도널드 트럼프 정권에서도 미래 STEM 교육 전략을 발표했는데, 과거 오바마 행정부가 STEM 분야에 흥미를 높이기 위해 교육과정 개발과 교사 훈련을 중요시했다면, 트럼프 행정부는 첨단 산업에서 일하는 인재 양성을 STEM 교육의 최종 목표로 내세우고 있다.

2018년 12월, 미국 국가 과학기술 위원회NSTC는 〈STEM 교육을 위한 미국의 전략〉 보고서를 통해 연방 정부 차원에서 STEM 교육을 위해 5년간 약 3조 3,350억 원을 투자하고, 미래 컴퓨팅과 AI, 사이버 보안 등 첨단 산업에서 일할 수 있는 인재를 양성하도록 장려하겠다고 밝혔다. 특히 과거 체험교육 확대에 초점을 맞추었던 것과는 달리, 실제 산업계의 요구를 충족시킬 수 있는 교육과정 강화에 중점을 두어, 기업과 학교 간 상호 협력을 통해 산업 실무자가 참여하는 직무 교육과 기업 실습 훈련 등을 진행하면서 산업과 교육 현장의 간극을 줄이는 데 많은 노력을 기울이고 있다.

디지털 뉴딜은 교육 혁신 없이는 의미가 없다. 새로운 시대에 필요한 역량을 교육시키지 못하면 새로운 산업과 일자리가 생기기 힘들다. 미국의 STEM 교육 전략은 미래 산업에 맞는 혁신적인 인재를 키워 국가 경쟁력을 강화하겠다는 미국 정부의 강한 의지를 반영한 것이다. 코로나 사태로 미래가 불투명한 지금, 디지털 경쟁력을 강화하기 위해 그 어느 때보다 교육 혁신이 필요한 시점이 아닐 수 없다.

02
평생교육 시대,
ICT를 활용한 재교육 플랫폼 구축

《100세 인생》의 저자로 유명한 런던 비즈니스 스쿨의 린다 그래튼 교수는 100세 시대 도래로 '교육 – 고용 – 퇴직'의 기존 3단계 삶이 다단계 삶으로 변화하고 있고, 이로 인해 평생 자신을 변화시키는 능력인 '변형 자산'이 필요하다고 강조했다.

일본에서는 팔순이 넘는 나이에 아이폰 앱을 만든 할머니가 큰 화제를 모았다. 83세의 은행원 출신인 와카미야 미사코 씨는 퇴직한 60세부터 스스로 컴퓨터 사용법을 익혀 80세에 앱 개발 프로그래밍 언어인 '스위프트Swift'를 6개월 동안 독학해, 마침내 2017년에 단계별로 인형을 정해진 위치에 놓는 고령자용 게임 앱 '히나단'을 개발했다. 와카미야 씨는 애플 본사에서 열린 앱 개발자 회의에 초청받아 애플의 최고경영자CEO 팀 쿡을 만나기도 하고, 유엔 본부에서 '고령사회에서 필요한 디지털 기술'에 관해 연설하면서 은퇴한 고령자들에게 큰 꿈과 희망을 안겨주었다. 와카미야 씨는 테드TED 강연에서 이렇게 말했다. "늙었다고 못할 것 없습니다. 저를 보세요. 60세에 컴퓨터를 배웠습니다." 배움에 나이가 없다는 것을 몸소 보여준 와카미야 씨는 노인들이야말로 디지털 기술을 더 적극적으로 활용하고, 이를 통해 다른 세대, 다른 나라 사람들과 많은 교류를 하면서 인생을 더 즐길 수 있다고 강조했다.

이제 ICT 관련 교육은 20대에서 80대에 이르기까지 전 세대가 배워야 할 공통의 관심사가 되어가고 있다. 이미 시장에서는 코로나 사태를 맞아 무인화, 자동화를 도입하려는 기업 및 공공기관이 늘어나면서 AI 개발자 수요가 급증했고, 이에 따라 AI 관련 재교육 수요도 증가하고 있다. 단기 소프트웨어 집중 교육을 실시하는 '코딩 부트캠

80세에 독학으로 공부해 아이폰 앱 '히나단'을 개발한 와카미야 할머니

출처: 언론 종합

프'의 경우, 교육비가 최대 1,000만 원에 이르지만 비대면 솔루션 관련 인력 수요가 확대되면서 비싼 수업료를 내더라도 교육을 원하는 참여자가 계속 늘어나고 있다.

해외에서는 무크MOOC를 통해 누구나 무료로 인터넷을 통해 우수한 대학의 강의를 들을 수 있고, MBA 수업의 온라인화도 빠르게 확산되고 있다. 미국의 통신회사 AT&T는 기술 자동화로 대체 가능성이 높았던 24만 명의 직원을 온라인 수업 등을 통해 재교육시켰고, 이를 통해 필요한 신규 인력 4만 명 중 40%는 재교육된 내부 인력으로 대체하는 성과를 거뒀다.

특히 대량 실업에 대비한 대규모의 빠른 재교육 및 전환교육을 통한 일자리 창출은 국가적 과제이다. 해외에서는 4차 산업혁명 시대에서의 산업구조 전환에 따른 인력 재교육을 국가적으로 추진하고 있는데, 싱가포르가 대표적인 국가이다.

싱가포르는 4차 산업혁명 시대의 인력 양성을 위한 국가 프로그램인 '스킬스퓨처SkillsFuture'를 2015년부터 추진해 국민들의 재교육 및 전환교육을 지원하고 있다. '기술이 미래다'는 비전을 내걸고 정부가 학생부터 사회 초년생, 수십 년의 경력을 가진 기술자까지 개인의 상황에 맞는 평생 직업훈련을 제공하겠다는 구상이다. 노동부 등 정부 부처뿐만 아니라 기업 대표, 노동조합, 전문가 중심으로 실무협의체 '스킬스퓨처 싱가포르SSG'를 구성하고 체계적인 직업훈련 시스템을 선보였다.

세부 프로그램 중 하나인 '스킬스퓨처 크레딧'은 25세 이상 싱가포르 전 국민에게 500싱가포르달러(약 42만 원)를 지원한다. 개인이 직업훈련 계좌를 개설하면 '크레딧' 형태로 돈을 넣어주는 방식이다. 이

돈은 정부가 승인한 직업훈련 기관에서 온·오프라인 훈련을 받는 데 쓸 수 있는데, 정부는 이를 통해 개인이 어떤 교육을 받는지 확인할 수 있다.

'스킬스퓨처 ELP'라는 프로그램은 폴리텍대, 기술교육원 졸업생들이 학교에서 배운 기술을 직장에서 써먹으면서 정부 자격증을 받는 제도다. 학교에서 배운 기술을 산업 현장에서 얻은 지식과 융합해 더욱 발전시키도록 정부가 인증해주는 것이다. 중소기업 근로자가 핵심 기술을 계속 개발하면 '스킬스퓨처 스터디 어워드'라는 상을 수여하고 수상자에게는 상금 5,000싱가포르달러를 준다.

스킬스퓨처 프로그램 추진으로 싱가포르는 4차 산업 분야의 선두주자로 꼽히고 있다. 국제무역연구원 조사 결과 싱가포르는 주요 선진국을 제치고 4차 산업혁명 대응 능력에서 1위를 차지했다. 세계경제포럼의 네트워크 준비지수에서도 최상위권에 올랐다. 싱가포르의 교육부 장관은 "인더스트리 4.0은 기존 근로자를 기계 또는 새로운 근로자로 대체하는 것이 아니다. 본 프로그램의 핵심은 기존 노동자가 새로운 기술을 습득하고 활용할 수 있도록 훈련시키는 일이다"라고 프로그램의 취지를 밝혔다.

싱가포르 스킬스퓨처 프로그램

목적	개인이 기술을 소유하고 평생 기술을 발전시킬 수 있도록 함
운영	이사회 스킬스퓨처싱가포르(SSG)가 주도하고 노동부 등 관계부처와 고용주, 산업협회 노동조합 등이 참여
세부 프로그램	'스킬스퓨처 크레딧', '스킬스퓨처 스터디워드' 등의 개별 훈련 프로그램이 있음

출처: 스킬스퓨처싱가포르(SSG)

미국은 2018년 7월에 5년간 노동자 1,200만 명을 대상으로 직업 재교육을 추진하는 노동인력 양성 및 재교육 전략을 발표했고, 300개 이상 기업과 단체 참여를 유도했다. 핀란드는 2019년 1월부터 전체 인구의 1%인 5만 5,000명을 대상으로 AI 교육을 실시하고 있다.

한국도 외환위기 이후 인터넷 재교육을 통해 경제 회복의 기반을 마련한 경험이 있다. 1998년 2월, 김대중 정부 출범 직후 실업자 대상으로 인터넷과 전자상거래 재교육 사업을 추진해 닷컴 열풍의 초석을 마련했고, 이를 통해 한국의 ICT 산업은 세계 1위 수준까지 오를 수 있었다.

재교육에서 또 하나 중요한 부분은 개인에게 맞는 교육과정과 콘텐츠를 제공하는 것이다. 기존의 일률적인 지식 전달 방식으로는 개개인에 맞는 맞춤형 교육이 현실적으로 어렵지만, AI를 활용한다면 가능하다. 콘텐츠 테크놀러지CTI, Content Technologies Inc.라는 회사는 AI를 이용하여 다양한 콘텐츠를 세분화한 후, 이를 학습자 수준에 맞게 큐레이션한 '맞춤형 교육 콘텐츠'를 제공한다. 기존에 있는 콘텐츠를 세세하게 분류하여 AI가 수준에 맞게 재조합함으로써, 기업에서도 직원 개개인에 맞는 재교육을 통해 실무에 실질적인 도움을 줄 수 있고, 직원들은 AI를 활용한 맞춤형 교육personalized learning을 통해 더욱 효율적인 교육 기회를 제공받을 수 있다.

이렇게 AI와 빅데이터를 교육에 접목시키면 진단/피드백 및 학습 습관과 태도에 대한 코칭을 제공해 교육 성과와 효율성 개선이 가능하다. 또한 온라인 교육으로 진행하는 경우, 재교육 비용과 시간을 절감해 더 많은 인력에게 재교육 혜택을 제공할 수 있다. 학습자별로 높은 수준의 개인화된 교육도 가능해 교육의 효율성도 개선된다. 특히 코로나 대유행으로 디지털 교육이 빠르게 확산되면서 학습 비용은 낮추면서도 효과는 높아 온라인을 통한 AI 교육을 찾는 사람들은 계속 많아질 전망이다.

한국의 AI 활용 맞춤형 교육은 현재 학교 교과과정 중심에 맞춰 형성되어 있어, 앞으로는 성인 대상의 재교육/전환교육에도 초점을 맞출 필요가 있다.

현재 국내에는, 협업교육 과정에 VR/AR, 게임 러닝 등을 활용한 몰입형 학습 및 AI/빅데이터 기반 맞춤형 학습을 제공하는 기업이 있는가 하면, 빅데이터, AI, 클라우드 등을 융합한 마이크로 콘텐츠 교육 플랫폼을 개발해 중소기업 근로자 대상으로 연간 이용료 4만 원에 맞춤형 교육 프로그램을 제공하는 스타트업도 있다.

AI 기반의 맞춤형 교육은 교육 불평등을 해소해 보다 양질의 일자리를 창출하는 데 많은 기여를 할 수 있다. 또한 AI 기반 사내 교육 시스템을 사회에 오픈해 일자리 창출의 공공 기능을 강화하는 한편, 맞춤형 교육을 클라우드로 제공해 재교육의 확장성$_{scalability}$을 제고할 수 있다. 에듀테크 및 AI 기술 기업은 기술 협력을 통해 생태계를 구축하고 중소기업들이 생태계에 참여할 수 있도록 적극적으로 지원할 필요가 있다. 정부는 재교육 바우처 및 세제 지원 등을 통해 재교육/전환교육의 유인을 제공한다.

디지털 뉴딜의 성공은 한국의 4차 산업혁명을 이끌어 갈 전문인력에 달려 있다. 전문인력 양성을 통해 기업 및 사회 전반에 대한 혁신이 이뤄진다면 코로나로 인한 경제 침체 위기도 극복할 수 있다.

03

AI를 활용한
잡매칭 플랫폼의 구축

4명 중 1명이 65세인 초고령사회 일본에서는 현업에서 은퇴해도 자신의 오랜 경험을 살려 일을 하고자 하는 노인들이 상당히 많다. 하지만 건강상의 이유로 장시간 일을 하기 어렵거나, 실버지원센터에 가서도 적합한 일을 찾지 못해 허송세월 시간만 보내기가 일쑤다. 건설 현장에서만 30년을 일해 혼자서도 집 한 채는 거뜬히 지을 수 있는 기술자 노인은 자신의 노하우를 전수할 후계자를 찾지 못해 안타까워 한다. 간혹 전통가옥 보수를 원하는 안내문이 붙지만 자신이 살고 있는 지역에서 너무 멀리 떨어져 있거나 하루 8시간 일을 해야 하는 조건 때문에 쉽게 나서지 못한다. 과일 재배와 농사만 평생 해온 노인은 최근 귀농을 원하는 젊은 층들로부터 농사 관련 교육을 해달라는 요청이 쇄도하지만 무릎 염증으로 거동이 불편해 사람을 만나는 일조차 어려운 실정이다.

도쿄 대학과 치바 현 고령자 단체는 이러한 문제점을 해결하기 위해 현장의 니즈와 노인들의 노하우를 매칭시킨 잡매칭 플랫폼 앱 'GBER지버'를 개발했다. GBER는 'Gathering Brisk Elderly in the Region'의 약자로, 해석하면 '지역 내 건강한 시니어들의 모임'을 의미한다. GBER는 치바 현내에 거주하는 고령자들의 정보와 일자리를 원하는 젊은 층의 정보를 클라우드 플랫폼에 수합해, 노동력을 필요로 하는 니즈가 발생하면 AI가 분석해 일자리와 매칭시켜주는 '모자이크형 잡매칭Job matching'플랫폼이다. 예를 들면 이런 식이다.

- A 노인: 토목 관련 경력 20년, 전통가옥 보수 기술 보유, 무릎 염증으로 거동 불편
- B 노인: 과수원, 열대과일 재배 경력 20년, 장시간 대면 업무 어려움
- C 노인: IT 회사 근무 경력 30년, ICT 기기 활용 가능, 강사 자격증 보유
- D 청년: 20대, ICT 기기 활용 능숙, 8시간 이상 근무 가능, 토목공사 아르바이트 경험

이렇게 4명의 정보를 클라우드에 등록해 놓으면, 치바에서 멀리 떨어진 나고야에서 전통가옥 보수공사에 대한 니즈가 발생했을 때, 전통가옥 보수 기술을 가진 A 노인과 D 청년의 정보를 AI가 조합하여 스마트폰이나 태블릿을 통해 A 노인이 가진 노하우를 D 청년이 원격으로 전달받아 일할 수 있는 솔루션을 제시한다. 또 귀농 희망인들을 대상으로 한 작물 재배 컨설팅 의뢰가 발생하면, AI가 B 노인과 C 노

고령자 잡매칭 앱 'GBER'(좌) GBER를 통해 선호 시간대와 적성에 맞는 일을 수행(우)

출처: GBER 홈페이지, 언론 종합

인의 정보를 조합하여 B 노인이 가진 농사 노하우를 C 노인이 디지털 디바이스를 활용해 교육 콘텐츠로 만들거나 원격교육을 제공하도록 제안한다.

이처럼 디지털 산업구조 전환 과정에서 잡매칭을 통한 인력의 미스 매치 해소만으로도 상당한 고용 창출이 가능하다. 온라인 잡매칭 플랫폼은 구직 조건, 구인 조건에 대한 매칭 가능성을 높여, 조건이 맞지 않을 경우 구인 구직을 포기할 가능성을 낮춰준다. 또한 취업 절차에 소요되는 시간과 구직자의 일자리 탐색 시간을 단축하고 일자리의 지역적 미스매치 해소에도 기여할 수 있다. 특히 AI 활용으로 소외계층의 고용 가능성을 높이고 유연한 형태의 노동 기회를 창출해 노동시장 참여율을 향상시킬 수 있다. AI 기반 일자리 매칭 플랫폼은 노동시장 참여 확대를 통해 2025년까지 국내에서 42만 개의 새로운 일자리를 창출하고 GDP는 219억 달러 증대가 예상된다.

무엇보다 잡매칭 플랫폼을 통해 구직자가 적재적소에 고용될 수 있어 구직자의 업무 만족도가 매우 높아진다. GBER를 이용하고 있는

3부 디지털 뉴딜이 만드는 코로나 이코노믹스

상당수의 고령자들은 자신에게 맞는 일을 은퇴 후에도 계속할 수 있다는 점에서 만족도가 높고, 자신의 업무 경험을 클라우드에 저장해 다른 누군가가 활용할 수 있다는 점에서도 긍정적으로 평가하고 있다.

이미 해외의 민간 영역에서는 AI 기반 잡매칭 플랫폼을 통해 인력 수급의 효율성을 개선하고 있다. AI 구직 플랫폼 미야Mya는 하루에 수십만 건의 통화를 자동적으로 처리할 수 있다. 이를 통해 79%의 인터뷰 시간을 절약할 수 있고, 리크루터의 생산성을 144% 증가시키고 있다. 미야는 잠재적인 지원자들을 발굴해내고 AI 채팅을 통해 접근하는데, AI Q&A를 통해 구직자에게는 정보를 제공하고 동시에 채용자의 스크리닝을 도와준다. 인터뷰를 위한 자동 스케줄링과 채용 관련 전 프로세스 지원으로 구직자 이탈 방지에도 기여한다. 또한 계약 만료가 가까워진 근로자에게는 미리 접촉하여 다음 일자리를 찾는 데에도 도움을 준다.

한국도 2019년 12월에 발표한 '인공지능 국가전략'에 AI를 활용한 잡매칭 플랫폼 구축 계획이 포함되었다. 민관 협력으로 'AI를 활용한 공공 잡매칭 플랫폼'을 구축하면 보다 높은 효과를 얻을 수 있을 것이다. 공공기관/산별단체/대기업 참여로 광범위한 잡매칭 플랫폼을 신속하게 구축해 AI를 통한 구직 프로세스를 자동화하는 한편, AI 기반 맞춤형 구직자 카운슬링, 개인 맞춤형 교육 등 구직자 역량 제고 기능을 병행하면 인력난의 상당 부분이 해소될 것이다. 특히 디지털 인재 확보에 난항을 겪고 있는 중소기업들이 잡매칭 플랫폼을 통해 디지털 트랜스포메이션에 필요한 인력을 확보할 수 있도록 지원해주는 부분도 고려되어야 할 것이다.

04
AI/로봇 활용 인적 역량 강화로 리쇼어링 및 생산성 향상

현재 유럽은 코로나로 각국의 국경 이동을 제한하면서 인력 이동이 쉽지 않은 상황이다. 영국은 유럽 대륙에서 건너온 노동자들이 농가 수확기 일손 부족 해소에 큰 역할을 했는데, 코로나 사태로 일자리 수급이 어려워지면서 타격이 큰 상황이다. 이를 해결하기 위해 영국의 농가들은 로봇 도입을 서두르고 있다. 영국 농가뿐만 아니라 코로나 팬데믹 이후 전 세계 모든 산업군에서 로봇 도입이 확산될 것으로 전망된다. 맥킨지는 오는 2030년까지 유럽에서 전체 일자리의 20%인 5,300만 개가 로봇으로 대체될 것이라고 분석했는데, 특히 리테일 섹터에서는 70%가 로봇 등으로 대체되면서 자동화될 것이라고 전망했다.

AI/로봇의 등장은 단순 반복적인 업무를 해주거나 위험 지역에 투입되어 인간 대신 일을 수행하는 등 인간 활동의 보조적 역할로 작업 성과를 높이는 데 기여한다. AI/로봇은 작업, 프로세스, BM 전체를 대체하기보다 인간의 활동을 보완해서 작업의 가치를 높여주는데, AI/로봇을 활용한 자동화 기술은 인력 대체를 통한 수익성 증대에서 인간 역량을 강화하여 생산성을 제고하는 방향으로 점차 그 필요성이 증대할 것이다.

AI/로봇을 경계하는 의견도 많지만, 대량 실업을 불러오기보다는 반복적인 작업에서의 해방을 통해 인간의 역할을 재디자인하는 데 기여할 것으로 보인다. AI/로봇은 인간 활동을 보조하여 작업 성과를 높이거나, 인간이 하기 어려운 위험하고 복잡한 일을 대신해줌으로써 인간에게 보다 창의적인 분야에서 역량을 발휘할 기회를 갖게 만들어줄 것이다. 산업혁명 시기에도 방직업의 자동화 후 근로자들이 관리 및 운영 업무에 집중할 수 있게 되었으며, 이는 생산성 향상으로 이어져 더 많은 일자리를 만들어냈다.

또한 인간과 AI/로봇 간 협업을 통해 산업의 효율성과 생산성을 증가시킬 수도 있다. 아마존의 경우, 물류센터에서의 운반 등 힘든 업무는 로봇이, 관리와 포장은 사람이 협동하여 수행하는데, 로봇 10만 개를 도입하면서 12.5만 명의 고용을 창출했다. 아마존은 코로나 이후 전자상거래 수요 폭증으로 2020년에 17만 5,000명을 신규 채용하겠다고 발표했다.

델타 항공이 CES 2020에서 공개한 착용형 보조 로봇 '가디언 Guardian XO'는 직원들이 무거운 수화물 짐을 손쉽게 들 수 있도록 도와준다. 미국의 빅리버 스틸 제철소는 AI 딥러닝 시스템을 도입해 철강 생산계획의 융통성 있는 조정 및 에너지 소비 절약, 점검 셧다운 시간을 최소화하여 인간의 업무를 지원한다.

한편 코로나로 리쇼어링의 필요성이 다시 증대되면서 AI와 로봇의 역할 또한 부각되고 있다. 코로나 확산에 따라 글로벌 기업들이 중국에 지나치게 의존해서는 안 된다는 것을 깨닫고 있으며, 중국에서의 생산을 대체할 수 있는 방안을 모색 중인데 그 중 하나가 AI/로봇 도입이다. 로봇의 도입 확대는 리쇼어링 증가에 긍정적인 영향을 미치는데, 세계경제포럼의 분석에 따르면 직원 1,000명당 로봇 대수가 1 증가할 때 리쇼어링 활동은 3.5% 증가한다고 한다.

5G 기반의 협동로봇을 제조 현장에 도입하면 근로자의 역량 강화, 중소 제조업 생산성 향상과 함께 리쇼어링 기반이 마련될 것이다. 5G 협동로봇은 단순히 사람의 역할을 대체하는 기존의 산업용 로봇과 달리, 근로자 곁에서 위험하거나 반복적인 작업을 보조 수행하여

CES 2020에서 선보인 델타항공의 '가디언 XO' 보조 로봇

출처: 언론 종합

생산성 향상에 기여하는 것이 특징이다. 또한 기존 라인을 크게 조정하지 않고도 도입이 가능해 해외로 나간 기업들의 리쇼어링을 지원할 수 있다. 공장 안에는 5G IoT 망을 구축하여 제품 생산 공정에서 대량의 데이터를 수집한 다음, 이를 분석해 초고속/초연결/초저지연 기반 스마트팩토리 솔루션으로 구현할 수 있다. 데이터 기반의 디지털 트윈 기술로 사물 연계성을 강화해 공장 효율성을 제고하는 한편, 5G를 통해 실시간 조작이 가능한 원격 로봇을 움직여 자재 운반 등을 지원할 수도 있다.

AI/로봇 도입이 효과를 거두려면, 기업은 업무의 어떤 부분이 AI에 더 적합한지를 파악하고, 사람의 역할을 고려하여 업무를 재디자인할 필요가 있다. 혁신기술 보유 업체, 전문가, 경험자와 협력해 스마트팩토리 등 다양한 분야의 직무를 분석하고, 로봇과 사람의 역할 분담을 포함한 업무 재디자인 기반 디지털 트랜스포메이션을 추진해야 생산성 제고 및 고용 창출을 달성할 수 있을 것이다.

CORONA
ECONOMICS

4장

'친환경'과 ICT의 만남,
그린 뉴딜로 코로나를 극복하다

01
그린 뉴딜의 목표는
2050년 탄소 제로

"그린 뉴딜을 한국판 뉴딜 사업에 포함시켜라"

문재인 대통령은 취임 3주년 특별 연설에서 한국형 뉴딜을 발표한 지 10일 후, 관계부처에 그린 뉴딜을 디지털 뉴딜과 함께 한국형 뉴딜의 양대 축으로 할 것을 지시했다. 처음 발표했던 한국형 뉴딜 안에는 그린 뉴딜이 들어 있지 않았다. 취임 3주년 연설에는 빠져 있었는데, 그린 뉴딜에 대한 국제사회와 시민사회의 요구와 함께 더 많은 일자리 창출에 대한 해법으로 그린 뉴딜을 긴급하게 지시한 것이다.

그린 뉴딜은 '그린green'과 '뉴딜'의 합성어로, 환경과 사람이 중심이 되는 지속가능한 발전 정책을 뜻하는 말이다. 즉 기후 변화 대응·에너지 전환 등 환경에 대한 투자를 통해 경기 부양과 고용 촉진을 이끌어내는 정책을 말한다. 이는 신재생에너지 등 친환경 기반 산업과 사회간접자본에 대한 대규모 투자로 경제 성장과 일자리 창출을 도모하는 정책으로, 2007년 미국 뉴욕 타임스의 칼럼니스트 토머스 프리드먼의 저서《코드 그린》에서 처음 제시되었다.

정부가 생각하는 그린 뉴딜의 축은 디지털 기반 강화에 있다. 디지털 뉴딜과 그린 뉴딜이 따로 가는 것이 아니라, 그린 뉴딜이 디지털 인프라 구축과 조화를 이뤄나갈 수 있도록 큰 그림 하에서 진행되도록 하겠다는 구상이다. 노후 건축물의 에너지 성능을 개선하는 '그린 리모델링' 사업이 대표적인 사례이다. 그린 뉴딜은 화석에너지 중심의 에너지 정책을 신재생에너지로 전환하는 등 저탄소 경제 구조로 전환하면서, 환경적 성과에만 머무르지 않고 일자리 창출, 불평등 해소, 녹색 기술의 확산 같은 사회적 포용성을 높이는 것을 목표로 삼고 있다.

정부는 그린 뉴딜 정책에 2025년까지 73조 4,000억 원을 투자할 예정으로 도시·공간·생활 인프라 녹색 전환, 녹색 산업 혁신 생태계 조성, 저탄소 분산형 에너지 확산 등 크게 총 3가지 사업으로 이루어질 계획이다.

도시·공간·생활 인프라 녹색 전환은 국민 밀접 시설에 대한 '그린 리모델링'이 핵심이다. 향후 2년 내로 노후 공공 건축물의 그린 리모델링을 추진하는데, 리모델링 대상은 15년에서 30년 된 어린이집(529개소)과 보건소(523개소), 공공임대주택(1.03만호) 등이다. 또한 생활 SOC(51개소), 국공립 어린이집(30개소), 환경 기초시설(37개소) 등도 에너지 고효율화 시설로 바꾼다.

전국의 국립 유·초·중·고등학교 대상으로는 '그린+디지털'이 융합된 '그린스마트 학교' 전환 시범 사업이 추진된다. 교실 내 와이파이 설치, 노후 노트북 교체, 태양광 시설 설치 등 디지털 인프라로의 전환을 진행하면서, 태양광 시설 설치 및 친환경 단열재 보강 등의 그린화를 동시에 추진한다.

스마트 그린 시티 조성을 위한 선도 프로젝트는 환경 혁신 기술을 활용해 물 부족·미세먼지·오염원 배출 등 10개의 도시 환경 문제에 대한 맞춤형 솔루션을 개발한다. 물 부족 문제는 물 순환, 분산형 용수 공급, 가뭄 예측 고도화 등 물 관리를 통해 해결한다. 미세먼지는 IoT 모니터링, 악취 관리, 오염원 통합 관제 등 환경 질 개선으로 문제를 해결한다.

ICT 기반 스마트 상·하수도 관리 체계 구축 사업은 2023년까지 광역·지방 상수도에 스마트 관리 체계를 구축 완료할 계획이다. 취수장 수질을 실시간으로 감시하고 정수장 스마트 소독, 관로 원격 제어 등 물 순환 전 과정을 AI 기반으로 스마트화해 물·에너지를 절감하고 기후 위기 대응 역량을 강화한다. 또한 2024년까지 노후돤 지방 상수

그린 리모델링 개념

노후된 기존 건축물의 에너지 효율을 높이고
온실가스 배출을 줄일 수 있도록 리모델링하는 것

에너지 낭비가
많은 건물을

쾌적한 녹색건물로
리모델링

출처: 국토교통부

도를 정비하고, 광역 상수도 정수 처리 시설을 고도화할 예정이다.

녹색 산업 혁신 생태계 조성은 '녹색 산업 육성'과 '저탄소 녹색 산업단지 조성'이 주요 골자이다.

혁신 환경 기술 보유 기업 100개를 선정해 3년간 집중 지원하고, 5대 유망 분야(①청정대기 ②생물소재 ③수열에너지 ④Post-플라스틱 ⑤자원순환) 실증 테스트 베드 및 그린 스타트업 타운(도시재생지역) 등 녹색 산업의 혁신거점을 조성하는 계획이다. 이를 통해 2022년까지 녹색 융합 전문인재 5,000여 명을 양성할 계획이다.

한편 스마트 산업단지 7개소에 스마트에너지 플랫폼을 구축하고, 2022년까지 중소기업 제조 공정 친환경화를 위한 클린팩토리와 스마트 생태공장 구축 지원을 통해 주력 제조업의 녹색 전환을 꾀할 방침이다. 클린팩토리란 제조 공정 내에서 오염물질을 원천적으로 제거하는 청정 생산을 통해 환경오염물질 배출을 현격히 낮춘 상태를 유지하는 사업장을 의미한다. 스마트 생태공장 역시, 오염물질 배출 저감 설비를 갖춘 공장을 말한다.

저탄소 분산형 에너지 확산은 지능형 스마트그리드 구축, 신재생에너지 확산, 친환경 차량 전환이 핵심 내용이다.

에너지 관리를 효율화할 수 있는 지능형 스마트그리드는 아파트의 기존 전력 계량기를 스마트미터기로 교체하고 건물 에너지 진단 등을 통해 에너지 빅데이터를 구축하는 데 주력한다. 동시에 태양광·해상풍력·LNG발전소의 지능형 통합 운영 플랫폼 개발을 위한 R&D·실증 프로젝트도 추진할 계획이다

태양광·풍력·수소 등 3대 신재생에너지 확산을 위해서는 산단·

주택·농촌 지역의 태양광 보급에 총력을 기울인다. 먼저 산업 부문 에너지 소비의 77%, 온실가스 배출의 83%를 차지하고 있는 산업단 지의 에너지 인프라 개선을 위해 '지붕형 태양광 설치 융자 프로그램' 을 실시한다. 농축산어민 및 일반 주택·건물의 태양광 설치를 지원 하고, 재생에너지 국민주주 프로젝트 사업을 신설해 투자 참여를 돕 는다.

온실가스 저감 효과가 큰 친환경 차량·선박으로의 조기 전환은 2년 내로 경유 화물차 12.2만 대, 어린이 통학 차량 2.8만 대 등 총 15만 대를 친환경차로 바꾸고, 전기 이륜차 구매 보조 및 노후 함정· 관공선 친환경 선박 조기 교체를 주요 내용으로 하고 있다. 2019년 기준 국내 차량 등록대수 기준 전기차·수소차 판매 비중은 2.6%에 불과한 상황이다. 정부는 2019년에 발표한 '미래차산업 발전전략'을 통해 2030년까지 신차 판매 기준 미래차 비중 목표를 33.3%로 제시 한 바 있다.

이번 그린 뉴딜의 궁극적 목표는 '2050년 탄소 제로'이다. 도시 공 간 생활 인프라 녹색 전환, 녹색 산업 혁신 생태계 구축, 저탄소 분산 형 에너지 확산 등 3대 중점 사업도 모두 이러한 목표 달성을 위해 우 선적으로 추진되어야 할 프로젝트들이다.

그린 뉴딜은 한 국가만 단독으로 추진해서는 큰 효과를 거두기 어 렵다. 문재인 대통령은 유럽연합과의 화상 정상회담에서 2050년까 지 유럽을 탄소 중립 대륙으로 만들겠다는 EU의 '유럽 그린딜European Green Deal' 정책을 높이 평가하며 "우리 정부가 추진하는 그린 뉴딜 정 책의 중요 파트너가 되기를 기대한다"라고 제안했다. 환경부 역시 중

그린 뉴딜에서 추진하는 주요 사업

사업	내용
태양광 프로젝트	태양광을 통한 안정적 에너지 창출
풍력 프로젝트	육상 · 해상 풍력발전을 통한 에너지 창출과 주민 및 지자체 소득 증대
디지털 기반 계통 연계	정보통신기술(ICT)과 그린 뉴딜 인프라 융합
그린 모빌리티	수소차와 전기차 등 미래차 육성
바이오 경제	바이오화학, 바이오에너지 육성
스마트시티	에너지 제로 빌딩 등 에너지 효율 극대화한 도시 기반 창출

출처: 에너지전환포럼

국 생태환경부와 화상으로 연결해 '제4차 한중 국장회의'를 통해 그린 뉴딜이 기후와 환경적 도전을 새로운 성장 기회로 삼는 전환점이라는 데 인식을 같이하고, 양국 간 그린 뉴딜 협력 의제를 적극 발굴하기로 했다. 중국은 AI, 사물인터넷, 데이터센터, 전기차 및 충전소 등을 포함한 중국판 뉴딜 정책에 향후 5년간 약 8,300조 원을 투자하기로 했다.

02
세계 각국이 앞다투어 추진하는 그린 뉴딜 정책

그린 뉴딜은 코로나 사태 극복 이후 다가올 새로운 시대, 이른바 '포스트 코로나'의 핵심 과제로 꼽히고 있다. 코로나 팬데믹 상황은 인류의 자연 파괴와 이로 인해 발생한 기후 변화와 밀접한 관련이 있기 때문이다. 실제로 21세기에 들어서 잦아지고 있는 신종 바이러스의 출현은 인간의 무차별적 환경 파괴로 동물 서식지가 감소하면서 바이러스를 보유한 동물이 인간과 자주 접촉한 결과 때문이라는 지적이 높다.

세계 석학들도 코로나 극복의 해법으로 그린 뉴딜을 제시하고 있다. 《21세기 자본》의 저자 토마 피케티Thomas Piketty 파리경제대 교수는 2020년 5월 9일 일간지 '르몽드'에 실린 '위기 이후 녹색 기금의 시대'라는 칼럼을 통해 "코로나 사태로 인한 경제적 충격을 해결하기 위해서는 환경 분야에 집중적인 투자를 하는 '그린 뉴딜'이 필요하다"고 제안했다. 프랑스 팀머만 유럽연합 집행위원회 부위원장은 "단 1유로 라도 과거의 경제 시스템이 아니라 디지털 경제, 그린 경제를 만드는 데 써야 한다"라고 강조했다.

세계 각국도 그린 뉴딜에 대한 관심이 높다. 미국은 2008년 대통령에 당선된 버락 오바마가 신재생에너지 부문에 10년간 1,500억 달러를 투자해 500만 개의 그린 잡Green Job을 창출하겠다고 선언했다. 실제로 오바마 정부 시기에 신재생에너지 설비는 4배 이상 증가했고 이산화탄소 배출량은 11% 감소하는 등의 성과를 거뒀다. 또한 전체 전력 중 풍력과 태양광 비중이 1.4%에서 6.5%로 늘었다.

그러나 도널드 트럼프 대통령이 취임한 이후 화석 연료 등 전통적인 산업 분야를 중시한 트럼프 행정부의 기조에 따라 그린 뉴딜 관련 정책은 크게 힘을 잃었다. 2018년, 민주당의 알렉산드리아 오카시오 코르테스 하원의원과 에드 마키 상원의원은 그린 뉴딜 결의안을 미국 의회에 제출했지만, 공화당이 다수인 상원에서 통과하지 못했다.

이 결의안은 향후 10년 동안 '온실가스 순배출 제로'라는 목표를 달성하기 위해 공정한 이행 과정을 거쳐 온실가스 순배출을 0으로 만들고, 질 좋은 일자리 창출과 경제 번영, 지속가능성을 높이기 위한 기반시설과 산업에 대한 투자 등이 필요하다는 내용을 담고 있다. 또한 온실가스 배출을 줄이도록 인프라 개선도 촉구했는데, 100% 친환경 신재생에너지를 통한 전력 생산과 스마트그리드 구축, 에너지 효율 개선을 위한 모든 빌딩의 업그레이드, 청정 제조업 구축과 교통 시스템 개혁 등을 과제로 제시했다.

그러나 트럼프 대통령이 탄소 배출 절감 목표를 정한 파리 기후 협정을 탈퇴하는 등 기후 변화에 회의적인 모습을 보임에 따라, 민주당이 2020년 대선의 강력한 공약으로 그린 뉴딜을 내세우면서 정치적 이슈로까지 부상하게 되었다.

유럽에서는 '유럽 그린딜 European Green Deal'을 추진하고 있다. 유럽 그린딜은 2019년 유럽연합 선거 당시, 유럽의 정치 운동인 '유럽 민주주의 운동 2025 DiEM 2025'의 캠페인에서 시작되었는데, 2019년 12월 유럽연합 집행위원회 European Commission가 유럽 그린딜을 받아들이며 정책으로 제시했다.

유럽 그린딜의 핵심은 2050년까지 유럽을 탄소 중립 지역으로 만드는 것으로 2030년까지 온실가스 감축 목표를 1990년대 수준의 50%로 상향하고, 탄소 저감 노력이 미진한 회원국에는 생산 과정에서 이산화탄소를 많이 배출하는 제품의 수출입에 높은 세금을 부과하는 이른바 '탄소 관세' 도입 방안 등을 포함하고 있다. 또한 '순환경제'에 기반한 새로운 산업 정책도 추진한다. 순환경제란 경제활동에 투입된 물질이 폐기되거나 사라지지 않고 유용한 자원으로 반복 사용되는 경제 시스템인데, 재활용 박스, 재사용 빈병, 공유경제 등이 대표적이다.

일본은 에너지 절약형 가전제품과 자동차 등을 보급하고 환경 분야의 투자를 확대해 환경 비즈니스를 육성하는 동시에 친환경 사회 구조를 정착시켜 두 마리 토끼를 잡는다는 목표를 세웠다. 친환경 수소에너지 확대를 위해 2018년에는 수소 기본전략을 발표해, 2030년까지 수소차 80만 대 보급과 수소 충전소 등의 인프라 확보 계획을 밝힌 바 있다. 한편 해양 플라스틱이나 음식물 쓰레기를 줄이기 위한 3R_{Reduce, Reuse, Recyle} 활동을 비즈니스에 연계하는 방안도 검토 중이다.

중국도 환경 보호를 국가 핵심 정책의 하나로 간주하고 신재생에 너지 등에 대한 지속적인 투자를 하고 있다. 철도, 전력망, 수자원 처리 인프라를 친환경적 방식으로 구축하는 작업을 추진한 것이 대표적이다. 특히 2016년 발표한 '국민경제와 사회 발전 제13차 5개년 규획 요강'에서 처음으로 '녹색'을 핵심 목표에 포함시켜 국가 정책 중에서 '녹색'을 처음 공식적으로 언급했다. 이후 2018년에는 국가발전개혁위원회_{NDRC}가 청정에너지원 발전 확대를 위한 '청정에너지 소비 행동계획(2018~2020년)'을 발표하여 2020년까지 신재생에너지 가동 중 버려지는 전력 비율을 5% 이내로 낮춰 선진국 수준의 신재생에너지 기술 수준을 갖추겠다고 선언했다. 친환경 차량에 대한 적극적인 보조금 정책으로 전기차 시장을 활성화하고, 막대한 경제 효과 창출이 예상되는 수소에너지 산업에도 적극적으로 투자하고 있다. 이처럼 중국은 골칫거리였던 환경 문제를 새로운 산업군으로 육성함으로써 위기를 기회로 만들면서 신재생에너지와 전기차 시장의 큰손으로 떠올랐다.

전문가들은 그린 뉴딜이 포스트 코로나 시대의 변화를 풀어낼 '해법'이라는 데에 동의한다. 감염병 증가는 환경 파괴와 기후 변화에서 기인한다. 인류의 생존을 위협할 위기는 기후 변화다. 신종 전염병 확산을 막기 위해서는 인간과 자연이 조화를 이룬 지속가능한 방식으로의 경제 시스템 전환이 필요하다. 그린 뉴딜은 지속가능한 발전을 의미한다. 화석에너지 중심의 에너지 정책을 신재생에너지로 바꾸는 저탄소 경제 구조로의 전환이다. 경제적 부담을 감수하며 환경을 지키는 이전 방식이 아니라 새로운 기술로 투자와 고용을 늘리고 사회적 불평등 등을 해소하는 데 방점을 두고 있다.

유럽 그린딜 주요 내용

정책	주요내용
1. EU 탄소배출감축 목표 상향	2030년까지 1990년 대비 50~55% 감축(현재는 40% 수준)
	2050년까지 탄소 배출 순제로(Net Zero)
2. 국가별 에너지 계획 수립	EU 회원국들 연말까지 에너지 계획 제출
	EU에서 검토 후 개정 및 2021년 6월까지 입법화
3. 탄소배출거래 시스템 (Emission Trading System) 확장	항공업계의 비과세 탄소 배출 기준 감축
	교통과 건축 분야 등으로 확장
4. 탄소국경세 (Carbon Border Tax) 도입	환경 덤핑을 막고 공정경쟁 환경을 조성하기 위해 탄소국경세 도입
	2021년부터 일부 산업 섹터(시멘트 등)에 도입, 단계적으로 적용 범위 확대
5. Just Transition Fund 결성	기후 중립 경제로의 전환에 영향을 받는 국가들에게 총 1,000억 유로 제공
	소요 자금은 EU 지역 정책 예산, 유럽투자은행 자금 등으로 조달
	EIB(European Investment Bank)와 협력, 현재 25% 수준인 기후 관련 투자를 두 배 이상으로 확대
6. 운송부문의 스마트화 & 지속가능성 확대	내연기관차의 1km 주행당 이산화탄소 배출량 95g 이하로 조정
	항공 및 해상 운송의 바이오 디젤 및 수소 연료 사용 확대
	전기차 보급에 대비, 2025년까지 유럽 전역에 충전소 100만개 설치
	전기차 배터리 산업 전략 개정, 유럽 배터리 동맹 지원
7. 재생에너지 보급 확대	화석연료 사용을 단계적으로 감축(보조금 폐지)
	2020년 해상 풍력 중심 재생에너지 확대 전략 발표

출처: EU

에너지 수급 구조나 사회 경제적 상황, 가치관, 역사 인식 등 각국의 사정에 따라 환경 문제에 대한 해결책은 다르기 때문에 하나의 접근법을 모든 상황에 적용할 수는 없다. 하지만 각자의 방식으로 각국에서 진행되고 있는 그린 뉴딜은 전 세계가 저탄소 제로 사회 실현을 위해 나아가고 있음을 보여주는 커다란 시대적 흐름이라고 할 수 있다.

03
일자리 창출에 기여하는
그린 뉴딜

"한국은 그린 뉴딜을 통해 기후 위기 극복과 3차 산업혁명을 주도하는 국가가 될 수 있을 것이다. 화석연료 중심의 구식 에너지 체계를 조속히 전환하는 것이 관건이다. 탄소 배출을 제로로 만드는 3차 산업혁명 인프라 구축을 통해 미국에서만 수백만 개의 일자리와 수천 개의 새로운 기업을 만들 수 있다. 한국도 20년 이내에 할 수 있다."

《노동의 종말》, 《한계비용 제로 사회》, 《글로벌 그린 뉴딜》의 저자이자 세계적인 석학으로 유명한 펜실베이니아 대학교 와튼 경영대학원 교수 제러미 리프킨은 2020년 6월 10일에 열린 '기후 위기 극복-탄소 제로 시대를 위한 그린 뉴딜 토론회' 화상 연설을 통해 그린 뉴딜이 일자리 창출에도 충분히 기여할 수 있음을 강조했다. 그린 뉴딜이라는 것이 재생에너지 전환을 통해 에너지 소스를 바꾸는 개념도 있지만, 저탄소 중심으로 자동차, 건물 등 전체 패러다임을 바꾸는 개념도 중요한 축으로 작용한다. 그리고 이러한 전환기에 상당한 일자리가 생겨날 수 있다고 제러미 리프킨 교수는 설명한다.

리프킨 교수에 따르면 전통적인 자본주의 시장은 디지털화된 탄소배출 제로로 이동하고 있으며, 이를 3차 산업혁명으로 규정할 수 있다(세계경제포럼에서 말하는 4차 산업혁명과는 다른 단계이다. 리프킨 교수는 AI과 같은 빅데이터 기술은 20세기 말부터 진행된 3차 산업혁명의 연장선일 뿐이라고 주장한다).

3차 산업혁명은 19세기 영국의 1차 산업혁명과 20세기 미국의 2차 산업혁명에 이어 21세기 인터넷을 중심으로 한 정보통신 혁명을 의미한다. 경제적 변혁이 발생하려면 통신, 에너지, 물류가 새로 등장해야 하는데, 이 세 가지 요소가 상호작용하면서 새로운 비즈니스 모델, 거버넌스, 거주 형태 등이 생겨난다. 1차 산업혁명은 인쇄·전신, 석탄, 철도망, 2차 산업혁명은 전화·라디오·텔레비전, 석유, 내연기관 차량이 등장하면서 발생했다. 그리고 3차 산업혁명 시대는 디지털 인터넷(통신), 친환경 에너지(에너지), 전기·수소·자율주행차(물류)가 기반인 경제 시스템이다.

20세기 말부터 보편화된 디지털 인터넷과 이를 토대로 구축된 친환경 에너지 인터넷망을 기반으로 사람들은 에너지를 자가 생산하고 유휴 생산분을 네트워크를 통해 거래하기 시작했다. 마지막 단계인 물류 부문 인터넷망까지 구축되면 물류 인터넷이 최적의 경로로 주행을 안내해서 에너지 효율도 높이게 된다. 3차 산업혁명 시대는 이

세 종류의 인터넷이 상호작용하는 사회이고, 세 종류의 인터넷을 연결하는 인프라가 필수적이다. 이 인프라를 구축하는 작업이 바로 그린 뉴딜이다.

도심 건물에는 사물인터넷을 구축해서 통신, 에너지, 운송 인터넷망의 빅데이터를 수집하고 정보를 수집한 각 건물은 전 세계 네트워크의 노드(연결 포인트)로 작용할 수 있다. 노드끼리 정보를 주고받으면서 에너지를 효율적으로 배분해 탄소 배출량을 낮춘다.

다시 말해, 기후 위기 극복과 경제 패러다임 전환을 위해서는 통신과 에너지, 교통 등 인프라 혁명이 필요하고, 여기에는 40년 정도 걸리는 전환 계획이 필요한데 첫 20년 내에는 탄소 배출을 제로로 만드는 3차 산업혁명 인프라를 구축할 수 있다. 그리고 이 과정에서 수백만 개의 일자리와 수천 개의 새로운 기업이 창출된다는 것이 리프킨 교수의 주장이다.

리프킨 교수는 한국이야말로 그린 뉴딜 추진에 있어 최적의 조건을 갖춘 국가라고 평가한다. 한국은 통신과 교통 분야에서는 이미 세

제러미 리프킨이 주장하는 3차 산업혁명의 역사적 단계

산업혁명	1차	2차	3차＝ 글로벌 그린 뉴딜
시기	18세기 말	19세기 말	20세기 말
통신	인쇄 · 전신	전화 · 라디오 · 텔레비전	인터넷
에너지	석탄	석유	태양열 · 풍력 에너지
물류	철도망	내연기관 차량	전기 · 수소 · 자율주행차

자료: 글로벌 그린 뉴딜

계 최고 수준의 인프라를 가지고 있어, 한국이 그린 뉴딜을 본격적으로 추진한다면 기후 위기 극복과 3차 산업혁명을 주도하는 국가가 될 수 있을 것이라고 전망하고 있다. 미국이 현재 추진 중인 수많은 그린 뉴딜 제안은 개별적인 시범 사업을 늘어놓은 것에 불과하다면서, 그 무엇도 1차와 2차 산업혁명에 견줄만한 인프라 전환을 다루고 있지 않기 때문에 한국이 그린 뉴딜 인프라 혁명을 주도한다면 20년 내에 수백만 개의 일자리를 창출할 수 있다고 주장하는 것이다.

실제로 건물의 에너지 효율을 향상시키는 그린 리모델링의 경우, 비교적 사람 손이 많이 가기 때문에 일자리를 만들기가 쉽다. 재생에너지 프로젝트도 일자리가 많이 생기는 사업이다. 현재 전 세계 자동차 산업 관련 일자리가 5,000만 개인데 이미 재생에너지 일자리는 1,000만 개 수준으로, 향후 재생에너지 100% 시대로 돌입하면 자동차 산업 고용 규모(49만 명) 이상인 50만 개의 일자리 창출도 가능하다.

미국, EU 등도 그린 뉴딜을 통한 일자리 창출에 많은 기대를 하고 있다. 2019년 11월에 발표된 '뉴욕시 그린 뉴딜 정책 및 시사점'에 따르면 미국 뉴욕 시는 그린 뉴딜법 시행으로 매년 약 2만 6,700개의 녹색 일자리 창출 효과가 있을 것이라고 전망했다. 그린 뉴딜법은 도시에서 배출되는 온실가스를 줄이기 위해 주요 배출원인 빌딩의 배출량을 줄이는 법으로, 빌딩 개보수, 에너지 효율 개선 재정 지원, 빌딩의 녹색 지붕과 세제 감면 등의 대책을 담고 있다. 뉴욕 시는 2050년까지 '그린 뉴딜 장기 전략 계획OneNYC 2050'을 실행하기 위한 8개 전략 목표 및 30개 이니셔티브를 발표해 그린 뉴딜 작업을 실행할 계획이다. 유럽연합EU 집행위원회가 2019년 12월에 발표한 '유럽 그린딜

' 역시 대규모 일자리 창출이 이루어질 것이라고 전망했는데, EU 대표부, 유럽위원회EC, 유럽중앙은행ECB은 2020년 3월부터 그린딜과 연계된 경기 부양안 로드맵 작성에 돌입했다.

　스페인 정부는 유럽연합의 탄소 제로 정책에 따라 2020년 4월에 '국가 에너지 및 기후변화 통합 계획PNIEC'을 발표했는데, 신재생에너지 비중을 전체 1차 에너지 소비의 42%, 전력생산의 75%까지 끌어올리며 대외 에너지 의존도를 현 74%에서 59%까지 낮추겠다는 목표를 제시했다. 그리고 이 과정을 통해 25만개에서 최대 36만개의 일자리를 창출할 수 있을 것으로 기대하고 있다. 코로나 여파로 스페인 대부분의 산업활동이 위축될 수 밖에 없는 상황에서, 친환경 산업은 스페인과 유럽연합의 강력한 의지와 재정적 지원에 힘입어 고성장을 이어나갈 수 있을 것으로 예상되는 가운데, 스페인 정부는 지속가능한 에너지 사용과 경제 활성화, 일자리 창출 등을 위해 다양한 분야에서 재정적, 법률적으로 대대적인 지원에 나설 예정이다.

　한국은 2025년까지 그린 뉴딜에 총 73조원을 투입해 66만개의 일자리 창출 효과를 기대하고 있다. 녹색 인프라 전환 사업에서는 2025년까지 30조1000억원을 투입, 38만7000개의 일자리를 창출한다. 도시 녹색 전환을 위해 전국에 도심녹지를 570개소 이상을 조성하고, 노후 상수도에 AI를 도입해 수돗물 공급 전 과정을 관리한다. 신재생에너지 설비 및 고성능 단열재 등을 사용해 공공건물을 리모델링하는 '그린 리모델링'도 추진한다. 저탄소·분산형 에너지 확산 사업에서는 35조8000억원을 투자해 20만9000개 일자리를 만든다. 학교 주변 통학로 등 지원 필요성이 높은 지역의 전선·통신선 공동지

중화 작업을 추진하는 한편, 노후경유차의 LPG·전기차 전환과 조기 폐차를 지원하고, 전기차(113만대), 수소차(20만대) 보급과 충전 인프라 확충에도 나선다. 녹색산업 혁신 생태계 구축을 통해서는 일자리 6만3000개 창출이 예상되는데, 환경·에너지 분야 123개 중소기업을 대상으로 R&D, 실증, 사업화 등을 지원하고, 그린스타트업 타운 1개소를 2021년까지 조성할 계획이다.

다만, 뉴딜 정책의 속성상 단기간의 경기 부양 효과를 내야 하는데, 중장기 계획이 요구되는 기후 변화 대책과는 상충되는 부분이 있어 정책 추진 속도에 대한 적절한 조율이 필요할 것으로 보인다.

04
ICT로 친환경 세상을 만드는 그린 뉴딜의 미래

한국판 뉴딜의 양대 축 중 하나인 '그린 뉴딜'의 핵심 키워드는 스마트시티, 에너지 인프라 그리고 ICT 기술을 꼽을 수 있다.

에너지 전환은 에너지 효율을 높인 지능형 주택의 도입과 개별화된 도시형 이동수단인 스마트 모빌리티, 전력망의 지능형 인프라인 스마트그리드 등을 전제로 한다. 에너지 전환과 스마트시티 사이에는 밀접한 관계가 있을 수밖에 없다. 그리고 이런 시스템들 하나하나가 모두 ICT 인프라 위에서 운영된다. 한국판 뉴딜의 또 다른 축인 디지털 뉴딜이 강조되는 이유이다. 데이터 인프라 강화, 5G 인프라 조기 구축과 5G 기반 융복합 산업 촉진, AI 인프라 확충과 AI 융합 확산, 비대면·클라우드·디지털 물류 등이 그린 뉴딜 프로젝트 안에 녹아들어 추진될 계획이다.

또한 디지털 혁신을 접목한 물 관리 기술은 '스마트 워터시티' 프로젝트로 구체화된다. 스마트 워터시티는 도시 물 순환의 왜곡 현상을 개선해 침수 등의 재해를 예방하고, 수자원의 가치를 살려 쾌적한 도시를 조성하는 사업을 말한다. 수돗물을 공급하고, 하수와 폐수를 처리해주던 전통적인 물 관리 방식에서 벗어나 ICT 기반의 물 관리를 통해 전체 인구의 80% 이상이 사는 도시 지역의 물 문제를 해소하겠다는 것이다. 실제로 21세기 들어서 전 세계적으로 홍수나 가뭄 같은 기후 재난이 더 강하고 빈번하게 발생하고 있다. 최근 유럽에도 500년 만의 가뭄이 찾아왔고, 중국 남부에서는 역대 최악의 폭우로 이재민이 속출하고 있다. 특히 도시 지역은 개발에 따른 불투수 면적의 증가로 물 순환 체계가 악화돼 침수 피해 증대, 지하수 고갈, 수질 저하 등의 더 심각한 문제를 겪고 있다. ICT를 기반으로 한 친수 활용, 물 순환 회복, 지능형 물 관리 등의 스마트 물 관리는 이러한 사회 문제 해결과 함께 그린 뉴딜의 디지털 전환을 촉진시키며 다양한 비즈니스와 연계될 것으로 기대되고 있다.

KT는 아파트 단지 내에 설치한 '에어맵 코리아' 기반 미세먼지 관리 시스템을 향후 다중 이용시설과 건설 및 산업단지 등으로 확대해 상시 감시체계를 구축할 계획이다. 에어맵 코리아는 KT가 전국 공중전화 부스, 통신주, 기지국 시설 2,000여 곳에 공기 질 측정망을 구축하고 측정 정보를 자체 애플리케이션과 기가지니, 올레 tv 등을 통해 제공하는 프로젝트다. KT는 환경부 인증을 획득한 측정기를 설치하고, 인근에 있는 미세먼지 측정기와 비교·분석한 자료들을 제공하는데, 에어맵코리아 앱을 통해 미세먼지 수치나 공기 질에 따라 외부 활

빅데이터 기반 미세먼지 집중 관리
- 빅데이터 분석 기반 집중 관리구역 우선순위 선정
- 집중 관리구역 피해 예방책 도입(미세먼지 정보 제공, 살수차)
- 데이터 기반 도로 지자체 살수차 동선 최적화(우선순위 선정)

출처: KT

동 가이드도 안내한다. 에어맵코리아 플랫폼은 산후조리원, 키즈카페, 요양원뿐만 아니라 건설 현장 등 집중 관리시설 전역에 공기질 측정 장비를 설치하여 공기 질을 관리할 수 있는 통합 환경 플랫폼으로 확장시켜 미세먼지 취약계층이 안심하고 실내외 활동을 할 수 있도록 지원한다. 또한 산업단지 배출 시설 및 방지 시설도 구축하여 미세먼지 측정 및 빅데이터 분석 기반의 대기질 집중 개선 프로젝트를 실시한다.

포스트 코로나 시대,
이전 생활보다 더 나은 생활을 꿈꾸다

코로나19 바이러스가 우리 사회를 강타한 지 어느덧 반년의 시간이 지나갔다. 2020년 1월 말, 중국 우한에서 폐렴 바이러스가 창궐하고 있다는 뉴스를 접했을 때만 해도 그저 남의 나라 일이라고 생각했다. 그러다가 한국에서도 코로나 확진자가 나타나면서 더는 남 일이 아니게 되었다. 그래도 이전보다 좀 더 손 씻기를 철저히 하고 사람 많은 곳에 갈 때 조심하는 정도였지, 일상생활에는 큰 영향을 미치지 않았다.

그러다가 2월 중순, 대구·경북 지역을 중심으로 코로나 확진자가 급증하면서 상황이 급변했다. 2월 말에는 신규 확진자 수가 800명을 넘어서면서, 한국은 중국 다음으로 코로나 확진자 수가 많은 국가가 되었다. 이제껏 겪어보지 못한 초유의 비상사태가 발생하면서 한국 정부는 코로나 확산 방지에 총력을 기울였다. 개학을 앞둔 학교는 등교를 연기했고, 기업들은 재택근무를 시행했다. 국경 간 이동은 제한되고 사람이 많이 모이는 곳은 집회가 금지되거나 폐쇄되었다. 사람들은 어딜 가든 마스크를 써야 했고, 가능하면 모든 활동을 집에서 해결해야 했다. 그동안 쉼 없이 달려오던 대한민국이 바이러스 하나로 한순간에 멈춰 섰다.

당시만 하더라도 '이 난리가 2~3개월이면 끝나겠지'라는 순진한 생각을 했었다. 갑작스런 재택근무 지침으로 부랴부랴 노트북을 싸 들고 짐을 챙겨 나올 때만 해도 '길어야 2~3주 정도 재택근무하면 되겠지' 하고 안일하게 생각했다. 그러나 코로나의 위력은 예상보다 강력했다. 금방 끝날 줄 알았던 재택근무는 한 달을 훌쩍 넘기더니 4월을 지나 5월까지 이어졌다. 5월 연휴 기간이 끝나면서 겨우 출근을 재개했지만, 다시 이태원발 코로나 사태가 터지면서 간헐적 재택근무가 이어졌다. 그렇게 다시 2개월이 흘렀다.

재택근무는 이전에도 몇 차례 시행된 적이 있었지만 이렇게 긴 기간 실시했던 것은 입사 이래 처음이었다. '업무가 제대로 될까, 회사 시스템에 접속이 안 되면 어떻게 하지' 등 걱정과 불안감을 안고 재택근무를 시작했던 처음 얼마간은 좌충우돌의 연속이었다. 사내 시스템 접속에 애를 먹기도 하고, 화상회의를 하다가 중간에 화면이 멈춰버린 적도 있었다. 화상회의 도중에 일곱 살 된 아들이 난입해 깜짝 놀라기도 했다. 그러나 시간이 흐르면서 시스템적인 문제들이 하나둘 해결되고 화상회의 문화에도 익숙해지면서 '재택근무로 업무가 되겠어?'라고 생각했던 것이 점차 '재택근무도 할 만하네'로 바뀌게 되었다. 출퇴근 이동 시간이 사라지면서 모자란 수면 시간도 늘어났고, 그만큼 일에 대한 집중도도 높아져 업무 효율도 향상됐다. 점심시간에는 가족들과 식사를 하고 아이와 함께할 수 있는 시간이 생겼다. 코로나로 바뀐 삶에 익숙해지면서 이제는 그 편리함과 높아진 삶의 질에 길들여진 것이다.

2020년의 절반이 지났지만, 여전히 코로나 사태는 해결되지 않고 있다. 한국은 질병관리본부의 우수한 방역 시스템 덕분에 초반의 위기를 잘 극복하고 지금은 비교적 안정된 상황을 보이고 있다. 하지만 세계로 눈을 돌리면 코로나 위기는 여전히 현재진행형이다. 전 세계 확진자 수는 1,300만 명을 넘어섰고, 사망자 수는 57만 명이나 된다 (2020년 7월 13일 기준). 확진자 수 340만 명인 미국에서는 1일 확진자 수가 연일 사상 최대치를 기록하고 있고, 브라질, 멕시코 등 남미 지역에서는 코로나로 인한 사망자가 급증하면서 시신을 보관할 장소마저 부족한 상황이다. 코로나 사태가 장기화 국면으로 접어들면서 사람들은 '조만간 곧 끝나겠지'라는 희망 대신 '이 위기 상황에서 앞으로 어떻게 살아야 하나'라는 우울한 마음으로 바뀌고 있다.

　서점가의 코로나 관련 책들만 봐도 흐름의 변화를 알 수 있다. 코로나 사태가 발생한 후 코로나와 관련한 책들이 대거 쏟아져 나왔다. 경제 전망에서부터 주식투자, 자기계발에 이르기까지 저마다 보는 관점은 달랐지만, 미래 경제에 대한 암울한 전망과 함께 새로운 기회로 부상한 디지털, ICT 기술의 가능성을 다루었다는 점이 공통적이었다.

　코로나 사태 초기에는 코로나가 무엇인지, 또 코로나 사태로 우리 생활에 어떤 변화가 생길지, 앞으로 경제와 시장은 어떻게 될지를 다룬 미래 전망 서적들이 주류를 이루었다. 그런데 시간이 흐르면서 코로나가 쉽게 가라앉을 기미가 보이지 않자, 향후 몇 년간 지속될 코로나 시대에 어떻게 생존해 나가야 할지, 어떠한 마음가짐으로 대처해야 할지에 대한 책들이 하나둘씩 나오기 시작했다.

　《코로나 이코노믹스》 역시 앞으로 다가올 포스트 코로나 시대에 개인과 기업이 무엇을 어떻게 준비해야 할지에 대해 ICT 활용 관점에서 방향을 제시하는 일종의 생존 전략 지침서이다. 포스트 코로나 시대에 ICT가 필요하다고 인식하는 것에 그치지 않고, 개인이든 기업이든 자신에게 맞는 ICT 기술을 어떻게 받아들일 것인지, 부족하나마 축적된 연구 노하우를 바탕으로 방법론을 보여주고자 했다.

다른 코로나 관련 책들도 마찬가지겠지만, 이 책도 코로나 사태 이후 패러다임 대전환이라는 시대의 흐름을 재빨리 포착해 어느 방향으로 어떻게 나아가야 할지를 많은 사람에게 전달하고자 3개월이라는 비교적 짧은 기간에 자료를 수집하고 정리해 원고를 작성했다. 매번 책을 만들 때마다 늘 많은 분의 도움을 받았지만, 이번 《코로나 이코노믹스》 원고 작성에는 김희수 소장님께서 공유해주신 깊이 있는 자료들이 그 어느 때보다 큰 도움이 되었다. 그리고 든든한 조력자로서 전폭적인 지원을 아끼지 않으신 김재경 상무님. 이 두 분께는 언제나 그렇듯이 감사만만感謝萬萬할 따름이다.

그리고 디지털 뉴딜 및 그린 뉴딜 등 정책과 관련하여 많은 자료 제공과 조언을 아끼지 않고 해주신 정책연구 담당 이용훈 상무님과 오기환 팀장님, 오윤수 팀장님, 김상국 팀장님, 그리고 정책 보고서 작성에 참여한 정책 담당 연구원분들께도 진심으로 감사의 말씀을 드린다. 또한 포스트 코로나 시대의 변화하는 미래상 파트를 작성하는 데 자료 도움을 주신 비즈트렌드 담당 모순래 상무님과 담당 연구원분들께도 이 자리를 빌려 감사드리는 바이다.

코로나로 몸고생, 마음고생이 이만저만이 아니었을 텐데도 짧은 기간 많은 자료를 읽고 정리하느라 애써준 팀원들에게는 고맙다는 말이 부족할 정도다.《2020 빅체인지》작업 때에도 가장 어려운 내용을 맡아 이해하기 쉽게 쓰느라 고생한 황지현 전임 연구원은 이번에도 방대한 자료로 정리가 쉽지 않았던 홈과 기업 파트를 맡아 '정리의 달인'임을 다시 한번 증명해주었다. 김우현 전임 연구원은 스마트 교육, 헬스케어, 로봇 등 3파트를 맡아 작성하였는데, 팀 막내지만 가장 많은 파트를 맡아 작업 기간 내내 건강이 걱정될 정도였다. 선배들 이상의 역량을 보여 준 김우현 전임에게 진심으로 감사하다는 말을 전한다. 미디어 전문가인 홍원균 선임 연구원은 코로나로 가장 영향을 많이 받은 미디어 분야를 해박한 지식과 나름의 식견으로 분석해 책의 완성도를 높여 주었다. 홍원균 선임에게도 역시 짧은 시간 안에 원고를 훌륭하게 작성해주어 감사하다는 말을 건넨다. 그리고 자료 정리 및 편집 수정 등 원고 작업에 도움을 준 김도향 책임 연구원과 나현 선임 연구원에게도 고맙다는 말을 전한다.

끝으로《한국형 4차 산업혁명의 미래》때부터 지금까지, 책이 출간될 수 있도록 음으로 양으로 도움을 주신 모민원 팀장님께도 진심으로 감사드린다. 모 팀장님의 빠른 기획력이 아니었다면 이 책은 그저 머릿속의 산물로만 남아 있었을 것이다.

사람들은 이야기한다. 코로나 이전의 세상으로 돌아가고 싶다고. 하루빨리 코로나가 없었던 옛날의 일상으로 돌아가고 싶다고. 하지만 시간은 계속해서 흘러가고 과거는 되돌릴 수 없다. 코로나는 언젠가 극복될 것이고 무너진 경제도 조금씩 회복될 것이다. 그렇다고 해서 예전의 일상이 다시 돌아오지는 않는다. 오히려 새로운 질병, 새로운 위기에 더 단단하게 맞설 수 있게 방역 체계, 의료 시스템, ICT 인프라가 한층 업그레이드된 모습으로 우리 사회는 탈바꿈해 있을 것이다. 언택트 서비스가 대중화되어 생활이 더욱 편리해지고, 재택근무도 활성화되어 '워라밸' 문화가 정착될 수 있다. 무인화·자동화는 산업 전반에 확산되어 기업의 생산성 혁신을 가속화시키고, 그린 뉴딜로 맑은 공기와 푸른 녹음이 우거진 주거·근무 환경이 마련될 것이다. 이러한 미래는 코로나 사태가 없었더라도 4차 산업혁명을 통해 언젠가는 실현될, 실현되어야 할 초연결 사회의 모습이다. 코로나는 그 시기를 크게 앞당긴 트리거Trigger, 방아쇠 역할을 했고, 우리는 그로 인해 예상보다 빨리 비대면 시대를 맞이하게 된 것이다.

중국 명나라 말기 격언집 《증광현문》에는 "장강(양쯔강)은 뒷물이 앞물을 밀어내며 흐른다長江後浪推前浪"라는 유명한 구절이 나온다.

시간의 흐름은 거스를 수 없으며, 발전을 위해서는 계속해서 앞으로 나아가야 한다는 의미이다. 우리는 이제 코로나 이전의 세상을 꿈꾸기보다, 이전보다 더 나은 코로나 이후의 세상을 기대하며 한 걸음 한 걸음 나아가야 한다.

딱 하나. 코로나 사태 이전으로 되돌리고 싶은 것이 있다. 아이들이 마스크 없이 어디서든 맘껏 뛰노는 모습. 그것 하나만큼은 코로나 이전으로 되돌리고 싶다. 지금 코로나로 힘든 일상을 겪고 있는 많은 분들이 하루빨리 어려움을 극복하고 예전보다 더 풍요로운 생활을 누릴 수 있기를 진심으로 기원한다.

KT경제경영연구소 수석 연구원 김재필

1부 디지털 뉴노멀의 시대

강남규, 〈최악 전망 쏟아지는데 한국 기업, 코로나 뒤 대박 기회 온다〉, 《중앙일보》, 2020. 4. 10.

강남규, 〈코로나 이후 한국은 '첨단 제품 세계 공장'이 된다〉, 《중앙일보》, 2020. 4. 20.

강진규·성수영, "한국판 뉴딜은 대규모 토목공사 아닌 디지털 투자", 《한국경제》, 2020. 4. 29.

고민서·신혜림, 〈교사 절반 "등교 후에도 온라인 수업 활용"〉, 《매일경제》, 2020. 5. 1.

고재연·박상용, 〈온라인서 굴착기 팔고, 신차 발표는 스트리밍으로 비대면이 답〉, 《한국경제》, 2020. 3. 27.

권기석 외, 〈"이제 한국이 하면 따라오는 시대" 격변하는 세계〉, 《국민일보》, 2020. 4. 23.

김시균, 〈AI 진단하고 앱으로 관리…'디지털 치료' 뜬다〉, 《매일경제》, 2020. 4. 30.

김시소, 〈사라지는 공연장, 늘어나는 관객 언택트 엔터 기지개〉, 《전자신문》, 2020. 4. 20.

김인오, 〈9천조 원 자산 굴리는 래리 핑크 "멀리 내다보면 엄청난 기회 온다"〉, 《매일경제》, 2020. 3. 31.

김주완, 황정수, 안재광, 〈서재로 출근, 소파로 퇴근 인터넷 연결되는 모든 곳이 직장이다〉, 《한국경제》, 2020. 4. 6.

김진명, 〈[동서남북] 한국 성공의 법칙 흔드는 코로나 월드〉, 《조선일보》, 2020. 4. 28.

김태훈, 〈당신의 데이터는 누구를 위해 쓰이나〉, 《중앙일보》, 2020. 5. 4.

박상현, 〈로봇에 빼앗긴 일자리는 안 돌아온다〉, 《조선일보》, 2020. 4. 16.

박준동, 〈전염병 전쟁이 바꾼 인류의 역사 이제 '빅체인지' 준비하자〉, 《한국경제》, 2020. 4. 6.

박준동, 노영목, 〈코로나 이후 개인 삶, 기업 경영, 정부 역할 다 바뀐다〉, 《한국경제》, 2020. 4. 6.

박형수, 〈사상 초유의 온라인 개학 결국은 이통3사와 삼성 LG가 지원한다〉, 《중앙일보》, 2020. 4. 1.

성정민, 〈中 재택근무 열풍, 넥스트 노멀 준비해야〉, 《매일경제》, 2020. 3. 31.

손해용, 〈경제 반등하겠지만 원위치 안 될 것, 아마존처럼 해야 산다〉, 《중앙일보》, 2020. 5. 4.

송해룡, 〈[리셋 코리아] 원격의료는 시대정신이다〉, 《중앙일보》, 2020. 5. 4.

신성은, 〈일본, 지원금 줄 테니 중국 공장 옮겨라…공급망 재구축 시동〉, 《이코노미21》, 2020. 4. 23.

안별, 〈전 세계 거의 모든 조직이 혁신이냐 쇠퇴냐 갈림길에 놓여〉, 《조선 weekly biz》, 2020. 5. 1.

양명자, 〈코로나19가 가져올 새로운 변화와 우리의 생활〉, KT경제경영연구소, 2020. 7. 6.

양영유, 〈AC시대 네 가지 제언〉, 《중앙일보》, 2020. 4. 18.

에멜 아칸, 〈트럼프 행정부, 근로자 1,200만 명에 재교육 시동…300개 기업 참가〉, 《The Epoch

Times》, 2019. 7. 26.

연합뉴스, 〈[연합시론] 한국판 뉴딜, 세대 안배·시급성도 반영한 일자리 창출 계획 짜야〉, 2020. 5. 7.

이경전, 〈[In&Out] 4차 산업혁명을 위한 뉴딜 정책〉, 《서울신문》, 2020. 3. 30.

이경희, 〈코로나 확산에 대응하는 기업 경영 전략〉, 《Econovil》, 2020. 2. 28.

이병태, 〈[이병호의 경제 돌직구] '좀비 경제' 만든 일본의 30년 패착, 그걸 따라 하겠다는 한국〉, 《조선일보》, 2020. 5. 4.

이선우, 〈야놀자 키오스크 사자 문의 폭증 호텔은 언택트 패키지 내놔〉, 《한국경제》 2020. 3. 27.

이재, 〈생존 위기 학원가 문 닫거나 몸집 줄이고, 일자리 잃은 강사는 과외로〉, 《조선일보》, 2020. 4. 20.

이주호, 〈[이주호의 퍼스펙티브] 코로나 위기를 21세기 에듀테크 도입 계기로 삼아야〉, 《중앙일보》, 2020. 3. 30.

이지용, 최재원, 김연주, 〈디지털 전환·SOC 투자…文 '한국판 뉴딜' 투트랙으로 간다〉, 《매일경제》, 2020. 4. 28.

임영신, 〈"모든 곳에 AI"…박정호의 무인매장 실험〉, 《매일경제》, 2020. 4. 23.

정민모, 〈맥킨지 조사: COVID19 이후 한국 소비자 심리 변화 조사〉, KT경제경영연구소, 2020. 5. 11.

정성진, 〈위기 속에서 제2의 삼성전자 나온다〉, 《조선일보》, 2020. 4. 23.

정영효, 〈'세계의 공장은 없다'…글로벌 리쇼어링 전쟁 방아쇠를 당기다〉, 《뉴스통》, 2020. 4. 28.

정원석, 〈대기업 순위 '지각변동'…IT 기업·사모펀드 약진, 중후장대 추락〉, 《조선biz》, 2020. 5. 3.

정의진, 〈이주호 아시아교육협회 이사장 "낙오자 없는 맞춤 교육, AI로 구현해야죠"〉, 《한국경제》, 2020. 4. 27.

정인설, 〈이번 주 '한국판 뉴딜' 밑그림 나온다〉, 《한국경제》, 2020. 5. 3.

정인설·박종서, 〈7대 기간산업 '40조 원 지원' 길 열려…정유·화학업종도 포함될 듯〉, 《한국경제》, 2020. 4. 30.

조선 weekly biz, 〈스타트업 시련 겪고 전통 선도기업 다시 주목받을 것〉, 2020. 5. 1.

조성진, 〈5월 코로나19 세계 경제 영향 −딜로이트〉, KT경제경영연구소, 2020. 5. 27.

조수영, 〈델의 원격근무 혁신…"정책·인프라 모두 언택트 기반으로 바꿔야"〉, 《한국경제》, 2020. 4. 27.

진성민, 〈세계 석학 및 전문가가 바라본 COVID−19 이후의 세상〉, KT경제경영연구소, 2020. 4. 20.

최병일·안재광·이선우, 〈코로나 피난 강원도로 몰리는 언택트 힐링〉, 《한국경제》, 2020. 3. 27.

최원식, 〈[매경의 창] 다가올 '넥스트 노멀'의 시대〉, 《매일경제》, 2020. 5. 1.

최종석·안별, 〈2차대전 이후처럼… 산업 대격변 온다〉, 《조선 weekly biz》, 2020. 5. 1.

최종석·이현욱·박소영, 〈5가지 대변화 시작됐다〉, 《조선 weekly biz》, 2020. 5. 1.

최한종, 〈SKT, MS와 '초협력'…혼합현실 시장 확 키운다〉, 《한국경제》, 2020. 4. 29.

최한종, 〈이제 계약도 비대면으로…아이퀘스트 '계약&봇' 돌풍〉, 《한국경제》, 2020. 4. 27.

하미리, 〈온라인 다 뺏길라…日 유통 1위, 드디어 일어섰다〉, 《조선일보》, 2020. 5. 1.

하지수, 〈온라인 개학으로 달라진 가정 모습 집안 곳곳 독서실로 변신 돌발 상황 터질라 부모는 1분 대기조〉, 《조선일보》, 2020. 4. 20.

한국경제, 〈[다산 칼럼] '포스트 코로나' 한국은 기회 잡을 수 있을까〉, 2020. 4. 26.

한국경제, 〈WSJ가 예상한 '코로나 이후 세계', 우리 미래일 수 있다〉, 2020. 3. 30.

한예경·윤선영, 〈美, 천문학적 돈 쓰더라도 경제 살린다면 성공으로 평가받을 것〉, 《매일경제》, 2020. 5. 3.

황민규, 〈한국이 세계 선도할 뻔했던 디지털 교육, 관료주의로 20년 허비〉, 《조선비즈》, 2020. 4. 28.

Adam Waller, "What We Learn From FDR's New Deal", *On point*, 2020. 5. 27.

Ally Macdonald, "12 Articles for Managing With Resilience in a Time of Uncertainty", *MIT Sloan*, 2020. 3. 11.

Amir Nasr, "The Homework Chasm", *Futurextense*, 2020. 3. 30.

Amy Thomson and Suzi Ring, "Artificial Intelligence Could Fight a Future Coronavirus", *Bloomberg*, 2020. 2. 21.

Andrea Riquier, "The Great Repression is here and it will make past downturns look tame", *Marketwatch.com*, 2020. 5. 2.

Andrew Winston, "Is the COVID-19 Outbreak a Black Swan or the New Normal?", *MIT Sloan*, 2020. 3. 16.

Anshel Sag, "How VR and AR Could Be A Solution To Coronavirus Cancellations For Conferences", *Forbes*, 2020. 3. 2.

ASHLEY FETTERS, "The Pandemic's Long-Lasting Effects on Weddings", *The Atlantic: Uncharted*, 2020. 5. 18

Bain&Company, "The Great Retooling", 2020. 4. 28.

Bernard Marr, "Coronavirus: How Artificial Intelligence, Data Science And Technology Is Used To Fight The Pandemic", *Forbes*, 2020. 3. 13.

Byron Tau, "Government Tracking How People Move Around in Coronavirus Pandemic", *WSJ*, 2020. 3. 28.

Charles Towers-Clark, "How IoT Could Transform The Business Models Of Essential Services", *Forbes*, 2020. 4. 26.

Clint Boulton, 〈코로나 이후 사무실로의 복귀…기술적 해법을 시도하는 기업들〉, 《CIO코리아》, 2020. 6. 15.

David Priest, "Alexa and Google Assistant could be more helpful during a pandemic. Here's how", *Cnet*, 2020. 3. 20.

Eric Knorr, "Exclusive survey: What 400 IT leaders really think about the COVID-19 crisis", *CIO*, 2020. 4. 30.

FCC, "COVID-19 Telehealth Program", 2020. 5. 14.

FT, "Data can be a powerful tool against coronavirus", 2020. 4. 7.

FT, "The end of the office has been greatly exaggerated", 2020. 4. 3.

Gideon Lichfieldarchive, "We're not going back to normal", *MIT Technology Review*, 2020. 3. 17.

Harriet Torry, "Coronavirus Pandemic Widens Divide Between Online, Traditional Business", *WSJ*, 2020. 4. 1.

Heather Landi, "FCC Chief unveils $200M program to boost telehealth services amid COVID-19 outbreak", *Fierce Healthcare*, 2020. 4. 1.

HELEN LEWIS, "When Will We Want to Be in a Room Full of Strangers Again?", *The Atlantic: Uncharted*, 2020. 5. 12.

IAN BOGOST, "The Supermarket After the Pandemic", *The Atlantic: Uncharted*, 2020. 4. 17.

James Allen, What Big Business Idea Will Emerge from the Pandemic?, *Bain& Company*, 2020. 4. 13.

James Blackman, "Industrial AR surges on COVID-19 demand for remote assistance— and free licences", *Enterprise IoT Insights*, 2020. 4. 8.

James Kobielus, 〈데이터, AI, IoT가 정의하는 코로나19 이후의 뉴노멀〉, 《CIO코리아 (InfoWorld)》, 2020. 5. 19.

Janet Balis, "Brand Marketing through the coronavirus crisis", *HBR*, 2020. 4. 6.

Jaraed Sparato, "2 years of digital transformation in 2 months", Microsoft, 2020. 4. 30.

Jared Diamond, "The Germs That Transformed History", *WSJ*, 2020. 5. 22.

Jason Willick, "How Epidemics Change Civilizations", *WSJ*, 2020. 3. 27.

Jeremy Bowman, "Warren Buffett's 4 rules for investing in a bear market", *MSN News*, 2020. 3. 13.

Joe McKendrick, "COVID 19 Crisis pushing organizations deeper into digital transformation", *ZDnet*, 2020. 4. 22.

Joey Morona, "Quibi, the new quick-bite streaming service, will continue to evolve, founder Jeffrey Katzenberg says", *Cleveland.com*, 2020. 4. 24.

Johnny Ho et al., Cautiously optimistic: Chinese consumer behavior post-COVID-19, *Mckinsey*, 2020. 3.

Jonathan D. Quick, "What We Can Learn From the 20th Century's Deadliest Pandemic", *WSJ*, 2020. 3. 6.

Julie Shah and Neel Shah, "Fighting Coronavirus with Big Data", *HBR*, 2020. 4. 6.

Katherine Guyot and Isabel V. Sawhill, "Telecommuting will likely continue long after the pandemic", *Brookings*, 2020. 4. 6.

Martin Wolf, "The World economy is now collapsing", *FT*, 2020. 4. 15.

Matt Craven et al., Covid-19: Implications for business, *McKinsey*, 2020. 4.

Matthew Iji, "Intelligence Brief: How Will Covid-19 impact 5G?", *MobileWorldLive*, 2020. 3. 25.

MEGAN GARBER, "Homes Actually Need to Be Practical Now", *The Atlantic: Uncharted*,

2020. 3. 29.

Michelle Goldberg, "The New Great Depression Is Coming. Will There Be a New New Deal?", *NYT*, 2020. 5. 2.

Mike Elgan, 〈코로나19 팬데믹 이후에 대비하기〉, 《CIO코리아》, 2020. 3. 25.

Muchskills.com, "The Future of Work: Is your business ready for the reskilling revolution?", 2020. 1. 28.

Noah Smith, "FDR's New Deal Worked. We need Another One", *Bloomberg*, 2020. 5. 15.

OLGA KHAZAN, "Work From Home Is Here to Stay", *The Atlantic: Uncharted*, 2020. 5. 4.

Oscar Jorda1 and Sanjay R. Singh2 and Alan M. Taylor3, "The longer-run economic consequences of pandemics", 1 Federal Reserve Bank of San Francisco and Department of Economics, University of California, Davis, 2Department of Economics, University of California, Davis, 3Department of Economics and Graduate School of Management, University of California, Davis; NBER; and CEPR

Parmy Olson, "Coronavirus Reveals Limits of AI Health Tools", *WSJ*, 2020. 2. 29.

Raphael Bick et al., A Blueprint for remote working lessons from china, *Mckinsey*, 2020. 3.

Ravin Jesuthasan and Tracey Malcom and Susan Cantrell, "How the Coronavirus Crisis Is Redefining Jobs", *HBR*, 2020. 4. 22.

Richard Haass, "The Pandemic Will Accelerate History Rather Than Reshape It", *Foreign Affairs*, 2020. 4. 7.

Rosalie Chan, "AWS, Amazon, Microsoft Azure, Google Cloud Coronavirus Risks", *Business Insider*, 2020. 3.

Ruth Bender and Matthew Dalton, "Coronavirus Pandemic Compels Historic Labor Shift", *WSJ*, 2020. 3. 29.

Sarah Krouse, "Verizon Buys Zoom Conferencing Rival BlueJeans", *WSJ*, 2020. 4. 16.

Scott Steinberg, "How to think like Jeff Bezos and become a digital powerhouse, from a former Amazon exec", CNBC, 2020. 3. 15.

Sheryl Estrada, "LinkedIn: Upskilling, reskilling revolution on the horizon", *HRDive*, 2020. 3. 3.

Simon Mair, "How will coronavirus change the world?", BBC, 2020. 3. 31.

Sophia Matveeva, "Competing In The Age Of AI Is Simpler Than You Think", *Forbes*, 2020. 2. 25.

Stephen Shankland, "IBM Debater AI tech now is a service any customer can use", *Cnet*, 2020. 3. 10.

Susan Desmond-Hellmann, "Preparing for the Next Pandemic", *WSJ*, 2020. 4. 3.

Tamlin Magee, 〈포스트 코로나…'디지털 리스킬링'으로 인력을 새롭게 양성하라〉, 《CIO코리아 (Techworld)》, 2020. 5. 27.

The Economist, "Life after lockdowns", 2020. 4. 30.

The Economist, "Throughout history, pandemics have had profound economic effects", 2020. 3. 12.

The Economist, Seize the moment – The chance to flatten the climate curve, 2020. 05. (23~29).

TIMOTHY MCLAUGHLINYASMEEN SERHAN, "Pandemic Dining: Temperature Checks, Time Limits, and Dividers", *The Atlantic: Uncharted*, 2020. 5. 25.

Todd Tresidder, "6 Ways To Profit From An Economic Downturn", *Financial Mentor*, 2020. 3.

Tom Holland and Jeff Katzin, Beyond the Downturn: Recession Strategies to Take the Lead, *Bain&Company*, 2019. 5. 16.

Walter Frick, How to Survive a Recession and Thrive Afterward, *HBR*, 2019. 5.

Will Knight, "How AI Is Tracking the Coronavirus Outbreak", *Wired*, 2020. 2. 8.

World Economic Forum, "Reskilling Revolution Platform", 2020. 1.

YASMEEN SERHAN, "Vilnius Shows How the Pandemic Is Already Remaking Cities", *The Atlantic: Uncharted*, 2020. 6. 9.

Yuan Yang, "How China built facial recognition for people wearing masks", *FT*, 2020. 3. 18.

2부 포스트 코로나 시대, 새로운 트렌드가 온다

강동균, 〈진료소에 의사가 없네…핑안굿닥터, 3년 내 中 전역에 무인 AI 진료소 수십만 곳 설치〉, 《한국경제》, 2018. 11. 19.

강민영·박도휘, 〈스마트 헬스케어의 시대, 데이터 전쟁을 대비하라〉, KPMG, 2018. 11.

강승태, 〈코로나에 바뀌는 식탁, 집밥부터 안주까지 밀키트 전성시대〉, 《매일경제》, 2020. 3. 16.

고민서, 신혜림, 〈교사 절반 등교후에도 온라인수업 활용〉, 《매일경제》, 2020. 5. 1.

고재연·박상용, 〈온라인서 굴착기 팔고, 신차 발표는 스트리밍으로…비대면이 답〉, 《한국경제》, 2020. 3. 27.

고재원, 〈의료 로봇, 너만 믿는다〉, 《동아일보》, 2020. 3. 30.

과학기술정보통신부·한국과학기술기획평가원, 〈소셜 로봇의 미래(2019년 기술영향평가 결과)〉, 2020. 4. 1.

곽노필, 〈'코로나19' 공포에 휩싸인 인간, 로봇에 손 내밀다〉, 《한겨레》, 2020. 3. 30.

곽도영, 〈물류센터發 감염 비상…무인 로봇 등 확대에 속도〉, 《동아일보》, 2020. 6. 1.

구은아, 〈중국, 온라인 교육에 AI를 더하다〉, KOTRA, 2019. 4. 2.

구채은, 〈코로나19 여파 AI 스피커 사용량 38% 증가〉, 《아시아경제》, 2020. 4. 1.

권태혁·정유성·이도영, 〈보건의료 데이터의 표준화와 품질평가〉, 한국보건산업진흥원, 2019. 11. 25.

김경애, 〈국내 도입 임박한 중국 '굿닥터', AI 대처법은?〉, 《히트뉴스》, 2019. 9. 19.

김남권, 〈싱가포르, 코로나 대형 격리시설에 로봇 적극 활용…접촉 최소화〉, 《연합뉴스》, 2020.

4. 27.

김동수, 〈국민 45.7% 코로나 블루…메르스 대비 스트레스 1. 5배〉, 《그린포스트코리아》, 2020.
5. 19.

김미란, 〈온라인 공룡의 오프라인 식욕〉, 《더스쿠프》, 2018. 7. 27.

김상진, 〈피자 배달, 꼼꼼 방역, 간호보조…코로나가 연 '생활로봇 시대'〉, 《중앙일보》, 2020. 4. 25.

김수욱, 〈GE, 혼다 등 美·日 제조 대기업, 본국으로 공장 이전, 韓 기업 규제가 U턴 발목… 제품
팔 곳에 공장 지어야〉, 《이코노미조선》, 2018. 2. 5.

김영신, 〈침대서 책상으로 출근, 근무 패러다임 대변동〉, 《매일경제》, 2020. 4. 25.

김윤구, 〈中 코로나19 샘플 채취 로봇 개발…의료진 감염 위험 낮춰〉, 《연합뉴스》, 2020. 3. 11.

김익현, 〈페이스북은 왜 직원 50% 재택근무 선언했나〉, 《지디넷코리아》, 2020. 5. 22/

김정우, 〈줄서는 맛집보다 '집밥 프리미엄' 가정간편식 각광받는 이유〉, 《한국경제매거진》, 2020.
5. 18.

김정은, 〈1대1 원격수업 美 펠로톤…홈트레이닝계 넷플릭스로〉, 《한국경제》, 2020. 6. 8.

김종일, 〈아마존처럼 위기를 기회로 바꿔내라〉, 《시사저널》, 2020. 5. 5.

김지혜, 〈日 서비스 로봇시장 2: 로봇과 친구가 되는 세상〉, KOTRA, 2020. 1. 28.

김태환, 〈[과학 TALK] 로봇도 '백지장 맞들면 낫다'…스스로 데이터 교환해 협업하는 시대 열린
다〉, 《조선비즈》, 2019. 10. 5.

김평화, 〈의료 데이터 표준화 '블루버튼' 상용화 위해 IT 공룡 뭉쳤다〉, 《IT조선》, 2019. 7. 31.

김현진, 〈EBS−서울시향, 온라인 개학 문화예술교육 콘텐츠 'VR 오케스트라' 선보여〉, 《서울경
제》, 2020. 4. 28.

김효진, 〈코로나19에도 흔들림 없는 프랑스의 스타트업〉, KOTRA, 2020. 5. 27.

라니 최, 〈포스트 코로나 시대 코로나가 집에 끼칠 영향〉, 《스마트시티투데이》, 2020. 4. 30.

마크 해크만, 〈영국 총리의 화상회의 황당 실수…제2의 존슨이 안 되는 '줌' 사용법〉, 《IT World》,
2020. 4. 1.

맹하경, 〈코로나에 '집콕' PC·콘솔 게임 이용자 수 46% 증가〉, 《한국일보》, 2020. 6. 11.

문장원·윤형진·선미란, 〈해외 디지털 헬스케어 규제 개선 동향〉, 정보통신산업진흥원, 2019.
12. 11.

미디어워치, 〈로봇과 드론이 발열자 적발…중공, 코로나 격리지역서 로봇 '대실험'〉, 2020. 2. 28.

박광석, 〈HTC 개발자 컨퍼런스 VR로 대체한다〉, 《인벤》, 2020. 3. 11.

박민제·하선영, 〈이 와중에 10만 명 채용 코로나 난리에 더 세진 빅테크〉, 《중앙일보》, 2020.
4. 2.

박상현, 〈[박상현의 디지털 읽기] 로봇에 빼긴 일자리는 안 돌아온다〉, 《조선일보》, 2020. 4. 16.

박소영, 〈신종 코로나 바이러스가 불러온 중국 소비시장의 변화 및 시사점〉, 《Trade Brief》 No.
3, 한국무역협회, 2020. 2. 13.

박정식, 〈[포스트 코로나19 헬스케어 산업] 빅 데이터 공부한 AI 의료서비스 받아보실래요?〉, 《중
앙시사매거진》, 2020. 4. 27.

박혜자, 〈온라인 디지털 학습의 미래 열어야〉, 《한국경제》, 2020. 4. 5.

배성수, 〈'없는 게 없네'…매일 2,000만 명 쓰는 MS 재택근무 솔루션 '팀즈' 써보니〉, 《한국경제》,

2020. 3. 18.

배성수, 〈사티아 나델라 MS CEO "원격전환이 미래기업 시험대 될 것"〉, 《한국경제》, 2020. 5. 28.

배정원, 〈아마존, 이번엔 손바닥으로 결제…생체정보 이용 거부감 넘을까〉, 《중앙일보》, 2020. 1. 20.

배정원, 〈지갑 두고 손만 들고 오세요. 아마존, '핸드페이' 단말기로 오프라인 결제 장악 예고〉, 《중앙일보》, 2020. 1. 19.

백서인·손은정, 〈중국 과학기술 신산업 혁신 역량 분석〉, 과학기술정책연구원, 2019. 10. 15.

빌드업웍스, 〈원격학습 및 업무를 위한 인프라를 갖춘 교육 역량 강화〉, 《Medium》, 2020. 5. 14.

샬롯 트루먼, 〈페이스북 '워크플레이스', 영상 및 VR 기능 강화···원격근무에 초점〉, 《CIO Korea》, 2020. 5. 25.

서대리, 〈핑안굿닥터, 중국 원격의료 혁명의 대장주(Tistory)〉, 2020. 3. 13.

서민지, 〈원격의료기업, 시장 폭발적 성장하지만 리드 기업 없는 '미국' 노려라〉, 《MEDI:GATE NEWS》, 2020. 4. 2.

선재규, 〈中 온라인 헬스케어 핑안굿닥터, 신종 코로나 덕택 유저 급증〉, 《연합인포맥스》, 2020. 2. 12.

선재규, 〈핑안굿닥터, 3년 내 中 전역에 무인 'AI 진료소' 몇십만 개 설치 계획〉, 《연합인포맥스》, 2018. 11. 19.

설성인, 〈코로나 시대 '재택근무' 효과 높다는데···창의력·기업문화엔 부정적〉, 《조선비즈》, 2020. 6. 8.

손해용, 〈경제 반등하겠지만 원위치 안 될 것, 아마존처럼 해야 산다〉, 《중앙일보》, 2020. 5. 4.

스드라베이스, 〈게임업계가 메타버스에 주목하는 이유와 업체별 행보 분석〉, 2020. 6. 22.

스트라베이스, 〈음악 축제와 콘서트 취소로 위기 상황 처한 음악 산업, 게임 속으로 들어가 돌파구를 찾다〉, 2020. 6. 17.

신헌철, 〈美 유통업 붕괴 위기지만···아마존·월마트·코스트코는 특수〉, 《매일경제》, 2020. 3. 26.

신현규, 〈소형 드론이 음식 배달···코로나 사태로 5배 늘었다〉, 《매일경제》, 2020. 5. 14.

신화통신, "Disney delays reopening of California theme parks amid surge of new COVID-19 cases", 2020. 6. 25.

신희강, 〈MS 팀즈 사용자 이용자 급증···5달만에 4배 육박〉, 《뉴데일리경제》, 2020. 5. 28.

에리카 유, 〈5G 스마트 로봇 우한·상하이 병원 첫 투입〉, 《로봇신문》, 2020. 2. 5.

여시재 미래산업 연구팀, 〈[포스트 COVID-19 시대/ 신산업 ② 로봇] PC→모바일→로봇, 누가 OS를 쥘 것인가?〉, 여시재, 2020. 5. 13.

오로라, 〈우린 마스크 한 장에 발 동동···美는 AI가, 中은 로보캅이 코로나와 싸운다〉, 《조선비즈》, 2020. 3. 10.

오삼수, 〈[B2B 섹터별 코로나 19 영향 분석 및 사업 기회 발굴 ③] 의료산업 편(원격의료 중심)〉, KT경제경영연구소, 2020. 5. 13.

오시영, 〈KT, 5G 자율주행 운반 카트 '나르고 따르고' 물류 산업에 도입〉, 《IT조선》, 2020. 5. 24.

유성민, 〈로봇으로 코로나19에 대응하다〉, 《The Science Time》, 2020. 3. 18.

유윤정, 〈아마존고 가보니···가방에 숨긴 땅콩도 자동결제〉, 《조선비즈》, 2018. 10. 30.

유진투자증권, 〈스마트폰만을 위한 OTT: Quibi〉, 2020. 4. 6.

유현준, 〈포스트 코로나의 공간: 포스트 코로나 도시와 집 이동의 새로운 미래 심포지엄〉, 국토교통부, 2020. 6. 4.

유형정·도지훈, 〈의료서비스 로봇〉, 한국과학기술기획평가원, 2019. 7. 24.

윤신영, 〈해외 학술지도 주목한 원격의료…코로나19 사태로 논의 다시 수면 위로〉, 《동아사이언스》, 2020. 3. 13.

이명구·박도휘·강민영, 〈2025 교육산업의 미래: 기술 혁신과 플랫폼, 공유경제를 중심으로〉, 삼정KPMG, 2019. 7.

이명지, 〈내 방을 우리 회사 사무실로 바꿔주는 재택근무 플랫폼〉, 《한국경제매거진》, 2020. 3. 18.

이부형·이장균, 〈물류 로봇 시장 동향과 시사점〉, 현대경제연구원, 2020. 2. 18.

이상원, 〈화상회의 시스템 업체 Zoom, 코로나19 덕분 매출액 2.7배 급성장〉, 《오토데일리》, 2020. 6. 3.

이성원, 〈마이크론, 코로나19 등 막아줄 UV 소독 로봇 디자인 챌린지 시작〉, 《로봇신문》, 2020. 6. 8.

이성원, 〈아마존, 홀푸드 매장에 자외선 살균 로봇 준비 중〉, 《로봇신문》, 2020. 5. 13.

이승우·최한종, 〈세계가 놀란 온라인 개학·환자 추적…첨단 IT 인프라 힘이었다〉, 《한국경제》, 2020. 5. 5.

이영환, 〈의료진 위협하는 코로나…로봇, 네가 나서줘〉, 《조선일보》, 2020. 3. 27.

이윤정, 〈[2020 키워드 #20] 리스킬(Reskill)〉, 《IT조선》, 2020. 1. 28.

이정훈, 〈진단·소독부터 심리 치료까지…中 우한에서 활약하는 로봇들〉, 《이데일리》, 2020. 3. 24.

이주아, 〈코로나 특수 닌텐도, 동물의 숲으로 실적 급증…칩거 중 해방감 폭발〉, 《조선비즈》, 2020. 5. 8.

이주호, 〈[이주호의 퍼스펙티브] 코로나 위기를 21세기 에듀테크 도입 계기로 삼아야〉, 《중앙일보》, 2020. 3. 30.

이지현, 〈포스트 코로나 시대, 4차 산업혁명은 어디로? 차세대 로봇〉, KOTRA, 2020. 5. 25.

이진영, 〈승패는 배송에 달렸다…'풀필먼트'에 꽂힌 글로벌 이커머스사들〉, 《뉴시스》, 2020. 4. 26.

이진혁, 〈주거·업무·상업시설 경계 사라지고 AR·VR 보편화〉, 《이코노미조선》, 2020. 5. 4.

이찬우, 〈KERI Insight–중국 원격의료 도입과 정책 시사점〉, 《한국경제연구원》, 2017. 1.

이현주, 〈이커머스 기업들의 최후·최대 승부처로 떠오른 풀필먼트〉, 《한국경제매거진》, 2020. 5. 18.

이혜연, 〈에듀테크(Edutech) 시장 현황 및 시사점〉, 한국무역협회 국제무역통상연구원, 2020. 5. 11.

임영신, 〈구현모 AI 인재론…3년간 1,500명 키운다〉, 《매일경제》, 2020. 6. 4.

장길수, 〈유통 분야 혁신을 주도하는 로봇 5종〉, 《로봇신문》, 2020. 4. 13.

장길수, 〈포스트 코로나 시대, 마이크로 로봇 물류센터가 뜬다〉, 《로봇신문》, 2020. 5. 26.

장영은, 〈사티아 나델라 '코로나19, 2년 걸릴 디지털 전환 2개월로 단축'〉, 《이데일리》, 2020. 5. 28.

장우정, 〈모바일 시대 뒤졌던 닌텐도 '코로나 특수'로 부활의 기회…전성기 재연할까〉, 《조선비즈》, 2020. 5. 9.

전혜원, 〈랜선으로 즐기는 클래식음악 맛집〉, 《아시아투데이》, 2020. 6. 14.

정보통신기획평가원, 《ICT Brief》, 2020-18호, 2020. 5. 14.

정보통신산업진흥원, 〈품목별 보고서-헬스케어〉, 정보통신산업진흥원, 2019. 9.

정영효, 〈세계의 공장은 없다…글로벌 리쇼어링 전쟁 방아쇠를 당기다〉, 《뉴스통》, 2020. 4. 28.

정영훈, 〈미국 대학들, 중국인 유학생 급감에 재정난 겪을 것〉, KBS, 2020. 4. 24.

정원엽, 〈가상현실서 열린 컨퍼런스…코로나19로 VR 다시 뜨나〉, 《중앙일보》, 2020. 3. 20.

정의진, 〈이주호 아시아교육협회 이사장 "낙오자 없는 맞춤교육, AI로 구현해야죠"〉, 《한국경제》, 2020. 4. 27.

정철, 〈유연한 인력 개발을 위한 '리스킬링(reskilling) 플랫폼' 구축〉, 《월간 인재경영》, 2020. 4. 28.

정한민·김경선·정성재·김태홍, 〈개인 맞춤형 헬스케어 산업 기술 동향, 정보통신기획평가원, 2020. 2. 19.

정한영, 〈AI 영어학습 소셜 로봇 '뮤지오', 성공적인 첫 한국 진출〉, 《인공지능신문》, 2020. 4. 21.

조 토마스, 〈코로나19: 전 세계 봉쇄 조치로 넷플릭스 가입자 1600만 명 늘어〉, 《BBC News》, 2020. 4. 22.

조민성, 〈MS, 코로나19 확산으로 원격근무 늘어 기업 협업 툴 '팀즈' 사용 37.5% 증가〉, 《글로벌이코노믹》, 2020. 3. 20.

조선비즈, 포스트 코로나, 《이코노미조선》 통권 346호, 2020. 5. 6.

조성진, 〈디지털 노마드 시대가 온다〉, 《한스경제》, 2020. 5. 18.

조현숙, 〈아마존·구글·MS·페북·트위터···'IT 공룡' 재택근무 성적표는?〉, 《중앙일보》, 2020. 3. 8.

중국전문가포럼, 〈유니콘 기업(7) 中 온라인 교육 업계 최대 유니콘 기업 'VIPKID'〉, 대외경제정책연구원, 2020. 4. 20.

중국전문가포럼, 〈중국 온라인 교육 업계 최대 유니콘 기업〉, 《VIPKID》, 2020. 4. 20.

진영태, 〈딜로이트가 13개국 1만 3천 명에 물어보니…한국 직장인 절반 실업 공포〉, 《매일경제》, 2020. 5. 19.

차완용, 〈1분기 판매량 급증, 필수 가전제품으로 자리매김〉, 《한국경제매거진》, 2020. 5. 18.

최연진, 〈스페이셜, 실제 사무실에 모인 듯한 VR 원격회의 솔루션 무료 공개〉, 《한국일보》, 2020. 5. 14.

최유진, 〈[Industry Outlook] 교육산업 2020 트렌드〉, KT경제경영연구소, 2020. 3. 23.

최유진, 〈[교육편] B2B/Vertical 섹터별 코로나 19 영향 분석 및 Biz creation 사업 기회 발굴〉, KT경제경영연구소, 2020. 4. 26.

추현우, 〈페이스북, '메신저 룸' 공개로 화상회의 앱 시장 공략〉, 《디지털투데이》, 2020. 4. 27.

컬럼비아 글로벌 캠퍼스, 〈포스트 코로나에 주목받는 온라인 유학, 온라인 강의로 정식 미국대학 학위 취득〉, 《경향신문》, 2020. 4. 20.

클레이 챈들러, 〈데이터로 쌓아 올린 핑안보험의 성〉, 《포춘코리아》, 2019. 10. 1.

하미리, 〈온라인 다 뺏길라…日 유통 1위, 드디어 일어섰다〉, 《조선위클리비즈》, 2020. 5. 1.

한재희·백민경, 〈앱 켜고 뛰면 질병 예측 '홈닥터'…내 기분 챙기는 '반려로봇'〉, 《서울신문》, 2020. 6. 8.

한정훈, 〈페이스북, 10년 내 직원 절반 재택근무 도입〉, 《인사이드케이블》, 2020. 5. 27.

허유형, 〈집에서 뭐해? 갈 곳 없는 집콕족 '라이브 커머스'에 빠졌다〉, 《패션엔》, 2020. 4. 16.

홍범석, 〈[《로봇신문》] 코로나19 대응에 핵심 역할을 하는 4가지 로봇 유형〉, KT경제경영연구소, 2020. 5. 8.

황민규, 〈[과학TALK] 코로나19에 각광받는 로봇 기술 어디까지 왔나〉, 《조선비즈》, 2020. 4. 2.

황민규, 〈KT 2세대 AI 호텔 로봇으로 객실 서비스 속도 높인다〉, 《조선비즈》, 2020. 4. 30.

황설욱, 〈AC(After Corona) 시대에 본격화되는 비대면 의료〉, KT경제경영연구소, 2020. 5. 26.

황순민·심희진·박윤구, 〈車·조선·항공 줄줄이 곤두박질…코로나 장기화 땐 최악 한 해〉, 《매일경제》, 2020. 3. 10.

황지영, 〈'Untact' 트렌드 살려 새로운 시장 창출 기회로〉, 《DBR》 294호, 2020. 4.

Aaron Holmes, "A telemedicine app accidentally leaked videos of people's medical consultations to other patients", *Business Insider*, 2020. 6. 11.

Aaron Pressman, "How AI is aiding the coronavirus fight", *Fortune*, 2020. 3. 16.

Aazon Orendorff, "Coronavirus Ecommerce Opportunities, Data & Strategies: Online Shopping in the Age of COVID-19", *Common Thread*, 2020. 6. 23.

ADB, The Economic Impact of the COVID-19 Outbreak on Developing Asia, *ADB Briefs*, No. 128, 2020. 3. 6.

Alejadro De La Garza, "Coronavirus Researchers Are Using High-Tech Methods to Predict Where the Virus Might Go Nex", *Time*, 2020. 2. 11.

Amazon, "Amazon's COVID-19 blog: daily updates on how we're responding to the ciris", 2020. 4. 15.

Andrew Keh, "Watching South Korean Baseball on TV? Let Us Help", *The New York Times*, 2020. 5. 7.

Audrey Schomer, "Facebook is testing new social VR app Horizon", *Business Insider*, 2020. 5. 12.

BBC, "Coronavirus: Thousands join Jay Flynn's virtual pub quiz", 2020. 3. 27.

BBC, "What coronavirus reveals about the world's culture", 2020. 3. 28.

Bee Wilson, "The Return to Dining Together", *WSJ*, 2020. 3. 27.

Ben Casselman, "Dow Ends 11-Year Bull Market as Coronavirus Defies Economic Remedies", *The New York Times*, 2020. 3. 11.

Ben Munson, "People are streaming twice as much video during COVID-19 crisis: Nielsen", *FierceVideo*, 2020. 4. 10.

Bob Davis, "Ross: Coronavirus Outbreak Could Help Bring Jobs Back to U.S. From China", *WSJ*, 2020. 1. 31.

Brian Uzzi, "AI Emerges As A Major Player In The Race To Find Covid-19 Therapies And Vaccines", *Forbes*, 2020. 6. 12.

Business Insider Intelligence, "Here's what top executives say could be the business impact of a potential recession", 2020. 3. 10.

Carl Benedikt Frey, "Covid-19 will only increase automation anxiety", *FT*, 2020. 4. 21.

Casey Newton, "Mark Zuckerberg on taking his massive workforce remote", *The Verge*, 2020. 5. 21.

Cathy Li, Farah Lalani, "The COVID-19 pandemic has changed education forever. This is HOW", *WEF*, 2020. 4. 29.

Chris Walton, "The Domino Effect: 5 Ways Coronavirus Will Forever Change Retail", *Forbes*, 2020. 4. 1.

Christina Farr, "Investors predict the winners and losers in America's Shift to digital health during the pandemic", CNBC, 2020. 6. 27.

Conviva, "Streaming in the Time of Coronavirus", 2020. 4. 2.

Corinne Reichert, "NBA players could wear smart ring to track COVID-19 symptoms as season resumes", *CNET*, 2020. 6. 22.

Dave Itzkoff, "Tom Hanks Hosts a Made-From-Home Edition of 'S.N.L.'", *The New York Times*, 2020. 4. 12.

Dave Lee, Patricia Nilsson, "Amazon auditions to be 'the new Red Cross' in Covid-19 crisis", *FT*, 2020. 3. 31.

Economist, "The pandemic shock will make big, powerful firms even mightier", 2020. 3. 26.

Emma Hinchliffe, "Houseparty CEO Sima Sistani meets the 'massive technical challenge' of coronavirus video chat demand", *Fortune*, 2020. 4. 27.

Erika Hayasaki, "Covid-19 could accelerate the robot takeover of human jobs", *MIT Technology Review*, 2020. 6. 17.

Frank Pallotta, "'The Last Dance' scores viewership records for ESPN", CNN, 2020. 4. 20.

Greg Sterling, "COVID-Consumers: Pessimistic, but spending more online", Search Engine Land, 2020. 3. 25.

Grey Nichols, "Google's banana throwing robot is highly accurate", *ZDNet*, 2019. 3. 28.

GSMA Conference, 〈코로나19가 통신/보안업계에 미치는 영향〉, 2020. 4. 22.

Hayley Peterson, "Amazon built a roving robot covered in UV light bulbs that could kill the coronavirus in warehouses and Whole Foods stores", *Business Insider*, 2020. 5. 12

IDC, "IDC says China's ICT Market Faces Both Opportunities and Challenges amid the COVID-19 Outbreak", 2020. 2. 17.

Jack Wright, "David Attenborough teaches primary school pupils geography as he finally appears on BBC Bitesize in the first of three special classes", *MailOnline*, 2020. 6. 16.

James Pearce, "Disney+ delays french launch and agrees to bandwidth reduction", *IBC365*, 2020. 3. 23.

James Vincent, "Spot the robot is reminding parkgoers in Singapore to keep their distance from one another", *The Verge*, 2020. 5. 8.

Jamie Davies, "Vodafone asks customers to help fight COVID-19 in their sleep", *Telecoms*, 2020. 4. 8.

Jeff Horwitz, "Facebook to Shift Permanently Toward More Remote Work After Coronavirus", *WSJ*, 2020. 3. 21.

JEN WIECZNER, "The coronavirus bear market is over already? Not so fast", *FORTUNE*, 2020. 3. 27.

John McCormick, "How AI Spotted Tracked the Coronavirus Outbreak", *WSJ*, 2020. 2. 6.

John McCormick, "Online Map Tracks Coronavirus Outbreak in Real Time", *WSJ AI Pro*, 2020. 3. 5.

John Murawski, "AI Runs Smart Steel Plant", *WSJ*, 2019. 7. 15.

Jonathan Moules, "Coronavirus pandemic accelerates shift in MBA market", *FT*, 2020. 5. 17

Julia Alexander, "Netflix, Disney stop production on projects in precautionary coronavirus measures", *The Verge*, 2020. 3. 13.

Julian Chokkattu, "You Can Now Attend VR Meetings — No Headset Required", *Wired*, 2020. 5. 13.

Junwei Yang, "3 ways China is using drones to fight coronavirus", *WEF*, 2020. 3. 16.

Kasey Panetta, Use COVID-19 Downtime to Upskill for Digital, *Gartner*, 2020. 5. 27

Kate Whitehead, "Hong Kong inventor designs robots to fight Covid-19 with UV light", *SCMP*, 2020. 6. 13.

Kim Lyons, "CDC uses Microsoft healthcare chatbot service to create coronavirus symptom checker", *The Verge*, 2020. 3. 21.

Kirtika Suneja, "Coronavirus could cut global growth by 0.1% to 0.4%: ADB", *The Economic Times*, 2020. 3. 7.

KISTEP, 〈코로나19 영향으로 인터넷 수요 급증…대응책 마련 분주〉, 2020. 3. 6.

Kitty Fok et al., "Impact of COVID-19 on China's Economy and ICT Market", *IDC*, 2020. 3.

KOFICE, 〈온라인 소비시대, 게임과 웹툰의 진화〉, 2020. 6.

KPMG International, "Converging 5G and IoT: a faster path to smart manufacturing", 2019. 6.

Larry Dignan, "IBM forms Watson Assistant for Citizens to handle COVID-19 queries", *ZDNet*, 2020. 4. 2.

Lauren Leatherby and David Gelles, "How the Virus Transformed the Way Americans Spend Their Money", *The New York Times*, 2020. 4. 11.

Martin Kim, "[뉴욕의 창] 유학생 미국 보다 캐나다 대학 더 선호?", *Econovill*, 2020. 2. 22.

Martin Wolf, "The world economy is now collapsing", *FT*, 2020. 4. 15.

Mckinsey, "COVID–19: Implications for business", *Executive Briefing*, 2020. 4.

MIT Technology Review Insights, "Covid–19 and the workforce: Critical workers, productivity, and the future of AI", *MIT Technology*, 2020. 4. 30.

MIT Technology Review Insights, "Covid–19 and the workforce: Critical workers, productivity, and the future of AI", *MIT Technology*, 2020. 4. 30.

Natalie Zhang, "How coronavirus accelerated the rise of telemedicine", CNBC, 2020. 5. 18.

Nathaniel Meyersohn, "Coronavirus will change the grocery industry forever", CNN, 2020. 3. 19.

Nick Turner, "CBS Legal Drama to Produce New Episode Using FaceTime and Zoom", Bloomberg, 2020. 4. 7.

OECD, "OECD Economic Outlook, Interim Report March 2020", 2020. 3.

Open Etzioni, "AI Can Help Scientists Find a Covid–19 Vaccine", *Wired*, 2020. 3. 20

Peter Newman, "Here's what top executives say could be the biz impacts of a potential recession", *Business Insider*, 2020. 3. 11.

Peter S. Goodman, "A global outbreak is fueling the backlash to globalization", *The New York Time*, 2020. 3. 5.

R.T. Watson, "Disney Weighs Postponing July 24 Release of 'Mulan' as Theaters Struggle to Reopen", *The Wall Street Journal*, 2020. 6. 24.

Rakuten Intelligence, https://www.rakutenintelligence.com/industries/

Sapana Agrawal, Aaron De Smet, Sebastien Lacroix, Angelika Reich, To emerge stronger from the COVID–19 crisis, companies should start reskilling their workforces now, *McKinsey & Company*, 2020. 5. 7.

Sarah Atkinson & Helen W. Kennedy, "This is how the film industry is fighting lockdown", *World Economic Forum*, 2020. 5. 24.

Sarah Whitten, "'Trolls World Tour' made more for Universal in 3 weeks on demand than 'Trolls' did in 5 months in theaters", CNBC, 2020. 4. 28.

ShipBob, https://trends.shipbob.com/

Shobha Warrier, "How BYJU'S built the world's highest-valued edtech company", *rediff*, 2019. 1. 16.

Sibahle Malinga, "Vodafone's crowdsourcing app speeds up COVID–19 research", *ITWeb*, 2019. 5. 20.

Stephen Foley, "Lessons from Quibi's stuttering start", *Financial Times*, 2020. 6. 23.

The Economist, "How to reopen factories after covid–19", 2020. 4. 9.

Tom Mitchell, Christian Shepherd and Sherry Fei Ju, "Coronavirus: China's risky plan to revive the economy", *FT*, 2020. 3. 10.

Tom Orlik·Jamie Rush·Maeva Cousin and Jinshan Hong, "Coronavirus Could Cost the

Global Economy $2.7 Trillion. Here's How", *Bloomberg*, 2020. 3. 7.

Tracy Qu, Coco Feng, "Will the increased use of robots in everyday life continue even after covid-19 is under control?", *SCMP*, 2020. 4. 16.

Valentina Romei, "UK retail sales worst on record as lockdown takes its toll", *FT*, 2020. 4. 15.

Vandana Janeja, "Predicting the coronavirus outbreak: How AI connects the dots to warn about disease threats", *The Conversation*, 2020. 3. 3.

Victoria Fryer, "Strategies to Adapt Your Ecommerce Store as Coronavirus Impacts Shopping Worldwide", *bigcommerce*

Will Douglas Heaven, "How lockdown is changing shopping for good", *MIT Technology Review*, 2020. 5. 25.

William Smith, "TELUS outlines virtual healthcare solutions to COVID-19", *Healthcare Global*, 2020. 6. 5.

Within Retail Pulse, https://go.within.co/retail-pulse/

3부 디지털 뉴딜이 만드는 코로나 이코노믹스 —————————

과학기술정보통신부, 〈디지털 뉴딜 핵심 '데이터 댐' 구축에 나서다〉, 2020. 6. 22.

과학기술정보통신부, 〈디지털 뉴딜, 코로나 이후 디지털 대전환을 선도합니다!〉, 2020. 7.

기획재정부, 〈2020년 제3차 추가경정예산〉, 2020. 7. 3.

기획재정부, 〈한국판 뉴딜 종합계획〉, 2020. 7. 14.

김지현, 〈코로나19, 5G 전파 타고 퍼진다?…도 넘은 가짜뉴스 마케팅 '눈총'〉, 《뉴스1》, 2020. 5. 30.

김형민, 〈약자를 포기하지 않았던 '뉴딜 정책'〉, 《시사인》, 2020. 6. 20.

박은정, 「미국의 교육제도와 수업 현황」, 영미연구소, 2004. 8. 4.

송근존, 「송근존의 미국 대통령 이야기 2」, 글통, 2019. 7. 11.

이종규, 〈루즈벨트의 뉴딜과 한국판 뉴딜 정책 (1) 뉴딜의 의미〉, 《ifsPost》, 2020. 6. 11.

제러미 리프킨, 안진환 옮김, 「글로벌 그린 뉴딜, 2028년 화석연료 문명의 종말」, 민음사, 2020. 1. 31.

채성오, 〈디지털 혁명으로 100년 대계를…'사회 안전망 확충'도〉, 《블로터닷넷》, 2020. 7. 14.

한국건설산업연구원, 〈한국판 뉴딜의 바람직한 추진 방향〉, 2020. 7. 15.

한국금융연구원, 〈코로나발(發) 대규모 국고채·특수채 발행 증가가 채권시장에 미치는 영향〉, 2020.

한국은행 경제통계국, 〈2020년 6월 수출입물가지수〉, 2020. 7. 15.

Christopher S. Yoo, "Coronavirus Crisis Vindicates the FCC's 'Net Neutrality' Rollback", *WSJ*, 2020. 4. 14.

Claudia Goldin, Lawrence F. Katz, "The Race between Education and Technology", 2010. 3. 30.

Databricks, "The Democratization of Artificial Intelligence and Deep Learning".

Ethan Batraski, "Time to Build Robots for Humans, Not to Replace", *ReadWrite*, 2020. 7. 8.

KT경제경영연구소, 〈Post 코로나 시대, 새로운 일자리 창출을 위한 디지털 뉴딜 정책 제언〉, 2020. 5.

Sam Mostyn and Travers McLeod, "Coronavirus is a human crisis beyond most of our scariest dreams—we will need to restart our society", *The Guardian*, 2020. 4. 4.

Telecompaper, "Swedish local networks to spend nearly SEK 4 bln on fibre expansion in 2020 but urge more state support", 2020. 6. 2.

The European Commission, 'What is the European Green Deal?', 2019. 12.

檜山　敦, "モザイク型就労とコミュニティでの雇用創出", 東京大学 先端科学技術研究センター, https://www.u-tokyo.ac.jp/focus/en/features/z0508_00007.html

ICT와 디지털 뉴노멀이 만드는
코로나 이코노믹스

1판 1쇄 인쇄 | 2020년 8월 10일
1판 1쇄 발행 | 2020년 8월 17일

지은이 KT경제경영연구소
펴낸이 김기옥

경제경영팀장 모민원
기획 편집 변호이, 김광현
커뮤니케이션 플래너 박진모
경영지원 고광현, 임민진
제작 김형식

표지디자인 블루노머스
본문디자인 제이알컴
인쇄 · 제본 민언프린텍

펴낸곳 한스미디어(한즈미디어(주))
주소 121-839 서울특별시 마포구 양화로 11길 13(서교동, 강원빌딩 5층)
전화 02-707-0337 | **팩스** 02-707-0198 | **홈페이지** www.hansmedia.com
출판신고번호 제 313-2003-227호 | **신고일자** 2003년 6월 25일

ISBN 979-11-6007-512-0 13320

CORONA
ECONOMICS